U0666173

张恶传

梁爽 著

长江出版传媒

长江文艺出版社

图书在版编目（CIP）数据

张良传 / 梁爽著. -- 武汉 ： 长江文艺出版社，
2025. 8. -- ISBN 978-7-5702-2858-4

Ⅰ. K827=341

中国国家版本馆 CIP 数据核字第 20257WH421 号

张良传
ZHANGLIANG ZHUAN

责任编辑：周　聪		责任校对：程华清	
封面设计：马德龙		责任印制：邱　莉　王光兴	

出版： 长江出版传媒 | 长江文艺出版社

地址：武汉市雄楚大街 268 号　　　　邮编：430070

发行：长江文艺出版社

http://www.cjlap.com

印刷：湖北新华印务有限公司

开本：640 毫米×970 毫米　　　1/16　　　印张：19.75

版次：2025 年 8 月第 1 版　　　　　2025 年 8 月第 1 次印刷

字数：220 千字

定价：52.00 元

版权所有，盗版必究（举报电话：027—87679308　　87679310）

（图书出现印装问题，本社负责调换）

目 录

第一章　良臣：五世相韩本姓姬

一

公元前453年的历史戏台，遽然上演了一出怪诞诡奇、惊心骇瞩的桥段。曾经威武雄壮、气度雄远的晋国，竟在一个哗疑的历史拐点分崩离析、土崩瓦解。片晌之间，广袤的疆土，肥厚的家产，襫魂的黎庶，便被韩、赵、魏三国兴冲冲分噬。近七百年的大晋江山，非但未能博得岁月的惋惜与挽留，反而在雷轰电掣、雨覆云翻、风急浪高中急速解体，化为一堆历史残骸，变作一缕往事尘烟。

自此，"春秋诸侯"谢幕，"战国七雄"登场，天下格局一度定妆定型。除了由晋分化的韩、赵、魏之外，秦、楚、燕、齐也昭布天下立业安邦。一个肇新的历史空间被圈定，一摞诱媚的利益大盘已构成，一段作真的异闻传说在起草。

历史就是这般玄妙，连环的朝代总是在一个又一个膨胀的欲望中攻破，更迭的王国也总是在一个又一个道义的失衡中重建。这究竟是一种规律、一种秩序，还是一大魔咒呢？绵绵的时光，厚厚的史典，长长的人群，沿着历史的光线一直在虔诚地述说与求解。然则，五千年的消息盈冲、赜探隐索，答案仍然模糊不清，结论依然含混不定。

此后六百年，当历史行至公元 280 年时，较劲了九十六年的魏、蜀、吴"三国"，先后被晋国鲸吞蚕食。吊诡的是，这三个亡国之中也有一个"魏"。此"魏"的来头，源于曾被汉献帝封为魏王的曹操；而此"晋"的因由，则是曾被曹操之孙、魏元帝曹奂封为晋王的司马昭。历史不厌其烦地绕了一个来回，天下再度同归于"晋"。

韩国在"战国七雄"中个头最小，体质最弱。当年在与赵、魏分家之时，匆促且草率地定都于平阳，具体方位大致坐落于现今的山西临汾之北。令人唏叹的是，这一国策彼时未能站在顶层、高端、全局上长虑顾后，从而为国都之后的凄风苦雨预埋了无穷祸患，甚而为国家的生关死劫制造了无数可能。

弱者无社交，弱国无外交。在强悍的秦国眼里，韩国不过是随时随口可以果腹的一顿简餐，随手随地可以把玩的一枚棋子，只是尚需一个恰当的时机、冠冕的理由和优雅的姿态罢了。在魔爪似伸未伸之际，秦国就已恶念作祟、邪招频出。面目狰狞、急扯白脸的秦王，不断地滥用国家机器，摆出一副强嘴硬牙、强弓硬弩、强媒硬保的无赖架势，不时地骚扰、惊扰和困扰韩国，炮制了一连串无谓的争端与战事。

弱韩深知国力的几斤几两，面对累卵之危，只得优选忍、让、和、躲、逃、迁为上策。就这般，国民牵着国都，国君拽着国家，携带着屈辱与怨愤，日日在惊惶万状中东漂西徙、鸾漂凤泊。直到狂奔至中原地带，方才稍稍定了定神。弱韩狼狈周旋于中州版图，从宜阳（今河南省宜阳县北部）至阳翟（今河南省禹州市），再抵郑（今河南省新郑市），每一次形色仓皇的迁都，背后皆是强秦傲慢的敌视、叫嚣与驱逐。

韩国犹如一枚棋盘上的弃子，国都亦似一个流浪中的小子。而韩王呢，更像一面战场上的靶子。

二

韩国虽是小户人家，但也有其存在的理由；国力虽弱不禁风，却能傲娇地占有列强一席。寻究其中，定然蕴藏着地理、情理与事理上的成因。身处战略要塞，本是韩国最为珍稀的天然优势，但也为此招惹了诸多麻烦。终使左右逢源转换为左右为难，上下相安沦落为上下交困，并就此遭受灭顶之灾。

韩与秦、楚、齐、魏四国毗邻，且秦、楚、齐皆具一统天下的实力与野心，足见韩国时时都在面临大军压境的金革之难，处处都在面对兵戎相见的倒悬之患，但无奈地缘相近、地嫌势逼，与环伺的群狼抬头不见低头见，横竖国界一条线，加之风物、方言、民俗等各类因子掺杂其中，躲闪不掉，割舍不清，只得相类相从、相克相济。尤其是韩占据秦自函谷关东出的必经之路，好似一个堵点，更如一道关隘，令强秦出行不便，攻守遇阻，军事受制。不过，在历代秦王看来，身边的这个蕞尔小国既是挡箭牌、出气筒，也是眼中钉、肉中刺，更是盘中餐、摇钱树。

每每暴秦的野心难抑之际，弱韩皆首当其冲，躺着中枪。若不从韩境杀出一条血路，秦军就难以浩荡东征。从史籍中不难翻出旧账，由韩秦之争引发的秦韩大战连环上演。一言不合就开打，擦枪走火是常态。刹那间，不知何由，不问是非，韩秦边境即会狼烟四起、刀光剑影、烽火连天、鼓角铮鸣、追风逐尘、日月无光。

公元前 317 年，修鱼之战。

此一役秦军斩首韩军三万六千之众，申差等战将不幸被俘。合纵联盟的赵、魏二军也分别损失三万二千人、一万二千人，合计被枭首八万。在由韩、赵、魏组成的三晋联军中，韩兵损失最为惨重。兵凶战危之中，太子韩奂多次呼叫外援无果，不得不在悲恸中抢先撤离战场，率领残部返朝，侥幸逃过死劫，保住一条小命。而秦军在此战中也是杀敌一千、自损八百，损兵折将超过了七万人，只能算是与联军打了个平手，勉强算得上险胜、小胜，并没能捞取多大的便宜。

公元前 314 年，岸门之战。

早在战国年代，韩魏两国皆设有"岸门"。韩之岸门坐落于现今河南省许昌市西北部，魏之岸门又称岸头亭，则位于现在的山西省河津市南。据《资治通鉴》载："秦人……又败韩于岸门，韩太子仓入质于秦以和。"① 因魏陡然反水，引爆秦之怒火，随即与韩魏联军兵戈相见。经过一年的鏖战，秦军终于将战旗插在了岸门，而联军中的韩兵在此战中又被斩首一万。为缓和危局，韩国只得将太子韩仓化身人质，作为和解诚意乖乖地面呈秦王。岸门之战虽然异常惨烈，韩也属战败国，但是暴秦东扩的野心却遭遇了韩魏同盟的殊死钳制。一对二

---

① 〔宋〕司马光编著：《资治通鉴》卷一，中华书局 2023 年版，第 28 页。

的拉锯战，使敌我双方皆兵耗极大，战事甚而深陷尴尬的僵持阶段。

公元前 307 年，宜阳之战。

强秦实难预料，东进中原的战略竟然数度遭遇了弱韩的绝地反击。苏秦曾言："韩北有巩、成皋之固，西有宜阳、商阪之塞……"① 作为韩之西部的天然屏障，宜阳实乃一方宝地，兵家必争，赢家志夺。面对秦将甘茂亲率的十万大军，韩军也是不甘示弱，在宜阳布下重兵，同样出动十万兵力对峙。这场面对面、硬碰硬、实打实的巅峰对决，一直持续了五个月之久。因系本土化作战，加之军兵在弓弩、利剑等精锐兵器上占有一定优势，韩军愣是仗着一股死磕硬扛的气力，有效阻击了秦国东扩的铁蹄，一度让秦军灰心丧气、萌生退意。遗憾的是，因秦军实在是士马精强、暴虐无道，韩军以六万将士的英魂、难计其数的降者为代价，最终还是在这场持久战中败北。宜阳失利，随之城破。

公元前 293 年，伊阙之战。

贼心不死的秦王，意欲再度打开东进中原的通道，命大将白起率秦军在伊阙（今河南省洛阳市洛龙区龙门街道）向宿敌韩魏发起总攻。《史记》有载："攻韩、魏于伊阙，斩首二十四万，又虏其将公孙喜，拔五城，起迁为国尉。"② 韩魏联军惨遭屠戮、全军折戟，不仅伊阙失守，韩国安邑以东大部分地区也易主，韩魏皆被迫割地求和。此一役，使韩魏联军三分之一的精锐力量消耗殆尽，国门也被无情地踹

---

① 〔汉〕司马迁撰，韩兆琦译注：《史记》六，中华书局 2010 年版，第 4710 页。

② 〔汉〕司马迁撰，韩兆琦译注：《史记》六，中华书局 2010 年版，第 4924-4925 页。

开。公元前 291 年至公元前 289 年，暴秦先后攻占韩之宛（今河南省南阳市宛城区一带）、叶（今河南省叶县南部）、邓（今河南省孟州市西部），荡平魏的多个要地，秦军的东进之路自此再无"肠梗阻"。《战国策》如实记载了这段战事："伊阙之战，韩孤顾魏，不欲先用其众。魏恃韩之锐，欲推以为锋。二军争便之利不同……以是之故能立功。"①

一场场战事惨况，一幕幕世间惨剧，一抹抹如血残阳。本就柔肤弱体、柔心弱骨的韩国，何来硬手腕、杀手锏、必杀技，去应付一回回的车轮战、阵地战、闪电战、运动战、伏击战、破袭战、消耗战、歼灭战呢？

三

在与暴秦无休止的战争撕扯、利益纠缠时，韩国数度以气弱声嘶抵御强敌侵扰。其中既有沙场上的血肉横飞、破军杀将，也有看不见的智谋格斗、思想较量。闽南语有句民谚："输人不输阵，输阵歹看面。"大意是即便没有赢的可能，也要殊死一搏，绝不能被人看扁了。一言以蔽之，输也要输得体面，不能抱怨，不存遗憾。暂且不论输赢，仅就横拖倒拽的苦征恶战、敌众我寡的软磨硬抗、百计千谋的明争暗斗、负险固守的进本退末而言，韩国的综合得分应不低于强秦。

在战事不断演变、战局不时演化、战势不停演绎之中，一个家族

---

① 〔汉〕刘向编订，缪文远、缪伟、罗永莲译注：《战国策》卷三十三，中华书局 2015 年版，第 682 页。

始终在以柱石之臣的尽诚竭虑为韩国默祷加持，悉心勠力地襄助韩军望尘知敌、设疑破敌、摧坚陷敌，常让敌军捉摸不透、扒拉不开、缠夹不清，从而在时间与空间上掣肘了强秦东扩的步幅，抻长了弱韩存留的韧带。

这个功勋家族乃是姬氏一脉，首位名杰即为博学、博爱与博见的姬开地，因志虑忠纯深得国君宠敬。从韩昭侯始，他以相国之角色，接连辅佐了韩宣王、韩襄王，全程伴随了国君从侯到王的蜕故挈新。接着出场的才杰则是仁厚、仁明和仁勇的姬平，也以韩相之位，先后匡助韩釐王、韩惠王妥处朝政，立功立事，可圈可点。

在韩国后期主政的六个王（侯）中，仅姬氏家族就贴心服侍了五位。只是在末代韩王韩安掌权时，姬氏一族不明不白地失去了朝堂主座。或许正是此因，存活了一百七十三年的韩国，自我支离了智力支撑，自发动摇了社稷根本，终致深陷衰草寒烟、败国亡家的惨境，再难持有经纬天下、济世安民的资本。

在韩安之前的历代韩王心中，一直是将姬氏视作股肱之臣，将姬相奉为国祚柱础。

"黄帝以姬水成，炎帝以姜水成。"① 此乃春秋史家左丘明确立的论断。姬水流域奔涌于现今的陕西宝鸡一带，黄帝当年曾居于此，便择姬为姓。故可言，姬姓当自黄帝始。《史记·韩世家》有载："韩之先与周同姓，姓姬氏。"② 周人一度兴起于渭水中游，善稼穑五谷，尧

---

① 〔战国〕左丘明撰：《国语》卷十，团结出版社 2021 年版，第 281 页。
② 〔汉〕司马迁撰，韩兆琦译注：《史记》五，中华书局 2010 年版，第 3594 页。

帝便封周人先祖弃，即后稷"别姓姬氏"①。姬姓身披古老，自带光芒，骨子里贯通着贵族气息与忠勇血脉。君不见，史上姬姓名人众多，诸如五帝中的高阳氏颛顼、高辛氏帝喾，周朝始祖后稷、勾吴始祖泰伯，周文王姬昌、周武王姬发、周公姬旦、穆天子姬满、周平王姬宜臼等，灿若繁星。现如今，虽在《百家姓》的五百零四个姓氏中，姬姓屈居二百九十七位，人口也不过五十四万，但由其源出演支的周姓、吴姓、郑姓、王姓、鲁姓、曹姓、魏姓等四百一十一个姓氏，却占据《百家姓》的八成之多，故被一致推举为"万姓之祖"。

　　韩国王室皆为姬姓，作为王室支族，姬氏一家以国为姓，"五世相韩"，赤诚可鉴，班班可考。姬开地、姬平乃是"父子宰相"，为韩国的兴德、兴福、兴邦剖胆倾心，夙夜不解，功高望重。父子二人为后韩留下的最大政治成果，并非江山浮现的安富尊荣，而是他们言传身教、香培玉琢的"姬三代"贤杰张良。张良一直在为复韩大业努筋拔力、苦心极力，并为开辟一个全新王朝运筹演谋、划策设谋，且使煌煌汉室连绵了四百余年。功莫大焉，至矣尽矣！

　　言及张良的全能全智、大仁大义、善始善终，史笔霞光万道，时岁津津乐道，世间口碑载道。张良享有的令闻嘉誉，当是姬姓家族讲信修睦、进德修业、慎身修永的衣钵相传。

---

　　① 参见张大可、徐日辉著：《张良萧何韩信评传》，华中科技大学出版社2018年版，第3页。

四

张良祖籍城父，绝非空穴来风、空口无凭，确实信而有征，且可旁引曲证。研读《史记》发现，太史公提及"城父"竟有十八次之多，其中仅有两次所指人名，余下十六次皆为地名。

《后汉书注》言之有故："张良出于城父。"《史记正义》则借《括地志》所云，再以《十三州志》佐证，确认了城父地望："'太子建所居城父，谓今亳州城父县也。'按：今亳州见有城父县，是建所守者也。"现代史家钱穆极为赞同此等论断，并在专著《史记地名考》中索性将城父与下城父合为一条，精确定位在"今安徽亳县东南"。二十世纪八十年代初出版的《辞海》也曾专门注解："张良传为城父（今安徽亳县东南）人。"既然标有含糊其词的"传为"字样，表明史家彼时拘囿于识力与识虑，下结论的底气还不够硬气。而之后由白寿彝先生领衔主编的《中国通史》却是干脆利落、一锤定音："张良，字子房，城父（今安徽亳县东南）人，其先是韩国公族，曾为相韩的五世君主。"[①] 若以更为公谨的标尺来裁量的话，注释中的亳县已因岁月更移，几经更名，如今名曰亳州市谯城区，城父也由昔日的战略要冲变为今朝的历史古镇。

史、识、实，纵横交贯，珠璧交辉，众口交传，构架了尘世的三维思维。安分循理的城父，本是一方形胜之地、用武之地、膏腴之地。

---

① 白寿彝主编：《中国通史》第四卷，上海人民出版社 1995 年版，第 55 页。

在百卉千葩的虆墙之思中，有关城父的归落，也难免成为喋喋争议的话题。

在遥远的春秋战国年代，确实诞生了东、西两座城父。东城父即上文涉笔之地。西城父又名父城，应是位于现今的豫中沃壤，具体坐落何处，言人人殊，莫衷一是。① 多位张良忠粉及青藜之士，近年针对"谋圣"故园随语生解、设言托意，表抒的一隅之见、一家之说与诸多史家早前的论柄论断似有别异。敬恭桑梓的通人达才运用丰赡学识，让张良的姬姓家族叶落归根，本身也是再造一座精神粮仓和人文靠山。

因历史久远、地理羽化与区划频仍，关于一些历史名人的原乡故土，皖豫之间多有争端、时有纠缠。其实，这些先贤桑梓应该在何处、究竟在何处，因为时光的迷雾、岁月的掩埋，可能一时还难以锁定各方最大的公约数。但无论持有何种观点，站在哪重维度，皆不可否认的是，他们皆为绝代天骄、后世典范。

漳河的水永远都是那么文静舒缓，她的低调与谦恭、沉寂与隐忍也滋育了居民的品性。水畔古风飒飒，神气氤氲，放眼一望，总让人萌生苍茫悠远、意欲穿越之感。漳河是有胸怀的，也是有情怀的，她细水长流、付与东流、归之若流，主动与涡河融合为一，甘心为伍，

---

① 存有二说。一说位于河南省平顶山市宝丰县东部及郏县东南部一带，遗址坐落在宝丰县城东 20 公里李庄乡。2013 年 5 月 3 日，父城遗址被国务院核定公布为第七批全国重点文物保护单位，河南省人民政府于当年 6 月 8 日立有"国保碑"；二说位于河南省许昌市代管的禹州市西南张得镇，据说该镇系因张良家父张平的乳名张得而得名。同时，在河南省平顶山市鲁山县东南部，也设有张良镇，传因张良曾在此安营扎寨而得名。

以秀美、蜿蜒、潺湲之姿，增援且映衬了涡河的万顷烟波。

漳河东岸，依偎着一座耸拔台地，竟高出地面两米，东西长达五十米，南北宽约二百米。原始人类捠弄过的石器、骨器、蚌器、陶器等生产生活用具，曾在这里逐一亮相，以器物之形昭示了这方水土的曾经沧海、厚貌深文和门庭赫奕。这块宝地，即是公元 1954 年意外现身的青凤岭遗址。

漳河西岸，长驻着毫鏊的城父故城。时光不语，青史有痕。早在春秋时期，城父名为夷邑，委身于陈国，与焦邑（亳州故城）齐名。《左传·僖公二十三年》曾载："秋，楚成得臣帅师伐陈……遂取焦、夷。"[①] 楚国攻占陈国后，夷随之易主。公元前 530 年，那位怀有"好细腰"怪癖的楚灵王屯兵城父，为彰显权威与尊贵，不惜动众伤财、大兴土木，修筑了宏伟壮观的章华台。亭台楼榭环绕其间，穷奢极侈，众目共视。孰料宫殿建成未及闭门酣歌，楚灵王便在战乱中抱憾自缢。楚平王在接过生杀大权后，即在公元前 528 年迫不及待地改夷为城父，且阐扬了兄长好面子、讲排场、摆阔气的秉性，大修城池，宏图华构，画栋飞甍，并令太子建在此驻守。彼时的城父，虽在地理上为楚国北部边城，但在军事上已是重镇要隘。

城父的建城史既是一部辛酸史，也是一部动乱史，可谓命运多舛，颠来簸去。在历史风云的推推搡搡中，位阶忽高忽低，声势时大时小。战国时代，城父隶属于楚。秦汉置县，归属沛郡。东汉时转隶汝南郡，晋代又划给了谯郡。而到了明代洪武年间，县制索性被废除，易名城

---

① 杨伯峻编著：《春秋左传注》卷五，中华书局 2018 年版，第 342 页。

父寨。一路走来，城父身世真个是起起伏伏、分分合合、跌跌跄跄。

城父故城本是一座方形土城，城垣的残存最高处约一点八米，城垣上宽约三十米，两侧呈坡状。城之东南角保存较好，西北两侧夷为平地。城之周长约八公里，原有四门，现仅能隐约可见东门痕迹。新中国成立伊始，曾有附近的村民在城中惊喜地捡拾出多枚"郢爰"楚币。

世人或有不知，城父还是一位仁者的出生、出道、出世之地，他的资深望重丝毫不输于姬氏家族。这位名公以忠不违君的节义、智名勇功的胆略，在春秋时期的谋略家和军事家中占有极为重要的一席。盖因此人立过赫赫之功，享有赫赫之名，发散赫赫之光，世间向来对其仰之弥高。这位有道之士、熊罴之士、方正之士，便是后世称赏不已、低回不已，亦唏嘘不已的伍子胥。

伍奢乃伍子胥之父，曾效忠于前文提及的楚平王。后因楚平王听信费无极谗言，大打出手，大开杀戒，竟将伍奢与其长子伍尚一同推上了断头台。危急之下，伍子胥从楚国侥幸逃亡至吴国，沉几观变，韬光俟奋。凭借矢志不屈、苦心经营，伍子胥成功靠近吴王阖闾，且跻身重臣之列。在权重望崇之际，他主导营建了姑苏城（今江苏省苏州市），苏州至今尚留有胥门。公元前506年，伍子胥终于迎来渴盼已久的复仇之机。他协同孙武领兵攻楚，怒掘楚平王墓，鞭尸三百，焚骨扬灰，总算报了父兄之仇，解了心头之恨。畜智的吴王也正是采纳了伍子胥等一干权臣的不拔之策，西破强楚，乘胜逐北，大败徐、鲁、齐，连战皆捷，喜报频传，吴国由此进跻诸侯一霸。

然则，命运还是没能规避嚣世的魔障，伍子胥的宿命与父兄的版本同出一辙。继任的吴王夫差实乃背信负义之徒，竟然听信太宰伯嚭谗语，倏忽翻脸无情，冷不丁扔来一把利剑，令伍子胥自裁。伍子胥浩气英风、凛不可犯，自刎之前正告门客，"而抉吾眼悬吴东门之上，以观越寇之入灭吴也"[1]，这是伍子胥留给吴国悲壮的政治交代。他在殉难前唯一的恳求，就是挖出自己的双目悬置于东门上方，以便在不久的将来亲睹吴亡之日。伍子胥果未食言，在其离世九年后，吴国便在越国的衅血力战中望风而溃、凋零磨灭。

环绕城父故城行思坐忆、东望西观，不难发现，除了青凤岭遗址之外，还有章华台、黛台、望花台、庙台子、伍员庄堌、四女孤堆、二女孤堆、一女孤堆、后铁营遗址等伏伺周围。一缕岁月光尘、一串沧海遗珠、一群时光宝贝的长年聚居，共同神聊且阐证着那些关于城父的传感、传唱与传奇。

五

之所以不惜浓墨去复原一座古貌古心、有本有则、至尊至贵的城父，且笃定姬氏一脉皈心此处、耽情于斯，还有一个人文与地理高度匹配的重要因子，在心中循环往复地跃动。

作为淮河的第二大支流，涡河吟卧于淮水左岸，源于豫而行于皖。自中原名城尉氏起步，一路欢畅，水波浩渺，以西北东南的走势，流经开封、通许、扶沟、太康、鹿邑，自亳州主邑谯城涌入安徽，再经

---

[1] 〔汉〕司马迁撰，韩兆琦译注：《史记》六，中华书局 2010 年版，第 4549 页。

涡阳、蒙城，择怀远城东，一拥而入淮河。

涡河的蜿蜒逶迤、平波缓进，既诞孕了哲人的英伟，亦诠释了哲言的奥理。神乎其神的是，涡水之畔竟然先后走出了老子、庄子两位星耀万世的思想巨擘。一部《道德经》，一部《南华经》，成为双贤呈现给这个世界的见面大礼。宏著知天知地、知微知彰、知冷知热，数千年来一直被黎庶奉为高文雅典、圣经贤传。故此，尘世便将涡河视作思想流金之水、智慧流光之河。

瞭望城父南隅，还有一条浪恬波静的河流，日日观风察俗，时时观化听风，夜夜观变沉机。急景流年之中，它曾以清和平允的真态接待了庄子的孤傲负钓，亦以清微淡远的意态陪同了庄子的砥志研思。

此河谓之濮水。

历史上的濮水，应因庄子一夜成名。不仅名声大，而且名号也多，艾水、㲋水、茮水、欠水、次水皆是曾用名。《水经注·渠》有载：濮水"俗谓之艾水""沙水又东分为二水，即春秋所谓夷濮之水也"[1]。语中之"夷"即指城父，杨守敬由此在《水经注疏》中断定："父水因城父得名，较合。"

《水经注·渠》也有一说："一水东注，即濮水也，俗谓之艾水，东迳城父县之故城南，东流注也。"[2] 探本穷源的学人就此躬身考证，濮水及其相关水道，位处淮北的平川旷野，盖因应需开渠与兴造运河

---

① 〔北魏〕郦道元著：《水经注》卷二十二，商务印书馆1933年版，第四册，第54页。

② 〔北魏〕郦道元著：《水经注》卷二十二，商务印书馆1933年版，第四册，第54页。

等人为因素，或通或竭，不与古同。虽有变化，但今日情形仍与《水经注》所载相差无几。

而清澈的漳河，好似城父的护城河。为了形成滔天之势、赫斯之威，漳河毅然决然地加盟了涡河水系，襄助涡水更为风韵，更有神光。漳河甘为涡河的支流，而涡河又是淮河的支流，三水贯通。漳河由此便岁岁经受思想的晕染，年年接纳智慧的浸润。如此这般，漳河联袂濮水，哺鞠造就了韩国豪才、姬氏良相、高贤胜士。

与磊落奇伟的老子、庄子同乡，当是姬姓一族的幸事。尤其是张良，虽非名实相称的一国之相，但在风栉雨沐、雷奔云谲、天崩地坼中，因灵魂深处丰植老庄慧根，且在践行中尤擅活学活用、入情入境、至纤至悉，终成世代尊崇的"谋圣"。或许这就是转转相因、脉脉相通、心心相印的善果吧。

第二章 良心：天地一股英雄气

一

连绵的战火烤焦了韩国本就清弱的国体，也逐渐耗尽了长期透支的国力。虽说自上而下、自内至外，由远而近、由表及里，从国君到国民，从宫廷到乡野，韩国始终秉持着宁折不弯、宁死不屈的气节，但现实中的不近人情、不念旧情、不顾友情，还是能在猝不及防中摧垮意志堤坝与精神城垣。

公元前241年，为了各国的利益恒久、江山永固，经过多方秘密而缜密的筹谋，韩联合楚、赵、魏、燕抱团发力，组团抗秦。五国将士啸聚山谷，喊杀连天，一字长蛇阵，血染函谷关。联军士气高昂，势如破竹，捷报频传，以排山倒海之势一度攻秦至蕞（今陕西省西安市临潼区东北），兵临秦都。但令人唏嘘的是，在战争的最后一公里，联军却东猜西疑、心态迥异，志向不坚、合力分散。故在临门一脚的关键节点，主动放弃了进攻的绝佳战机；在两军对垒的危急关头，自我抛弃了决胜的冲天斗志。此一役乃是战国群雄的背城一战，强大的战争冲击波在吞没各路诸侯苦苦挣扎的同时，借助这股蛮横的推力，毫无悬念地护送秦国稳稳地坐上了霸主之位。

岁月江河由此转向，历史章节就此改写。

二

在风云万变的大局大势面前，飘飘摇摇、跌跌撞撞、病病歪歪的韩国，无助且又失控地随波漂流，衰亡进程日益加速。韩王安九年（前 230 年），秦将内史腾率领大军狂傲地攻破韩国的最后一道防线与底线，在生擒韩王安之际，也将韩国子民心中尚存的一道光线与红线进行了肆意践踏。

国已不国，民怎为民？

自肇建以来，韩之国力虽算不上强盛，可是民众的认同感、归属感、幸福感却居高不下，这也是韩能与其他六国长期抗衡、共存共荣的硬核之所在。客观而言，"姬姓为相"当是发挥了一颗定心丸、一根顶梁柱、一头老黄牛的效用。其实，能够拥有一位济时贤相尽心竭力地操持国务、安民庶民，不仅是国君之幸，还是黎民之福呀。

令人扼腕的是，韩惠王二十三年（前 250 年），姬平溘然长逝，从此再无姬相主持韩国的日常朝政。之后二十年间，姬姓一族也是在权力的核心圈与最高端之外忧伤徘徊。彼时暴露的朝臣异心、民怨滋生、舆情波动等一系列怪象，由于未能及时得以当头棒喝、有效扼制与断然截流，而渐次蔓延、恣肆生长。自此发轫，韩国便从一定程度上动摇了国本，削弱了国力。

韩王安九年（前230年），强秦肆虐逞威、恣凶稔恶，近乎在一夜间便将韩国侵吞，韩地即被贬为秦域颍川郡。韩人要么在战火中泯灭，要么沦为敌国囚民。

在那段动荡的时局中，自韩惠王至韩王安，两代国君极有可能心胸狭窄、气量狭小，唯恐姬相民望过旺、功高震主，所以干脆就来个彻底的屏蔽隔离之法，将姬氏一家绝缘于朝政、边缘化任用。此等看似安全的举措，却降损了国君理政的智、治、质、制。盖因身边缺少了一套基于忠君思想的智力支持、国务协调、民政周旋之系统保障体系，君、臣、军、民之间，被人为地硬生生抽掉了一个缓冲带、出气筒和解压阀。况且，姬氏一家本就具备这种操控力、统驭力和亲和力，这一点从日后姬公子张良能在短短的八年内，成功辅佐刘季一路攀上最高权位并创立大汉基业之中，便可窥出一斑。

在韩国摇摇欲坠、岌岌可危之际，当韩王安怏怏不乐之时，姬公子张良已过二十岁了，其时已是才气超然、智珠在握、英华外发。遗憾的是，韩王安生来缺乏高远明亮的目光，他看重的只是一时江山安稳，思察的只是剔除不利因子，却白白错失了人中龙凤、国之重器，让远在沛县的村野蛮夫刘季捡了个大漏儿。

世上从无后悔药，人间未通回头路。这或许就是韩国、韩王、韩人规避不掉的宿命。

家父姬平的意外离世，使张良的精神空间骤降黑暗，倏忽间便与风暖日丽的父爱阳光遥以心照。漫漫长夜里，寂寂无闻中，他只得暗自与慈母和不满周岁的弟弟吞声忍泪、吞言咽理、吞风饮雨。好在尚为贵族子弟，张良的童年和少年衣食无忧，生活待遇明显优于同代人、好于老百姓。而在此刻，命运中早已设计好的人生大考，也正在向这位贤才俊彦步步紧逼。

三

韩国的一溃千里、黯晦消沉，让黎庶苦不堪言、魂飘魄散。作为王室支族、韩相嫡裔，时年二十二岁的张良更是首当其冲，青春韶光随着时局的祸乱交兴而迷离恍惚。也正在此时，命运与时代密谋联手，迫使他必须尽快从迷迷怔怔的人生后台走出，一把扯开密密层层的历史帷幕，快步登上纷纷攘攘的政治舞台。

当年，因韩王安以小人之心、度君子之腹，一味刻意打压，时常恶意设障，致使张良虽长材茂学、志气凌云，却难寻用武之地。在韩王安一朝，张良空怀抱负，未能出仕，始终与机遇不曾谋面。尽管是公认的青年才俊、难得的少年老成，但越是存有这种朝野传言，越会惹来韩王安的不快与不安，越会驱使他更加攥紧王权，唯恐有一丁点儿机会从指间渗漏。

张良对于国家的诚欢诚喜、钟爱钟情、真心真意，迎来的却是国君长期的不理不睬、不冷不热。这何尝不是一种朝野之悲、社稷之悲、时代之悲呢？然则，韩王安虽从未将姬公子看在眼里、放在心上，可张良忠君报国的信念却始终固若金汤。在他的眼里，韩国就是一个理想国；在他的心上，国君就是一位完美者。天真的张良对于国君论甘忌辛、好丹非素的脾性从未揣测与私议，只是一再检视自己的学养、德能、胆略与出仕之间尚有多远的距离。有时在夜静更深、夜不能寐中，他还会检讨过往的青葱懵懂、年少轻狂，不懂得爱惜与珍惜锦瑟华年。

面对大是大非，张良眼里锁定的是大仁大德，心中流淌的是大江大河。在襟抱、境界、志向的层面，君臣之间竟然严重倒置，差若天渊。

韩国的山岳崩颓使张良伤心蒿目、痛心疾首，而韩王安当年的青面獠牙、乖僻邪谬，却丝毫没有激起他对于国家的抱怨和报复。虽说目下只是一介游侠，常年行走于江湖、奔波于市井，放歌于阡陌、纵情于人间，张良却始终眷眷不忘故国，心虔志诚，忠贯日月。韩国那青灰的一砖一瓦，皆寄托着姬公子的负鼎之愿；那黯郁的一草一木，遣寄着张良的反哺之恩。在姬公子的内心深处，越是对故国爱之深，越是对秦国恨之切。复仇的怒火在他的胸腔愈烧愈旺，这把火将他往常的隐鳞藏彩、隐迹潜踪燃烧殆尽，他要以惊人之举在乱世中惊艳出场，即使不能一举成功，也要在这举世混浊中玩上一把惊天动地、惊神泣鬼、惊世骇俗。

细细思量，张良的筹谋绝非一时冲动、异想天开，而是愤世嫉俗的外化、奋发有为的爆燃。强秦固然已经雄霸天下，且凶狠地将俘虏国的残躯死死按住，但是表面上的风平浪静却潜藏着风起云涌、暗流湍动。各种势力的纠集，各方权益的咬合，各类派别的林立，都在伺求良机，施行以血洗血、以牙还牙、以毒攻毒、以暴制暴、以恶报恶、以战去战的极端方式进行抗争，致使薰莸错杂、匪气抬升、局面失控。

四

公元前 227 年，在韩国败亡的第四个年头，秦国的霹雳战车又碾压了赵国的坚固城池。秦军再下一城后，未及摆筵庆功、丝毫喘歇，便不顾人困马乏，继续挥师北上，征讨燕国。

相较于韩国，燕国的国力也强不了多少，军力也好不到哪儿去。面对突降的大军压境、黑云压城，主政者太子丹如堕五里雾中，茫然不知所措，惶惶不可终日。

坊间传闻，荆轲乃是春秋后期齐国大夫庆封的后裔。此人喜好舞文弄墨、行侠仗义，为人慷慨、文武兼备，乃是战国末年的一名壮士与游侠，也成为江湖上一位声名赫赫的刺客。偶然中，卫国人士荆轲行游至燕国，并被田光举荐给了太子丹，甚受赏识，一度成为燕之贵宾。在暴秦兵临城下的危急关头，太子丹急杵捣心，乍然间想到荆轲，也于无意间成就了荆轲的世间英名。当然，这个代价委实有点惨重与悲壮，而且不乏荒谬和莽撞。

历史由此炮制了惊天大事件——"荆轲刺秦王"。演绎至今，小说、戏曲、曲艺、话剧、歌剧、舞剧、美术、影视等各类版本林林总总，层出迭见。陈凯歌于 1999 年将荆轲壮举拍成了一部电影进行公映，并倾情出演吕不韦。在面对秦王屠刀时，吕不韦临危不惧，声斥嬴政："你杀了我，就是告诉天下人，你不是我的儿子；你也只有杀了我，才能让天下人相信，你不是我的儿子。"

还是将回溯的目光聚焦于荆轲当年的壮举吧：

诚得劫秦王，使悉反诸侯侵地，若曹沫之与齐桓公，则大善矣；则不可，因而刺杀之。彼秦大将擅兵于外而内有乱，则君臣相疑，以其间诸侯得合从，其破秦必矣。此丹之上愿，而不知所委命，唯荆卿留意焉！①

太子丹的这番心里话有理有节、环环相扣、循循善诱，而听众却只有一位，那就是即将背负特殊使命的荆轲。这位勇士自然听懂了太子丹的苦心孤诣，也看穿了他的异想天开。言下之意则是若能在朝堂之上活捉秦王，则威逼他悉数归还被其鲸吞的六国疆土，这当然是设计的最理想场景。如若生擒不成，那就退而求其次，现场就将秦王斩立决。太子丹穷思极想、计研心算，擅自推理秦将在外大多拥兵自重，一旦察觉朝廷生乱，故必君臣相疑，各路诸侯届时则可联袂而至、趁风转篷，诛秦大计定能指日可待。

突降如此艰巨的任务，让荆轲委实有点措手不及。一道利剑的萧瑟寒光，一副秦王的狰狞面孔，陡然间划过他那冰冷的心头，本来沸腾的热血似要瞬间凝滞。荆轲的本能反应是怯惧并排斥这种飞蛾扑火、自寻末路的低级策略，立时首选了婉拒、退却、谢恩的机敏应对。不知趣却也不甘心的太子丹，随即目测出了荆轲的知难而退，随手便甩出了惯用的加官晋爵、派发美女的诱惑伎俩，软硬兼施，恩威并施，使荆轲向来标榜的豪侠、猛士、英雄之面子被挤进了死胡同，一时间

---

① 〔汉〕司马迁撰，韩兆琦译注:《史记》七，中华书局 2010 年版，第 5494 页。

进退无门。这可是用仕途铺亡道呀，这就是用家人作抵押呀，这更是用生命下赌注呀！万般无奈之下，荆轲方才勉强应允了太子丹的无理请求。嗟乎！应当说是一种无奈乞求。

荆轲是无辜的，也是憋屈的。因他乃卫国子民，何来义务、责任与使命，为了区区燕国的安危去舍生忘死。现实就是这般鬼使神差、蛮不讲理，命运一旦划定了活动区间、轨迹走向和人生归途，由不得随意涂改。死活由天不由己呀，彼时的荆轲真可谓叫天天不应、叫地地不灵，明知山有虎、偏向虎山行。

行前，荆轲已有不祥预感。这一细微之处自太子丹率众臣身着白衣、头顶白冠为其壮行便有觉察。送行现场，荆轲并未刻画出众人所期盼的大义凛然、闻义而徙、殉义忘身的伟岸气象，而是低沉地发出悲鸣：

风萧萧兮易水寒，壮士一去兮不复还！① 探虎穴兮入蛟宫，仰天呼气兮成白虹。②

风力萧萧作响，易水两岸寒气刺骨，壮士此一去可能再无归程。行刺秦王犹如探虎穴、闯龙宫般高危，作为顶天立地的大英雄，仰天吐气亦能形成道道白虹。荆轲以诗抒怀，也是以诗壮胆。

公元前 227 年，燕国使臣荆轲带着太子丹为他精心配备的所谓悍将秦武阳（一作秦舞阳），向秦都咸阳开拔。出发前，他当然不会忘

---

① 〔汉〕司马迁撰，韩兆琦译注：《史记》七，中华书局 2010 年版，第 5503 页。
② 后两句疑为后人补作，史籍失载，仅见诗集。

记随身携带秦王当下最感兴趣的贡品，即秦国降将樊於期的头颅和燕国督亢的地图。

由于荆轲的大礼正合秦王心意，自然受到了秦国的盛大欢迎、极高礼遇。威严的咸阳宫特意动用友好的气氛、劲爆的歌舞恭迎荆轲。孰难料太子丹选配的得力助手因心虚胆怯，举止异常，险些败露。情急之下，荆轲只好将行刺计划临时提前。

朝堂之上，荆轲毕恭毕敬地向秦王呈献地图。端坐王位的嬴政顿时乐不可支、喜不自禁，那种兴奋劲犹如地图已经转化成地盘且被据为己有。当地图即将全景展示时，嬴政看到的不是一幅千里江山图，而是一束刺眼寒光。就在他愣神儿之际，荆轲左手紧攥其衣襟，右手持匕首向其猛刺。嬴政大骇，腾身而起，挣断衫袖，并欲拔剑反击。因恐慌万状，加之腰间佩剑稍长，剑未出鞘，只得以鞘代剑，负隅顽抗。宫殿上的金柱成为双方进退防守的难得掩体，这边荆轲穷追不舍，那边秦王左躲右闪。满朝文武早已被飞灾横祸撞晕了、惊呆了、吓傻了，一时目瞪口呆、手足无措。遵照秦律，大臣进殿禁携任何兵器，即便那些在阶下一字排开且全副武装的宫廷侍卫，在未接到诏命时同样不得近前。荆轲面对的本是秦王和他的千军万马，但因秦王嬴政来不及调度布防，危急存亡也只能由嬴政一个人来扛。故此，彼时的全武行竟成了一对一的单挑。

秦王的随从医官夏无且情急智生、临危制变，突将手中的药囊高高举起，狠狠砸向刺客。荆轲下意识地回躲，孰料却为秦王闪出了珍贵时机，加之群臣齐呼："大王，快快拔剑！快快拔剑！"怔松中的嬴政被骤然唤醒。利剑在手，绝地反击，荆轲的左腿即刻便被砍断。因重心在剧痛中失衡，荆轲轰然而倒，但仍不忘拼尽全力将手中匕首向着嬴政孤注一掷。嬴政轻松避锋，一柄白刃深深刺入金柱。怒目切齿的嬴政旋即扑向徒手空拳的荆轲，不顾一切，不问皂白，大动肝火，大张挞伐。已无还手之力的荆轲，只能任人宰割。可怜他身负八处重伤，皮开肉绽，血洒秦廷。

自知大事已然，为示不屑与不敬，荆轲倚柱斜躺，双腿散开，语笑喧呼："今日事之所以未成，主因乃我并非想置你于死地，而是欲胁迫你订立盟约，偃武休兵，并归还侵占各国之领土。可叹我只有得到约契，才算是真正回报了太子丹啊！"话音未落，侍卫们就一哄而上，手起刀落，决绝地将荆轲剁成了肉泥。

"秦王目眩良久。"① 深究字里行间，今人依旧能够切身感受到嬴政的惊魂未定和失常心跳。彼时的秦王当是百思不得其解，亦如万剑穿心。抑或他实在适应不了现实的魔幻，就在自家朝堂，一幕刚刚上演的忠诚忠贞大戏，怎么会在眨眼之间便演变成了绝情绝版。剧情反转如此陡峭猛厉，让他深感如坠崖谷、若涉渊冰。秦王强烈地洞穿了每时每刻每个角落潜伏的危机，他誓将每粒危险的因子铲平击碎，绝对不容留一丝残喘的缝隙。

整个过程可谓惊涛骇浪、惊魂动魄、惊心怵目，既能从中体悟荆轲的饮胆饮血，也能全程领略秦王的不依不饶。面对从天而降的恐怖事件，嬴政反应迅捷，处置得当，断然碾碎了一场"图"谋不轨。至此，太子丹幕后执导的这出惊悚大剧，不得不宣告以败北而落下惨幕。

---

① 〔汉〕刘向编选，种梦卓编译，张家鹏修订：《战国策》卷三十一，万卷出版有限公司 2023 年版，第 343 页。

公元前 222 年，燕国终在强秦的猎猎战旗、滚滚铁骑中灰飞烟灭。

在苟延残喘之际，燕国却以亡国的代价奠定了荆轲的英雄美名。《史记》中的《秦始皇本纪》《刺客列传》以及《战国策》中的《燕策》，皆以浓墨详录。或许，在荆轲魂归西天的那一刻便羽化成仙，且走进、驻守和把持了千千万万抗秦义士的精神世界。虽是行刺史上的一场事故，却被民间与史界演化为一个掌故，并晋级为勇士们信受奉行的一桩典故。

五

其实，在荆轲刺秦之前，也曾发生过一起类似的庙堂暴力事件。太子丹在向荆轲展开思想动员时，还特选此例，打气鼓励。或因事件主角名声不大，加之口口传播的频率不高，世人对其知之不多。太史公在《史记·刺客列传》中，原原本本地收录了这桩奇闻轶事。

曹沫者，鲁人也，以勇力事鲁庄公。庄公好力。曹沫为鲁将，与齐战，三败北。鲁庄公惧，乃献遂邑之地以和。犹复以为将。

齐桓公许与鲁会于柯而盟。桓公与庄公既盟于坛上，曹沫执匕首劫齐桓公，桓公左右莫敢动，而问曰："子将何欲？"曹沫曰："齐强鲁弱，而大国侵鲁亦甚矣。今鲁城坏即压齐境，君其图之。"桓公乃许尽归鲁之侵地。既已言，曹沫投其匕首，下坛，北面就群臣之位，颜色不变，辞令如故。桓公怒，欲倍其约。管仲曰："不可。夫贪小利以自快，弃信于诸侯，失天下之援，不如与之。"于是桓公乃遂割鲁侵地，曹沫三战所亡地尽复予鲁。①

鲁国的曹沫因血气方勇、见机而行、敢作敢为，深得鲁庄公赏识，且凭屠龙之技、应时之技、黔驴之技，一跃成为鲁国大将。孰料在与齐国角力时，曹沫却多次战败且狼狈溃逃。鲁庄公忧心战事，只得主动将遂邑呈献给了齐桓公，以示求和。尽管吃了不少败仗，鲁庄公依然宽大为怀、山包海容，仍许曹沫坐享将军荣位。

在笑纳了鲁庄公的大礼后，齐桓公痛快承诺，可在柯地与鲁庄公相约会盟。正当两位诸侯稳坐坛上、谈笑风生之时，曹沫突然手持匕首愤然而起，刹那间挟持了齐桓公。现场顿时乱作一团，紧张气氛骤然升级。齐桓公的身边卫士担心伤及主公，未敢近前妄动。

怒火中烧的齐桓公斥问曹沫意欲何为？孰料这位曹将军竟是从容自若，振振有词："虽说齐国强、鲁国弱乃是目下不争事实，但一时的强大并不能成为你们欺鲁之由，恃强凌弱向来可恶、可耻、可恨。仅就时局而言，鲁都城墙如若倒下，须臾间即会压至齐境。我奉劝你斟酌损益，掂量掂量自己几斤几两，思量思量如何正确行事吧！"无奈的齐桓公只好就坡下驴，当即允诺归还曾经侵占鲁国的全部领土。在确认齐桓公的应承后，曹沫便随手扔下凶器，举止泰然、若无其事地回到坛下群臣之中。

彼时，深感被戏弄的齐桓公烦天恼地，意欲毁约。齐相管仲随即谏言制止，"若因贪图小利而痛快一时，就会在诸侯间永远失去信义，

① 〔汉〕司马迁撰，韩兆琦译注：《史记》七，中华书局 2010 年版，第 5456 页。

终致失道寡助。君无戏言，一诺千金，不如将土地悉数奉还。"巧捷万端的齐桓公只得采纳了管仲极谏。曹沫意气用事，负气斗狠，敢在太岁头上动土，竟然未动一刀一枪，未费一兵一卒，就收复了之前所有的战败失地。不仅全盘博回了个人丢尽的颜面，而且意外保全了鲁国应有的尊严。

综观曹沫与荆轲，同为战国年代，同为利益纷争，一个悬念反转，一个执念毅行；同是有勇有谋，同是有胆有识，一个以身报国，一个捐躯异国；同是义士义举，同是无惧无畏，一个虽败犹荣，一个向死而生；正所谓一念天堂、一念地狱。曹沫与荆轲同样也存有致命缺陷，二者身体力行的显然是一种冒失、冒进、冒险行为。虽结局相异、各得其所，但在实施进程中险象环生，明显存有漏洞，极易受君主多疑多变的品性所左右。

曹沫不顾国家重大场合的外交礼仪，当众赤裸裸地胁迫齐桓公，尽管通过极端举动挽回且维护了鲁国利益，但也使自家国君鲁庄公尴尬蒙羞，令鲁国形象降格贬望。两国相交，明争暗斗，阴谋阳谋，总有路数，岂能将这种泼妇无赖之法混同变异为外交博弈之术呢？

荆轲显然是被燕国的太子丹用道义绑架了。虽说碍于威权与情面，难以断然回绝一国之君所下谕旨，但在彼时的情势之下，荆轲完全可以晓之以理、动之以情地说服太子丹改弦易张，以圣贤之道，采取相对可行、可靠、可信之计，冷静处置危局，而非盲从地将危机、危难推向危巅、危败，盲动地将生望、奢望推向失望、绝望。既然领命出使秦国，进献了秦王喜好急需之物，就应辅之以合理的时势阐释、谦卑的时局剖析，说不定秦王的恫疑虚喝能够涣然冰释呢。此等以卵击石之策、以酒解醒之举，难道不是莽夫之勇、匹夫之为吗？悲哉，鲁莽常常会限制想象，自负往往会激活冲动。

然则，置身于幽暗困顿的张良，却在别处以如炬目光对两大事件展开了深度勘探，他决意从中采集理性的灼灼光辉与感性的丝丝光亮。这两束历史强光，穿透岁月的混沌，划破世间的阴霾，好似在刹那间为他的心智开了光，为他的忠勇壮了胆，为他的行动赋了能，为他的声望添了彩，也为他的前程引了路。

六

年轻气盛的张良，飘如游云、胜友如云、拿风跃云。如若在惯常的画板上，仅凭直觉去勾画他的身姿，抑或会与太史公一样，犯下雷同的经验主义错误。

> 余以为其人计魁梧奇伟，至见其图，状貌如妇人好女。盖孔子曰："以貌取人，失之子羽。"留侯亦云。①

太史公秉笔直书，坦告世人：直到意外发现张良画像之前，司马迁仍在固执己见，自感当以昂藏七尺、拔地倚天来勾画他的容貌。其实不然，他的形象仿若窈窕淑女、大家闺秀一般。对于留侯张良而言，亦是如此，极易被人看走眼。

---

① 〔汉〕司马迁撰，韩兆琦译注：《史记》五，中华书局 2010 年版，第 4154 页。

"状貌如妇人好女。"太史公以洗练的口吻，对姬公子的形貌特征作了传神点睛，言内之意至少披露了双层卓殊：其一，张良自身散发着天然的贵族气息，人淡如菊，知书达理，俊美飒爽，温文尔雅，仪表非凡；其二，张良本体凸显着天生的仙者气质，眉清目秀，明眸皓齿，美如冠玉，出尘脱俗，仙姿佚貌。因太史公距离张良的生活年代相近，由他目睹的这幅肖像应当形神兼备，可信度颇高。由此看来，张良应为"男生女相"。

家国的破败，世道的颠乱，人心的不古，令张良忧心如焚，食不能寐。民间有言，瘦死的骆驼比马大，船破还能有三千钉。面对质而不俪的三百多位家仆，姬公子已难有精细入微的心思去照应了，只得怀着歉疚的心理将仆从们就地遣散，依依惜别，妥善安顿。当下，他急需的是知音与知己的同欲相助，祈望能够尽早搜寻到复仇计划中的壮士、猛士与义士。

即使胞弟溘然长逝，张良也无暇顾及，抹了一把眼泪便携抱着殊深轸念离开了故园，匆匆踏上一线之路。二十余年来，家父姬平的抱憾殉国，亲娘周夫人的悲凄永眠，少弟的英年殂落，国家的戛然殒命，一系列撞击、打击、痛击接踵而至，事事扎心，桩桩戳心。

彼时，满脑子国仇家恨的他，急于找到泄洪口集中倾倒；此刻，一肚子愤懑不平的他，忙于觅到火山口海量喷发。

第三章　良笃：沐雨经霜斗苍劲

一

雨一直在下。时而滂沱，时而淅沥；时而狂野，时而轻柔。下得酣畅，下得悲怆；下得高亢，下得低沉。

殊不知，雨量的多少是可以调节的，雨势的大小是可以调度的。诚然，这要看上苍的眼色，也要听大地的呻吟；这需随万物的和声，也需应生灵的性情。

张良就这般冒雨行进，古都淮阳（今河南省周口市淮阳区）是他新设的路标指向。奔波之中，他用口鉴知雨的幽涩，用手抚摸雨的湿滑，用心收藏雨的点醒。

张良的跋涉，与雨合拍，这躬行的足音也是一种急促的鼓点；张良的奔走，与雨合体，这向前的身影也是一位英雄的身姿。张良是怀揣眷想、思想与理想前行的，故不能与冷雨、疏雨、骤雨存有过多的纠缠和撕扯。

二

雨幕中的淮阳，以古峭古色与苍劲苍颜，接见了身心俱已浇透的姬公子张良。

先古时期的淮阳，奔放而豪放。张良遴选此地暂时栖身，看中的是这方黄土所蓄积的民淳俗厚、守时力民和济时行道。

悠悠岁月，漫漫长河。三次建国、五次建都的光荣与梦想，让淮阳披上了厚厚袈裟，镀上了锃锃金光。

在遥不可及的八千年前，享有"三皇之首""百王之先""上上圣人"之誉的太昊伏羲氏，便择淮阳建都，彼时谓之宛丘。这应是此座城池拥有的第一个名字，也极有可能是人类史上首座国都。夏时则为豫州之域，商时又为虞遂封地。

在扑朔迷离的五千年前，炎帝神农氏定都于此，尝百草艺五谷，浓情于农，天耘于田。此城亦随之易名为陈。

在风云变幻的三千年前，周武王封舜的后裔妫满于陈地，建立了陈国。

翻检浩瀚无际的史籍，太昊伏羲氏奠都宛丘的史实留痕甚多。《竹书纪年·前编》有载：太昊庖牺氏，"以木德王，为风姓。元年即位。都宛丘"。《资治通鉴·三皇纪》曰："帝太昊伏羲氏，成纪人也。以木德继天而王，都宛丘。"《路史·太昊纪》记述：太昊伏羲氏，

"都于宛丘"。《帝王世纪》云："天皇庖羲都陈留。"① 《金楼子·兴王篇》载："太昊帝庖牺氏……德于木，为百王之先，都于陈。"② 《史记补·三皇本纪》亦言："太昊帝庖牺氏……木德王，注春令，故易称帝出震。都于陈。"

先辈们担忧后人难解其意，将"陈"的字形牢牢铸进古铜器。看图释义，左边为旌旗之形状，右边为战车之车轮，下方则是土的会意。不难领会，"陈"字所表达的原意是将战车排列于国土边界且用于保卫疆土。而战车呢，则是上古时期最重要的军事装备。

淮阳很任性，长期钟情于"陈"之名。陈隶属楚国岁在公元前255年，此后，陈陆续复位为国、郡、州、府，并刻意模糊了楚之色系。即使被楚逐出国门，陈还是固执地称之为陈，不愿、不想也不曾更改名号。

"陈"字也通"阵"字，此说当是发轫于赊遥的部落。当夜静更深之际，酋长便亲率臣民将车队排列成圆形战阵，人畜居于阵中。远远望去，这奇妙的阵势犹如平原上巍然耸立的城堡。看来，张良确是目光如炬，以陈地为阵地，作为奇崛人生的突破口、突围点、突进术，实为不拔之策和明智之举。

---

① 徐宗元辑：《帝王世纪辑存》第一，中华书局1964年版，第4页。
② 〔梁〕孝元帝撰：《金楼子》卷一，中国书店2018年版，第18页。

三

"良尝学礼淮阳。"① 这个 "礼" 字，该当何解呢？"失道而后德，失德而后仁，失仁而后义，失义而后礼。"② 老子的话可谓言简意赅，一语中的。还有，那位日后向张良私相传授、指破迷津的黄石公，也在其论著《素书》中开宗明义、言之有 "礼"，"夫道、德、仁、义、礼，五者一体也……礼者，人之所履，夙兴夜寐，以成人伦之序。"③ 以此窥究，"礼由人起""礼者养也"④，其乃全社会公认的价值标尺与行为边线，也是治国理政的最后一道屏障。当道、德、仁、义的功能渐趋弱化或退化时，"礼" 就会挺身而出，承载着社稷及黎庶的厚望与希冀。

曾经三度茬陈的孔子，被尊崇为 "天下文官祖，历代帝王师"。对于礼之要害，老夫子也发表了个人特见："不学《礼》，无以立"⑤ "非礼勿视，非礼勿听，非礼勿言，非礼勿动"⑥。学人钱穆研读后，还对这段哲思作了延伸性阐释："礼教恭俭庄敬，此乃立身之本。有

---

① 〔汉〕司马迁撰，韩兆琦译注：《史记》五，中华书局 2010 年版，第 4106 页。
② 〔春秋〕李耳：《老子》第三十八章，时代文艺出版社 2002 年版，第 26 页。
③ 〔汉〕黄石公著，知书译：《素书》原始章，湘潭大学出版社 2022 年版，第 2 页，第 12 页。
④ 〔汉〕司马迁撰，韩兆琦译注：《史记》三，中华书局 2010 年版，第 1863 页。
⑤ 〔春秋〕孔子：《论语》第十六篇，时代文艺出版社 2002 年版，第 63 页。
⑥ 〔春秋〕孔子：《论语》第十二篇，时代文艺出版社 2002 年版，第 43 页。

礼则安，无礼则危。故不学礼，无以立身。"①

想那群雄逐鹿、群英啸聚的三国年代，魏王曹操的三子曹植的北风之恋、莼鲈之思愈发浓重，故首选了与老家谯郡（今安徽省亳州市谯城区）咫尺为邻的陈地，作为自己说话算数的地盘。才情高涨、诗意恣肆的曹植，每日踱行在礼学古韵之中，油然挥洒了众多佳构妙品。"木德风姓，八卦创焉。龙瑞名官，法地象天。庖厨祭祀，网罟渔畋。瑟以象时，神德通玄。"收录于《艺文类聚》的此作，便是曹植在多次参拜伏羲陵后完就的"庖羲赞"，文中他委婉地褒扬伏羲为"功德第一"的圣王。这种赞美是在隐喻父王的厥功至伟，还是在暗表内心的悲郁失意？其中微妙，不便揣摩。

河南豫剧经典剧目《下陈州》，民间传唱久矣，也让铁面宋相包拯的刚正不阿传颂到了极致。包丞相本是庐州（今安徽省合肥市）人氏，孰料却在北宋国都（今河南省开封市）扬名立万，故常会有人误认为他乃中原壮汉。包拯领皇命巡察陈地、体恤黎庶，怒铡国舅、放粮济民的爱民惠民之举，伴随着质朴豪迈、磅礴嘹亮的豫剧唱腔浸入了岁月肌理。"理冤狱关节不通自是阎罗气象，赈灾黎慈悲无量依然菩萨心肠"，这是一副早年悬挂于原淮阳包公祠中的楹联。细品其意，饱含着当地民众对于张良的这位后世乡贤最高规格的颂赞与感佩。

身为贵族血统、王室成员的张良，并未将过眼繁华视为傲娇资本，他为自我塑型的人设，是以礼制、礼仪、礼数、礼法的规范，来睿化、禅化、融化、入化自身。孔子的"克己复礼"被其刻镂于信仰与信

---

① 钱穆著：《论语新解》第十六篇，九州出版社 2019 年版，第 353 页。

念，且终生正己守道。"礼的功能就是调节"①，只有潜心虔诚地将"礼"内化于心、外化于行，方能成长为一名立于天地之间的好男儿、立于不败之地的真英雄，此乃张良毕生信守奉行的金科玉律。

淮阳之所以成为张良仰视的圣地，还有一个深藏于心、从未示人的机密。究其根源，原是心中矗立着一根坚劲的思想立柱，夯实着一层坚固的精神地基。

那还是在秦二世元年（前209年），陈胜联手吴广在大泽乡揭竿而起后，也曾亲率农民义军云集于此，并在陈郡古城上高调扯起"张楚"大旗。陈、吴二人择定此地替天行道，犹似蒙受了先祖的点化，盖因史上首次奴隶起义也是在此引爆。在万民拥戴的嘈杂声浪中，陈胜被推上王座，信心满满地开了历史之先河，一手创建了首个农民政权。陈、吴的义举震动了朝野，撼动了秦治，也拨动了张良那根原本就将鸣奏的心弦。

故此，于礼于理，于仪于义，张良皆要躬身朝圣古都淮阳。雨点无论多么密集，雨声无论多么剧烈，都阻挡不了他膜拜陈地的倍道兼行。

四

尽管淮阳慷慨给予了张良饱学礼法、广结善缘的稀缺时机，但距驻守心中的复韩诛秦之梦依然遥亘千里。于是乎，他便在晨光熹微中

---

① 冯友兰著：《中国哲学简史》第十三章，北京大学出版社2023年版，第194页。

悄然开启了东进之旅。这一次，濊国是他全新的远足坐标。

濊国，又唤秽国，何时立国已难溯源。但可以确认的是，早在春秋年代之前就已赫然存在，且以古代朝鲜半岛东部为泱泱国土。诸多史籍也力证了此国存在的真实性，在《逸周书·王会解》中，"秽人"之说已作为族称启用①；《管子·小匡第二十》中则明确记载，"北至于孤竹、山戎、秽貉"②，传递出秽与貉远在春秋之年就已联姻的古老讯息。

《通典·东夷上》《三国志·乌丸鲜卑东夷传》《后汉书·东夷列传》分别对于濊国的传神写照，着墨不多、各有所表，可从中窥测一斑，大同小异。这个蕞尔小邦虽仅是箕氏朝鲜属国，但一直坐拥稳定而强大的势力范围。在《汉书·武帝纪》《史记·平准书》《汉书·食货志》等权威史料中徜徉，同样也能瞥见濊国黎庶的那缕缕烟火气。

其实，濊国与姬公子张良的故国早有往来。这种邦交的建立源自民间的自发力量，也是源于秦国苛政的意外助推。在暴秦不可一世的统治中，万千民众饱受徭役、税赋、高压等虐政的煎熬。不甘受辱的韩国生民毅然逃离世间炼狱，乘战乱间隙窜至濊国隐姓埋名，休养生息。韩人的血液里，仇秦恨秦；韩人的骨子里，噬秦灭秦。这种深厚的民意根基，恰恰是张良草行露宿、沐雨栉风、狂奔于此的精神原动力。

濊国之主宽仁德厚、博学多识，知人论世、乐善好施。他以不愚、

---

① 参见姚蓉著：《〈逸周书〉文系年注析》，广西师范大学出版社2015年版，第138页，第142页。

② 〔春秋〕管仲著，谦德书院译注：《管子》内言，团结出版社2023年版，第283页。

不屈、不惧的意志，倔强地排抵了暴秦发出的一阵阵要挟与恫吓；也用宽容、包容与兼容的胸襟，果决地接纳了来自友邦的无辜难民。其胆其识，其心其志，远非一般国君所能比肩。

张良的长足远涉，目的很明确，他就是要虔诚会上一会这位贤才君子；目标也忒清晰，他就是要当面拜上一拜这位贤明君主。瀛国之主以友于兄弟的隆重礼节欢迎姬公子张良的贸然造访。他早有耳闻，姬氏一家的忠勇大智向来是滋育韩国兴盛最可信崇的精神给养。

张良与国君相见恨晚，相聊甚欢。聪明人之间无须多言，张良的一炷心香、一怀愁绪、一秉虔诚，已然间接阐明了只身拜谒的初衷。意外总是突如其来，他贴心感受了异国最高层对于暴秦碾韩所给予的愤慨与同情；狂喜总在快速升腾，他收获了开明国君对于复韩灭秦的鼎力帮助。

英雄本就所见略同，英雄向来惺惺相惜。

瀛国之主的直言与真言，让张良的复仇怒火变得更趋理智和克制。这股火力虽暂且藏锋敛锷、含明隐迹，但这簇火焰却燃烧得愈加炽烈、喷发得更为峭劲。

被宠若惊的是，瀛国不光有精神的资助，还有人力的增援。一向视"才"如命、惜才如子的国君，这次却毫不吝啬地将"国宝"派送给了求贤若渴的张良。

倏忽间，一位力大无比、体壮如牛的男子，便如神兵天降般活脱脱地挺立在了张良的面前。这是瀛国之主对于韩国复活所施与的最大诚意，也是对于姬公子千里乞援的最好回应。

然则，风谲云诡的历史往往会在不合时宜时，与世间开上一个过火的玩笑。在韩国救亡图存的紧要关头，濊国向他的使者姬公子大方地伸出了支援之手，解了一时之急。而令张良尴尬不已、愧悔无地的是，为自己的满腔热血、披肝沥血、苌弘碧血而洪量输血的濊国，日后竟也因龙血玄黄、鲜血淋漓、失血过多重蹈了韩国覆辙，不仅江河沦陷，而且国君降格。一手摧毁濊国祥和的猎手，却偏偏是由他付出毕生心智而忠弼的大汉王朝。

濊国的命运，在汉武帝元朔元年（前 128 年）发生了惊天逆转。张良辅佐的主公刘邦之曾孙，也就是西汉的第五位主人汉武帝刘彻，生性强悍，言行霸蛮，在将投诚的濊国一脚踩至脚下的同时，也以迅雷之势将丰腴的濊国疆土一把揽入怀中，且急如风火地以此为界，划定并创设了全新的行政辖域——仓海郡。

一国变一郡，一帝变一民。从外观上看，此乃晴日惊雷；从内在上讲，亦是隐忍沉寂。于君而言，悲情的是身份身价的断崖式急坠；于国而论，悲催的是信仰信念的毁灭式自焚。

国已不国，帝已为民。昔日的濊国之主假若当初能够预测到身后的国运，面对政治生态发生的炸雷轰击，他还会安坐祥宁地为前韩义士开导交心吗？他还会镇定自如地为姬公子划策设谋吗？他还会倾情友爱地为张良加持增援吗？

天地的滚滚红尘，岁月的重重迷雾，时光的种种乱象，人间的芸芸众生，总会炮制出不计其数的未知数，让当局者解答、解锁、解密。

正是在汉武帝权倾天下之时，太史公用庄严捍卫了尊严，以生命诠释了使命，终于写就了皇皇巨著《史记》，为后人撰修了一部跌宕却也确切、混乱却也清晰、繁芜却也耐读的青史长卷。为了躲避汉武帝可能发起的再一次人格袭击，他不得不在笔下将姬公子张良的东进行履，违心、违时且也违实地作了概述："东见仓海君。"①

很显然，这位被虚化与矮化的"仓海君"，就是当年解救姬公子张良于水火的那位贤明恩星，也是如今臣服于汉廷的亡国之主的先帝——濊国君主。

五

应当说，张良的淮阳学礼和濊国请援，既是爱心使然，也是私心鼓捣，更是野心操纵。他的着眼点、着力点和着重点，就是要将自身武装到牙齿，而且要在现实中，将牙齿磨得异常尖锐锋利。一旦遇到韩国宿敌，便如猛虎下山、恶虎捕食，刹那间便可将仇敌咬得体无完肤、一命呜呼。

诚然，这只能是姬公子张良的一番设想与一厢情愿。枕戈饮胆的他，执意要在这桩标显一己智勇的义举中，将满腹的冤屈、满身的仇恨、满心的报复挥发散尽，从而为钟爱的家国重整河山、再树雄威，操尽一份心，掬洒一抔血，舍上一条命。

国是最大的家，家乃最小的国。无国，家何在？无家，国怎存？擒秦、噬秦、灭秦，填满了张良心中的火山口。可以想象，彼时已无任何阻燃剂，能将他那复仇复国的熊熊烈焰降温冷却。张良试图以个人最大化的一言一行、一念一息、一举一动，疾呼唤醒曾经的韩国民

① 〔汉〕司马迁撰，韩兆琦译注：《史记》五，中华书局 2010 年版，第 4106 页。

众，为了复韩理当捐弃小我，为了亡秦可以命如鸿毛。眷眷之情，拳拳之心，殷殷之望，今日凝眸回首，依然令人动容。

先看那潜心学礼：

在内外兼修、禀学淮阳之时，张良仍旧不忘广交贤达、广谋从众。一干颇具主见、灼见与远见的义士仁人，自发而主动地向他聚拢，观世间风云，听时势剖析，寻兴国之道。

再想那濊国求助：

在大义凛然、不卑不亢之中，张良依旧不忘晓以利害、传经布道。不仅仅是赢得了濊国君主的赞赏与力挺，而且还博得了濊国民众的同情与响应。否则，即便有一国之君的旨意，大力士也难以死心塌地地跟随一位陌生来者，为了一场与自己毫不相干的异国安危去拼命死磕。

适者生存，能者控场。由此可知，张良完全可以自如地运用情感的亲和、智慧的重量、身姿的丰仪，去感召、俘获且调集所有本无关联之人，这就是他的可贵、可亲和可敬之处。张良的成功基点与立身之本，恰恰隐于极易被忽视的细部。他虽有显赫身份，但从未标榜身价。无论是在心间还是在路上，无论是在交集还是在磋议，无论是在淮阳还是在濊土，他从未曾把韩国皇室贵胄的头衔高挂于嘴边，而是谦卑地将"游侠"作为个人主打的标签。

早在春秋战国至秦汉之年，因社会动荡、礼法失序，游侠广泛活跃于民间。游侠游侠，从字面上便可直白解读，"游"即是在交游中交友，"侠"则是在行侠中行善。重然诺、轻生死，明事理、辨是非，无拘无束、我行我素，狂放不羁、快意恩仇，当是游侠的特性群雕与个性素描。

太史公在《史记》中，班固在《汉书》里，皆特地落墨于游侠，在实与史、事与是之间，仗义豪爽地为此等特殊群体独辟了斑斓时空。殊不知，《史记》中的《刺客列传》也应属游侠的另类翻版。

以此窥知，一向著史严谨的太史公，对于游侠一族还是另眼相看、高看一眼的，且是持有肯定、抱有青睐的。否则的话，他也不会在行墨时给予游侠如此溢美的评断：

> 今游侠，其行虽不轨于正义，然其言必信，其行必果，已诺必诚，不爱其躯，赴士之厄困，既已存亡死生矣，而不矜其能，羞伐其德，盖亦有足多者焉。①
>
> 救人于厄，振人不赡，仁者有乎；不既信，不倍言，义者有取焉。②

张良当然不是混迹于游侠队列中悠悠荡荡、恍恍惚惚、疯疯癫癫的浪子。远观，他是一名忠肝义胆、仗剑天涯的侠士；中看，他则是一个满腹经纶、传道授业的学士；近赏，他又是一位心怀天下、坐览山河的策士。故此，"士者"才是他的浓重底色与光鲜亮色，且可称得上是一位集多士于一身的爱国者、思想者、觉醒者、先行者、求索者、引领者，甚至是叛逆者、挑战者、申言者、破壁者、冒险者。

张良誓用自己的一腔热血、一力承当、一掷乾坤，为不羁之才划出一道亮光，也为心藏英雄梦的后来之秀指出一条明路。

---

① 〔汉〕司马迁撰，韩兆琦译注：《史记》九，中华书局 2010 年版，第 7337 页。
② 〔汉〕司马迁撰，韩兆琦译注：《史记》九，中华书局 2010 年版，第 7744 页。

第四章　良夜：独坐青灯盼天明

一

秦王嬴政终于可以长舒一口气了。想想这十年，他和他的国度与子民，始终是在烽火狼烟、铁马冰河中惊心度日。正可谓嘶鸣声在打打杀杀中不绝于耳，一回回不堪其扰；攻心计在吵吵闹闹中连环上演，一幕幕不堪回首；输与赢在你争我夺中此消彼长，一轮轮不堪重负。

乍一看，嬴政俨然是位狰狞、邪恶、扭曲、强势的主宰者；细一究，他的性格图谱中还布满了矛盾、空虚、偏执、怪异的经络。对于战争，他永远是既酷爱又惊恐；对于战场，他一直是既迷恋又怯惧；对于战势，他从来都是既自负又揪心；对于战果，他向来是既在意又超脱。

不过，上苍对于嬴政还是颇为眷顾的，没有枉费他毕生的巨大投入。十年不败的战绩，足以让这位秦王嘚瑟、狂笑和骄傲上千年。自公元前230年起，由他指挥的秦军便势如破竹，以摧枯拉朽之势攻城略地，攻占了一地又一地，拿下了一城又一城，扫平了一国又一国。

首当其冲的国度，便是张良生于斯、长于斯、爱于斯的韩国。面对暴秦首发出击，存活一百零四年的弱韩旋即国亡人散、生灵涂炭。紧接着，悲剧与哀号在其他五国反复回荡：

公元前 225 年，苟全一百四十五年的魏国倾覆；公元前 223 年，风云五百一十九年的楚国暴毙；公元前 222 年，享寿八百二十二年的燕国消亡；同年，存活一百零五年的赵国沦陷；公元前 221 年，立国一百三十九年的齐国谢幕。

这一匹匹来自前线的逐风快马，这一份份驱尘送呈的加急战报，既是秦国与嬴政斩获的一枚枚胜利硕果，也是敌国悲惨的一张张死亡证明。故此可言，秦王的饕餮盛宴，吞下的是堆积如山的人血馒头；嬴政的雄浑乐章，写满的是神鬼不宁的惊悚音符。

彼时的秦王嬴政已无心情亦无心境，去思考那些烦心事、闹心事和窝心事了，只要能赢就行，盖因赢者通吃、成王败寇。要不，自家的姓氏怎会命中注定就是"嬴"呢？嬴与赢，不仅读音相同，而且字义相通。从字形的微小差异中便不难辨出，嬴政既爱江山，也要美人。"赢"，早已被祖上植入他的骨髓血脉，成为专属于他的霸道基因与遗传密码。

踏平了坎坷，扫平了六国。已经使用二十六年的"秦王嬴政"之称谓，显然不合时宜了，这顶荣冕也已难以承载今朝的托付、威严与风范。嬴政决意大胆启用一个前无古人、后仿本尊的名号，以彰显国威、万世流芳。

《诗经·大雅·皇矣》有云"皇矣上帝，临下有赫"①，《管子·兵法》亦言"明一者皇，察道者帝"②。或许是嬴政由此萌发了灵感，炮制出了"皇帝"这一称谓……

华夏文明肇始之际，"三皇五帝"一说便在民间如神话般流传。虽版本不一、人选各异、传说有别，但据此可以感知，民间对于圣贤的膜拜日月可鉴。

"古有天皇，有地皇，有泰皇，秦皇最贵。"③ 作为历史的当事人和见证者，李斯关于"三皇"的说法可信度颇高。至于后人又将燧人氏、伏羲氏、神农氏晋阶为"三皇"人选，有意赋以具象化、生活化与脸谱化。而将黄帝、颛顼、帝喾、唐尧、虞舜列入"五帝"榜单，则广受民意支持与认可，其因或是五位先贤以德服人和以仁理政的行为遍得民心、兼善天下。

嬴政自然不会拘泥于"三皇五帝"的出圣入神，他不惜顶着欺祖、冒犯、怠慢、蔑视的罪名，狂傲自评"德兼三皇，功过五帝"④，故优选"皇帝"二字作为最高封号，并迅疾昭告天下，自称"始皇帝"。嬴政还一再明示朝野，自己的龙子龙孙日后相继登上大位后，则为"二世三世至于万世，传之无穷"⑤。即便如此，他仍是放心不下，竟在传世的石刻中数次提及"皇帝"，且于《琅琊刻石》里絮絮

①　程俊英译注：《诗经译注》，上海古籍出版社 2006 年版，第 384 页。
②　〔春秋〕管仲著，谦德书院译注：《管子》外言，团结出版社 2023 年版，第 216 页。
③　〔汉〕司马迁撰，韩兆琦译注：《史记》一，中华书局 2010 年版，第 512 页。
④　〔宋〕司马光编著：《资治通鉴》卷七，中华书局 2023 年版，第 79 页。
⑤　〔汉〕司马迁撰，韩兆琦译注：《史记》一，中华书局 2010 年版，第 512 页。

聒聒，"六合之内，皇帝之土""人迹所至，无不臣者"①。

历史还是无情地掌掴了这位违背常理、目空四海的帝王。嬴政或许忘了，也许根本未曾听闻过姜太公当年留给后世的那段箴铭，"天下非一人之天下，乃天下之天下也。同天下之利者，则得天下；擅天下之利者，则失天下。"② 由他拼死拼活打下的锦绣江山，在自己坐享十二年魂归西天后，随即便被篡国的秦二世胡亥挥霍掏空，彼时真如明人吕坤在《去伪斋文集》中《答孙月峰》一文所述："民心如实炮，捻一点而烈焰震天；国势如溃瓜，手一动而流液满地矣。"而秦三世子婴勉为其难，趔趔趄趄地上台了四十六天，秦王朝就在张良的亲眼见证下，被刘季率领的一大帮来自偏远乡村的农民弟兄合伙击垮。本来企图千秋万代的秦国，却成为华夏史上最为短命的朝代，世间存活不过十五个年头。嬴政果真长了一张乌鸦嘴，金口玉言中仅仅点到"二世三世"便欲说还休，难免一语成谶、一言丧邦。至于他所期冀的"至于万世，传之无穷"，更是痴人说梦、痴思妄想。

试想，假若不是厚厚的黄土覆裹、重重的机关钳制，彼时躺平于骊山脚下秦始皇陵地宫中的嬴政，定会暴跳如雷、腾空而起，并悍然不顾地钻出豪奢陵寝，与败家的后代们一一清算。

且不说暴戾成性的始皇帝了，即便是史上任何一位封建帝王，皆难以经受、领受和承受这般高速反转的现实。看来，在沉重而又公正的时光日晷仪上，丰碑有时也能凿成墓碑，凯歌有时或能奏成挽歌。

① 〔汉〕司马迁撰，韩兆琦译注：《史记》一，中华书局2010年版，第533页。
② 陈曦译：《六韬》卷一，中华书局2016年版，第5页。

二

由秦王嬴政升级蜕变的始皇帝，完全可以称得上勤勉、敬业、刻苦、较真，在剿灭诸侯、一统六国、奠定基业后，嬴政不顾车马劳顿，不畏征途险峻，频频出游，巡视疆土。他以实际言行昭示黎庶，朕就是要近距离地望上一望，零距离地看上一看，曾用露水、汗水、口水、血水、泪水、苦水浸泡过，且已被彻底征服的无垠土地。

在一统江山的第二年，始皇帝就仿效壮游天下的周穆王，迫不及待、马不停蹄地开启了御驾亲征模式。在位十二年，他必在双年之中恣肆地展现一下君临天下的气势，倨傲地展示一下唯我独尊的气派。前前后后，举国折腾了六回，且在最后一次不幸崩于北巡途中。彼时，始皇帝也不过才领略了四十九年的光景，尚未顺抵知天命之年。这或许与每一次的巡游时间冗长，以及国务繁杂、内外交困、身心俱疲、积劳成疾攸关。凭借其时坐享的万民仰视之待遇，若非回天无力的硬伤，他不应该这么早谢世。

嬴政是一位懂得借势造势、施展排场、宣扬国威的君主，历次巡视皆是兴师动众、声势浩大、皇旗猎猎、漫天尘沙。每抵一处，"立石刻，颂秦德，明得意"①，也成为始皇帝的"三部曲"和规定动作，他以刻石镂痕、裂石停云的方式自颂功德，为身后的岁月杜撰一份夸张的念想。于无意之中，这道道诏命也为秦朝左丞相且被后世奉作

---

① 〔汉〕司马迁撰，韩兆琦译注：《史记》一，中华书局 2010 年版，第 532 页。

"小篆鼻祖"的李斯，逞炫大匠运斤的书法技艺提供了难得的良机。虽经日月摧挫、风雨剥蚀，这些不甘寂寞的刻石还是拨开了历史云雾，重见了天日。《泰山刻石》《之罘刻石》《东观刻石》《琅琊刻石》《碣石刻石》《会稽刻石》《峄山刻石》，已陆续在鲁、冀、浙、陕等地现身。尽管石碑已是面目全非，但还是能从模糊的字迹中，或多或少地辨识出嬴政当年的良苦用心与自恋成狂。只是这《峄山刻石》，并未被太史公录于笔端，盖因碑文乃是宋时现身，恐为后人臆造，故成史界疑案。

始皇帝的六轮出游，每一次都早早地打出了鲜明主题，但"以示强，威服海内"① 则是所有巡视的不变宸旨。孰难料，却常常事与愿违，每一回的出动皆非想象中的顺遂，要么是捏弄了故事，要么是引发了事故。令人慨叹而又惊诧莫名的是，在巡视之旅中，嬴政居然曾与秦国的掘墓首领，也是未来角逐天下的风云人物，皆一一打了个照面。只可惜，仅仅是擦肩而过，甚至连眼神都未相互确认一下。反秦主力夹杂在高呼万岁的民众长龙之中，轻而易举地就能看到居庙堂之高的他。而他呢，因长年主动疏离了地气，竟对潜身于暗处且两眼通红的敌手，正在死死地盯着自己却浑然不觉。

一明一暗，一高一低；一醉一醒，一生一死。轮回与兜转，原本就在一念间；觉迷与悲欢，自古皆付笑谈中。

公元前 219 年的首度出游，显然是趟衣锦还乡之旅。始皇帝在草草完成出巡首秀后，便急匆匆赶回咸阳，处理那些尚未驶入正常轨道

---

① 〔汉〕司马迁撰，韩兆琦译注：《史记》一，中华书局 2010 年版，第 589 页。

的冗务。稍事休整，他的威武之躯便出现在了第二次巡视途中。此行确乎非同寻常，他稀里糊涂地就撞上了年龄仅仅比自己小三岁的未来接任者。不过，继承者接续的并非秦国大业，而是新创的大汉基业。

"嗟乎，大丈夫当如此也！"① 这声感喟可谓言由心生，音量虽微弱，音质却深沉而厚重。发声者乃是大秦官僚体系中一位最基层的小吏，此人名曰刘季，时为泗水亭长②。何谓亭长？此等官衔是否名正言顺？若是官卑职小，手中又会握有几多权势？《汉书》有载："大率十里一亭，亭有长。十亭一乡，乡有三老、有秩、啬夫、游徼。"③ 而《汉官仪》则揭示了亭长棱威："亭长课徼巡。尉、游徼、亭长皆习设备五兵。五兵：弓弩、戟、楯、刀剑、甲铠。"④ 注家应劭也对亭长职能作出分释："旧时亭有两卒，其一为亭父，掌关闭扫除；一为求盗，掌逐捕盗贼也。"⑤ 亭长虽身处底层，也并非无职无权，还配备了亭父、求盗两位佐官以及五名士兵，掌控着一支微型管治团队。

<hr />

① 〔汉〕司马迁撰，韩兆琦译注：《史记》一，中华书局 2010 年版，第 787 页。
② 〔汉〕司马迁撰，韩兆琦译注：《史记》一，中华书局 2010 年版，第 785 页。原文为"及壮，试为吏，为泗水亭长"。但在〔汉〕班固撰《汉书》卷一上中，却称其"泗上亭长"，原文为"及壮，试吏，为泗上亭长"。而在〔汉〕司马迁撰、韩兆琦译注《史记》七（中华书局 2010 年版，第 5926 页）中竟也载有"泗上亭"，原文为"每送使客还，过沛泗上亭，与高祖语……高祖时为亭长"，似前后存异。本书作者以为，文意应相通，泗上泛指泗水北岸之区域，或是史家对亭治作出的更清晰定位。
③ 〔汉〕班固撰：《汉书》卷十九，中华书局 2007 年版，第 107 页。
④ 〔南朝·宋〕范晔撰：《后汉书》志第二十八，中华书局 2007 年版，第 1034 页。
⑤ 〔汉〕司马迁撰，韩兆琦译注：《史记》八，中华书局 2010 年版，第 6251 页，注释⑦。

"亭有亭长,以禁盗贼。"① 盖因职责使然,刘季才能在押送犯人赶赴秦都咸阳的公差中,恰逢始皇帝率队出巡。目睹着豪华阵容,钦慕艳羡的他将心里话脱口而出。彼时,"帝王梦"方才在他心中悄然萌生、潜滋暗长。依照当时的地位悬差,此等妄念不外乎白日做梦、黄粱美梦,但梦想一旦加热升温,前景是否膨化,孰难料也。之后,他甚至连名字也顺理成章地改为刘邦了。此邦之解,那可是国家之意。

公元前 210 年,始皇帝踏上了第六次,也是最后一次巡视的漫漫征途。虽已深感体力不支、每况愈下,但一种强大的占有欲、好胜心、排他性和优越感,始终在驱动、牵引并支配着他绝后空前。此趟长途巡视,他特意精心设计好了路线,自秦都出发,由中至南,环东抵北,将鄂、湘、皖、苏、浙、鲁、冀等地纳入穿行的轨迹。

"彼可取而代也。"② 这是始皇帝驾临会稽(今浙江省绍兴市)时迎面遭遇的一种刺耳声音,粗鲁而直白,豪放而张狂。大放厥词者乃是一位血气方刚的年轻人,他身高八尺,力能举鼎,木秀于林,十人九慕。此人本名项籍,民间却常呼其字,习惯性地称之为项羽。听到侄儿突发狂言,叔父项梁生生吓出了一身冷汗,慌遽中紧紧捂住项羽之口,并一再叮嘱:"毋妄言,族矣!"③ 项梁不想让家族野心过早地暴露,唯恐项氏因言获罪,惹出天大的麻烦,招来灭门之灾。

始皇帝自然听不到这些深藏于民间与心间的反叛之声,即使略有

---

① 〔南朝·宋〕范晔撰:《后汉书》志第二十八,中华书局 2007 年版,第 1034 页。

② 〔汉〕司马迁撰,韩兆琦译注:《史记》一,中华书局 2010 年版,第 669 页。

③ 〔汉〕司马迁撰,韩兆琦译注:《史记》一,中华书局 2010 年版,第 669 页。

耳闻，也是充耳不闻。彼时的他，正醺醺然地醉心于自己名下的壮美河山，亦飘飘然地孤赏着万民称颂的巨大音浪。

令他始料未及的是，此次巡视之旅却变成了一条抱憾的不归路。前方的沙丘平台（今河北省邢台市广宗县大平台村南），让他隐隐预感或有不祥之兆。民间俗称此处为"困龙之地"，商纣王的酒池肉林滥觞奢靡于此，赵武灵王父子梦碎魂断于此，亡国殒命竟然成为他们不约而同的归宿。

沙丘平台，正在静待千古一帝的驾临，并为他备好了身后的危局、乱局与败局。

三

始皇帝的历次出巡皆是长途跋涉、星月做伴，如何让这种自我显摆式的巡视天下，变得更加安适、更为享受、更具影响呢？进而使存在感、满足感与成就感，可在个人意淫中直冲峰值呢？

作为大秦帝国的最高长官，始皇帝自有一套出新、出奇且又出格的主意。

在完成巡视首秀后，饱尝了颠簸之苦的嬴政，前脚迈进龙宫，后脚就下了一道御旨。他要在最短的时间内，集结普天之下最具创意而又身怀绝技的工匠，研发制造一款专供自己享用的龙辇。

始皇帝的期望值越高，能工巧匠们承受的重压就越沉，一时间竟然无所适从、无从下手。帝王之命当然无人敢于抗旨不遵，匠人们最终在绞尽脑汁、搜肠刮肚中想象出了龙辇的设计理念和基本轮廓——

这驾闻所未闻、见所未见的龙辇，外形一定要足够美，空间一定要足够大，功能一定要足够多，设施一定要足够全。

"可坐可卧宜安憩，可立可行宜伸展；春夏秋冬无凉热，风霜雪雨无嚣音"，成为制造过程中最高最严最细的衡量稽定标准。经过朝野上下多番论证，这驾拥有顶级配置的龙辇，最终定名辒辌车。

后世或于遐想中可以感知到皇家高级用车的奢绮。车顶覆有穹庐般的篷盖，四辐上皆有窗户，两侧开有双层推拉式车窗，最外面的一层车窗板上特意凿出了细微的孔洞，内层的车窗左右推拉简便，若有凉意迅即随性关闭，体感溽热便可信手打开。前辐为可以上下启闭的支窗，后辐设有门户，户扉右侧与左辐有活铰相连，左辐上装有拐形门闩。独具匠心的创意，既利于通透，又利于密封，不仅可将车内的温度以及帝王的心绪随时调节，而且可使乘者对车外风景一览无余，路人却对车里状况一无所知。车内营造的完全是柔性空间，目之所及皆铺满绒绒厚厚的软垫，以便于坐卧自如，休闲惬意。然则，这种温和风格恰恰与车主的刚硬性格大为相悖。

辒辌车还有一个称谓，唤作"安车"。从字面上易解，安的字义首要即为安全，其次理应是安心、安神、安谧、安恬、安熙、安和，各类诠译并驾齐驱，诸多释义层层递进。

如此超逸绝伦的龙辇，自然深合圣意。始皇帝龙颜大悦，亢奋地驱动着它，引领着它，驾驭着它。自北朝南，穿过无际的黄土；从东至西，滑过流金的时光。就这般在万众面前横冲直撞，肆意路演。

可与上旨背道而驰的是，自乘上这驾上乘的安车后，不仅没有一次真正让嬴政安稳、安定、安乐过，反倒是这样一乘万民艳羡的龙辇，最终安葬了他的孤傲灵魂与未竟秦业。辒辌车的身价由此也从峰顶坠落深谷，并由昔日的帝王专车沦落为贵族丧车。

秦二世胡亥以及身后的历代帝王们，虽未经合议表决，却一致承继了"皇帝"这个至尊荣耀，也一律放弃了辒辌车这款龙辇御驾。在冗杂的历史公案中，这究竟算不算帝王家中一次对于始皇帝的集体背叛呢？

四

有了功能齐备、设施奢华、四季咸宜的龙辇，当然还要有宽阔笔直的大道与之匹配。否则，即便顶配的车驾也难以充分释放性能。故此，始皇帝在下令造车的同时，还大范围调集人力、物力、财力、脑力、兵力、心力、脚力，以秦都咸阳为轴心，向全国呈发散状，为御马龙辇专修驰道。

> 秦为驰道于天下，东穷燕、齐，南极吴、楚，江湖之上，滨海之观毕至。道广五十步，三丈而树，厚筑其外，隐以金椎，树以青松。①

秦之驰道四通八达，畅行各地，九条驰道尤为著名。其中，有出函谷关通河南、河北、山东的东方道，有出今高陵通上郡（陕北）的

---

① 〔汉〕司马迁撰，韩兆琦译注：《史记》一，中华书局 2010 年版，第 526 页，注释⑥。

上郡道，有过黄河通山西的临晋道，有出今商洛通东南的武关道，有出秦岭通四川的栈道，有出今陇县通宁夏、甘肃的西方道等。与此同时，考虑到军事战备所需，还特修了出今淳化通九原的直道。

驰道横亘于平坦之处，道宽五十步，相隔三丈必植一树，每隔一段距离则以种植的翁郁青松为界。道路两侧用金属椎夯筑厚实，路中央则为专供始皇帝出巡的车行轨道。轨道上铺设有枕木，枕木之间的距离恰好与奔马的步幅、车轴的间距高度契合。由于车队状若长龙，御马前后簇拥，头马一旦在轨道上奋蹄狂奔，紧随其后的马匹自然风驰电掣。不达预定站点，未闻中止指令，马队只顾昂首前行，绝不会中途停歇。如此这般，既能保证疾行的速度与平稳，也能确保乘者的舒适，减轻行旅的疲乏。当然，在高速行驶中，若有一个环节稍有不慎，意外出现了纰漏，就会人仰马翻，情形不堪设想。

"车同轨"，是始皇帝主政后高压统一、铁腕革新的真招实措。秦时整个交通设施及运行设计，让现代人倍感熟悉与惊叹。

诚然，秦时驰道仅供帝王专用，天下黎庶只可远观，而现今绵密的交通网络已是万民共享，故不可同日而语。掐指一算，相较于高调自诩"条条大道通罗马"的罗马帝国大道而言，秦之驰道竟然活生生地甩了他们二百余年。

"路平如砥直如弦，官柳千株拂翠烟。玉勒金羁天下骏，急于奔电更挥鞭。"宋人杨备在《驰道》中用他意气激昂的文字，逼真地描摹了驰道的壮阔、壮观与壮丽。

五

张良的滅国之行，满载着悸动、激奋、憧憬而返。兴冲冲的他，与历经艰辛方才寻得的这位最可倚重的壮士，手挽着手，肩并着肩，一溜烟儿地奔向了荆棘密布、险象环生而又痛快淋漓的虐秦之路。

壮士若想成为斗士，兵器若想变为利器，必须具备制敌的绝杀技。彼时，张良变卖所有家当变现的数额可观的半两钱①，算是真真切切地用在了刀刃上。

早在战国中后期，连绵的战争一度催生了兵器制造业的兴起与兴旺。史料有载，包括张良所在的韩国等列国列强，彼时皆设有冶铁基地，淬火、退火、铸铁脱碳钢等技术突飞猛进，钢铁兵器的冶铸品质竿头直上。大量出土的实物足以证明，诸多坚韧锋利的兵器皆为以块炼铁及渗碳钢为材质的制品。经淬火处理后制成的高硬度钢铁兵器，攻击力、杀伤力、震慑力业已远超青铜兵器。

亢奋归来的张良，遍寻上等的铁匠铺，聘请一流的锻造师。在重敲锤打中，在白烟缭绕中，在烹锻凝铸中，铁与水彼此溶解，铁磨铁交互淬炼。一把足有一百二十斤重的大铁椎，竟在极短的时间内，于水火相融中出炉。

---

① 秦时货币为半两钱，此乃战国时期到西汉前期广泛采用的一种铜货币。形状为圆形方孔，也称方孔钱，这也圈定了我国其后各朝代的铜钱式样。

《广韵》有言，"椎，棒椎也"；《说文解字》进一步解释，"击也"①。其实，无论作何解析，椎的外形与内里都熔铸了锤的前世今生。张良之所以费力劳神地为大力士精选此款重器，除了基于壮士力敌千钧的专长之外，可能还兼顾了椎的稳、准、狠的特性与特质。此椎舞练之时，需要极大的气力、气势、气识作支撑。一旦要弄起来，或涮、或曳、或挂、或砸、或擂、或冲、或云、或盖，端的是花样施展、威风八面，绝非等闲之辈所能控驭。

在古代冶炼史、制造史与兵器史上，这把大铁椎创造了多个第一和唯一。言其第一，乃因造价昂贵；论其唯一，实因造型奇特。言其第一，乃因独具匠心；论其唯一，实因独门绝技。言其第一，乃因一椎定音；论其唯一，实因一招制敌。

大力士对这件重礼爱不释手，日夜操练。他从中掂出了张良雄心的重量，也拎出了自身信心的成色。这把铁椎犹如躯体的新生器官，在其手中上下翻飞，左右旋绕，嗡嗡作响，虎虎生风。

一位大儒生，一尊大力士，一柄大铁椎，正在苦等一个大机遇，酝酿一桩大事件，搏击一番大天地。

---

① 〔汉〕许慎撰，〔宋〕徐铉校：《说文解字》卷六上，岳麓书社 2006 年版，第 123 页。

第五章　良士：千古一椎博浪沙

一

始皇四年，也就是秦王政二十九年（前218年），张良得到了一个可靠情报，自高自大、躬体力行的嬴政帝，即将开启第三次大规模巡视，且会横穿阳武县境（今河南省新乡市原阳县），而博浪沙（一说博浪泽）则是必经之地。喜不自禁的张良闻风而起，一把拽起大力士的强壮臂腕，星夜兼程、星飞电急、星驾席卷地奔向博浪沙。

地理学家郦道元在《水经注》中说："博浪，阳武南地名也。今有亭，所未详也。"① "博浪亭"，博浪为地名，亭则为辖区。"大率十里一亭，亭有长……"② 秦汉之"亭"，乃是最底层的行政组织，负责管辖方圆十里的地盘。至于亭长一职，世人已不陌生，虽只是个不入

① 〔北魏〕郦道元著：《水经注》卷二十二，商务印书馆1933年版，第四册，第45页。

② 〔汉〕司马迁撰，韩兆琦译注：《史记》六，中华书局2010年版，第5175页，注释㉖。

流的官衔，却因汉高祖曾任泗水亭长而著名，且屡屡被干过此活儿的官员自鸣得意，招摇显摆。

　　　　食原武之息足，宿阳武之桑间。①

　　顺着班昭的笔尖朝向，遥望秦时阳武，滔滔黄河从县北穿越，巍巍邙山于县南驻足。山南有"圃田泽"，沼淖荆棘密无间；山北为黄河滩，水草沙堆相簇拥。博浪沙位处战国年代韩魏两国的交会点，彼时实为丘陵地貌，邙山余脉一直铺展至现今的延津一带。山坡之上千沟万壑、杂草丛生，一股肃杀悚然之气盘绕其间，总让路人心头发紧。秦都咸阳经中原通往鲁、冀的驰道经过此处，自黄河与沼泽之间的邙山脚下笔直伸延。公务在身的朝廷要员，时常匆匆穿梭于此道，而黎庶土著为防不测，大多有意无意避开此地，倍加小心地绕道而走。

　　　　阳武故城，在县东南二十八里。高齐文宣天保七年移理汴水南一里，今无遗址。隋开皇五年复理此城。唐武德四年又移理汉原武故城，即今城是也。②

　　阳武的建城史实在是身不由己，命运多舛，这座城池的生死存亡总是与黄河的喜怒哀乐环环相扣，密切相连。从北宋学人乐史所著《太平寰宇记》、东汉才女班昭力作《东征赋》等诸多古籍中可以探

---

① 〔汉〕班昭：《东征赋》。
② 〔宋〕乐史著：《太平寰宇记》卷之二，中华书局 2007 年版，第 27 页。

知，阳武故城曾经先后遭遇黄河的六十三次袭扰与摧残。时而湿身，时而现身，时而撩拨，时而淹没，黄河将阳武故城把玩于股掌之间，凌虐得死去活来。直至有隋一朝，一座秀丽新城方才筑建竣工，赫然而立。

作为阳武县不可分割的领地，博浪沙好似身藏魔法、身着迷彩。在茫茫的历史丛林中，它曾猛虎啸卧荒丘，也曾潜伏爪牙忍受；它曾风卷狂沙怒马，也曾云暮归于无声；它曾名扬天下，也曾沉寂乡野。往昔的风光、动静、幽微、玄机，现今若是置身其中，似已很难体察、体味与体认了。

真实的博浪沙，既非草木葳蕤，也无山涧溪谷，反而是一马平川、一望无际。据此推演，这压根儿就不具备刺秦的先决条件呀。假若静心细心地捋上一捋，世人是否忽略了时间的力量、自然的魔性了呢？两千多年来，九曲黄河千回百转、千变万化，两岸光景斑驳迷离、斑斑白霜。博浪沙不过是雄浑黄河的一段细微章节，与上下游大小河道的际遇一样，风也过、雨也走，地形地貌历经数度毁容美容。

果真，博浪沙名不虚传。沙，是大地的馈赠，与博浪交融合体，便营造了大漠孤烟的无人之境、平沙莽莽的苦乐之境，反倒塑造了本土一景。沙，亦为土地的变身，风化成沙，聚沙成塔，形若八荒之外，状如神来之笔。

博浪沙理所当然地成为阳武县的骄傲存在和鲜明地标。其母体也会伴随时移世易，而不断地抽身、转身与立身，义无反顾地隐身于历史纵深。中华人民共和国成立后，阳武县便与原武县重组为原阳县。自此，"博浪沙"即被这个新家奉作贵重的古老称谓。

二

原阳一地颇多灵气，老天特别眷顾，沃土悉心培植，由此滋育的文人雅士、官宦名流、经世之才层出不穷。此处居然盛产宰相，先后有十六位乡贤坐上了相位，且还时常在乌衣门第、诗礼人家中闪现"双黄蛋""三黄蛋"，在史与实的勾连中，无缝对接了"相之乡"的封号。

关于宰相一职，史上称谓历朝有别，相邦、相国、丞相、大司徒、侍中、中书令、尚书令、同平章事、内阁大学士、参政知事、军机大臣等，叫法不一，林林总总，花里胡哨。然则，无论作何称呼，其辅佐帝王处理日常朝政的职能始终如一，亘古未变。

仅西汉一朝，曾为张良同僚的原阳土著，便有多位称相。而首推的政要，即是才貌皆可与张良媲美且跻身于开国功臣的陈平，先后在汉惠帝、吕后、汉文帝主政时担纲左、右丞相。"三朝为相"的陈平，曾为宰相的职权责利定过调、定过性："宰相者，上佐天子理阴阳，顺四时，下育万物之宜，外镇抚四夷诸侯，内亲附百姓，使卿大夫各得任其职焉。"[1]

听得出来，陈平的言下之意，则是一个称职的宰相既要对上辅佐好天子燮理阴阳、调和鼎鼐、顺时施宜，又要对下安恤万物、洞达事理、深虑远议，还要对外取威定功、边尘不惊、四海晏然，更要对内

---

[1] 〔汉〕司马迁撰，韩兆琦译注：《史记》五，中华书局 2010 年版，第 4200 页。

以宽服民、利以平民、约己爱民，使公卿大夫各从其类、各司其职、各尽其能。此番宏论的倾诉者陈平彼时尚为左丞相，而倾听者却是即位不久的汉文帝刘恒。如此的相位标准似有言过其实、夸大其词、自吹自擂之嫌，普天之下难有几人胜任，难怪不通文墨却有自知之明的周勃畏难而退，主动让贤。好在知人善任的汉文帝并未觉得陈平之说走花溜水、天花乱坠，索性将左、右丞相的雄权一股脑儿地扣在了他的头上。细思恐极，这项任命看似笃信不疑，实则不过是让陈相用躬行实践去自圆其说罢了。帝王心，不可测呀。年纪轻轻的刘恒就怀揣这般老辣心术，恐怕连陈平也始料未及。

汉文帝四年（前 176 年），与李斯、韩非同为荀子门生的张苍接过了丞相一职，且高居相位十五年。张相在度万物、量天地、衡公平方面术有专长，也就是在世人常言的度量衡领域造诣颇深，并将算学研究成果直接输入转化为国计民生，还主持修订了历法，校正了《九章算术》，故被后人尊为"律算丞相"，为"文景之治"的盛世华章倾注了高世之智。张苍怀抱着自身的喜好、执念与理想，在精打细算中活了一百零四岁，方才与人间依依作别。

汉高祖生前曾放言："然安刘氏者必勃也。"[1] 此勃即周勃，这位老将战功显赫，闻融敦厚，深明大义，曾在汉文帝时官居右丞相。后自感才薄智浅，论及经邦论道、经达权变、经始大业，深知与陈平相比乃是霄壤之别，便开明让位。而其次子周亚夫承继父业，也是一位罕见的军事奇才，沙场之上常被出征将帅奉为圭臬。汉景帝五年（前

---

① 〔汉〕司马迁撰，韩兆琦译注：《史记》一，中华书局 2010 年版，第 906 页。

152 年），周亚夫凭借殊行绝才、高标卓识，擢升为丞相。父子二人一心保汉，厥功至伟，最终却因性格相异，命运迥乎不同，慈父得善终，贤子遭贬谪。无论基于何种评价体系去衡量，周氏父子皆是义薄云天、忠心可鉴。

三

　　盖因韩国都城位于郑（今河南省新郑市），与博浪沙地缘相近，故而张良打小就对博浪沙及周边的地理地况熟谙于心。当收集到始皇帝巡视须经此处的密报后，他的心中窃喜不已。锁定此地为刺秦基地，成为他潜意识中倏然闪现的决定。

　　既然时机已到，必先周密规划、通盘权衡，方能以寡敌众、以弱胜强。未有十足的把握，岂可仓促莽撞行事。否则，无异于以卵投石、以肉喂虎。毕竟，姬公子张良此次交锋的对手乃为今上，王中之王呀。

　　勘察。测算。推演。预判。

　　博浪沙天然的造型与布局，让张良增添了不少底气、硬气与胆气。北依黄河水，南靠官渡河，绵延的沙丘，遍布的荆棘，低洼的地势，湿滑的泥土，这简直就是天造地设的刺秦绝地呀。退一万步讲，假若行动告败，借助风沙天障，向北可越黄河水，向南直奔官渡河，瞬间便会消失得影踪难觅，料定会让秦军的搜捕徒劳一场。

　　前期惟妙惟肖的鸟瞰图，中期切实可行的作战图，后期最坏打算的路线图——张良的一番呕心绘制，渗透了精密、精细和精神，也暗藏了惊悸、惊魂与惊天。

每一个环节和细节都不能容错，每一处情节和关节皆不可委顿。张良将两年多来的心血与心机，全部凝注于此次行动。他反复叮嘱并苛求大力士，务必随时候命、听令执行，且须十拿九稳、弹无虚发。

张良偕壮士早早便隐匿蹲守在有利地形，伺机而动，蓄势待发。这一等，便是两个昼夜。枕戈待旦，以日为年，月晕而风。

四

东汉蔡邕博学多闻，曾在《独断》中有言："法驾，上所乘曰金根车，驾六马。有五色安车、五色立车各一，皆驾四马，是谓五时副车。"由舆车、主车、副车、属车、金根车、辒辌车方阵组成的皇家车队，伴着飞天的尘烟越走越近，张良的心跳也和着车轮的轰鸣加速晃动。数十万杆黑色旌旗高傲地标有硕大的"秦"字，搅动着春风恣肆摆动。大驾、法驾、小驾三种仪仗队形，颐指气使，神气十足。一列列秦军卫士，一排排刀枪剑戟，在阳光的映射下寒气簌簌、杀气腾腾。

始皇帝的车队由八十一辆车组成，金光闪闪的金根车在前，装饰华美的副车紧随，鱼贯而行，形若长龙。明眼人看得出，这分明摆的是一字阵、龙门阵与迷魂阵。盖因皆由高头大马牵引，全是威武骑士护卫，委实让人难以辨得清哪辆龙辇才是始皇帝的真正座驾。

皆使人导引传呼，使行者止，坐者起，四人皆持角弓，违者则射之。有乘高窥阙者，亦射之。①

彼时，安坐龙辇的始皇帝正在微卷锦帘，轻蔑地扫视着臣服不久的这片土地，快感、恶感……莫名袭来。然则，他的涌沸大脑里此刻却丝毫搜索不出危险的成分，只有张狂的因子在躁动。

目标在一点点逼近。潜伏于灌木丛中、置身在制高点上的张良屏气敛息，试图锚定最佳角度，瞄准邪恶靶心，索望一发破的。

投！遵从姬公子张良发出的铮铮口令，大力士铆足了劲，巨型铁椎忽地凌空而起，借助突降的狂风卷沙，呼啸地投向行进车队中那辆象征皇威、赫显王气的豪阔龙辇。

大铁椎挟带着急骤的风声砸向车队，此等重量与射距，若无足够的体能是难以击中目标的，甚至是难以靠近目标的。令人怅惜的是，张良忽略了估算车辆行进的速度，且误判了袭击目标，这一椎万分遗憾地"误中副车"②。尽管辒辌车霎时解体，车中人当场殒命，但是此次袭击的重心如幽灵般侥幸躲过。一个原本完备的复仇计划，因一念之差、一时之疏而沦为一无所获、一失全无。

霎时，"天上来物"使皇家车队措手不及，惊慌失色。事故现场，人喧马嘶，号角长鸣，满目狼藉。始皇帝苦心造就的至尊皇威，再一次遭受挑衅与挑战。有惊无险、尴尬无比且又气急败坏的他，龙颜一怒为尊严，"大索天下，求贼甚急"③。

---

① 〔晋〕崔豹撰：《古今注》卷上，商务印书馆 1956 年版，第 5 页。
② 〔汉〕司马迁撰，韩兆琦译注：《史记》五，中华书局 2010 年版，第 4106 页。
③ 〔汉〕司马迁撰，韩兆琦译注：《史记》五，中华书局 2010 年版，第 4106 页。

危急关头的张良若有神助，趁着现场的慌乱不堪，沿着事前的周密规划与既定的撤身路线，相携大力士从容逃离，飘然而去。

五

始皇帝的一生气骄志满，端的是气吞山河、气逾霄汉、气贯长虹。他向来主推高举高打，墨守我行我素，奉行强势强硬。从王至皇，从始至终，虽说划破了历史长空，却也难免划伤了玉律天条。始皇帝的勤政与苛政并未赢来江山永固、日月长恒，却常常引得天怒民怨、国基松动。

沙者，杀之谐音也。通观茫茫史海，令史家、学人与黎庶捉摸不透的是，始皇帝的高调人生却与"沙"字相冲，最后为之乖乖地送上了性命。他与"沙"的首度交手便是这博浪沙，虽以侥幸换得万幸，逃过了一劫，算得上命不该绝吧，但在二度与"沙"碰撞时，就在劫难逃了。当年的气势磅礴倏忽萎缩为气若游丝，沙丘平台未费吹灰之力，便收纳了这位尚在遭受奔波之苦、恶补未竟之功的帝王灵魂。

冥冥之中，张良的惊天一椎，击中了秦王政命理中的软肋，击穿了始皇帝命相中的运势。嬴政犹似坠入了一个躲闪不及的魔咒，父亲秦庄襄王嬴子楚在位三年即宾天，时年三十五岁；祖父秦孝文王嬴柱亲政三天即暴亡，享年五十四岁。而他嬴政本想打破曾祖父秦昭襄王嬴稷创下的在位五十六年、寿命七十五年的家史最高纪录，只可叹自己在穷尽全力地当了二十五年秦王、十二年皇帝后，未及五十岁便中道崩殂。

正是这博浪沙，为始皇帝定制了龙巡天下的一大败笔，酿就了执政生涯的一团阴影，铸成了君主淫威的一把笑柄。似于不经意间，也补给了芸芸众生的谈资，标写了历代帝王的一道训诂。

肇事者张良却是虽败犹荣，载誉而遁。以胜败论，博浪沙创举确乎折戟沉沙；以黑白评，博浪沙义举则是芒寒色正；以正反说，博浪沙壮举当为赤心奉国。张良一手制造的乱世盛举，颠覆了以往的文弱书生模样，有勇有谋，有胆有识，有情有义，成为庙堂乡野对他一致的褒誉。

张良的大无畏、大动作、大丈夫之精魂，也濡染了历代文人的笔墨。雅士墨客巧思成文、诗有别才，竞相为这位大君子立德立言。

殷殷爱国心，悠悠报国志。现如今，姬公子张良的精神图腾与信仰光谱，不只以图文、光影、口碑等有形无形的载体，刻印于史籍典册和世道人心，还以国士、奇士、勇士的盛德懿范远播异域。日本清陵高等学校就忠虔地将其唱进了清脆嘹亮的校歌。早在二十世纪九十年代中期，这座学府便已安享百年的阳光雨露。在百年校庆的前三年，校方派专人直抵博浪沙，经与当地民智民力的亲善融通，于太行山深处采撷了一块巨型自然石，特将校歌歌词庄敬地刻录其上，且在张良刺秦遗址立碑记之。三年后，瞻拜古博浪也被列入百年校庆之鸿仪。

第六章　良师：天降恩煦黄石公

一

一石激起千层浪，两指弹出万般音。

有秦一朝，"嬴政遇刺"绝非小事，朝野上下闹出的动静，不啻于地动山摇、海沸江翻。自此，在世人眼里，始皇帝一贯标显的天之骄子的神话，彻底沦为笑话。此等横行枭桀的暴君，原来也是只"纸老虎"，虎臀照样可以摸得着，虎牙照样可以拔得了，虎口照样可以逃得掉。

民间的反击声浪由此再度泛起，声震屋瓦，天震地骇，不绝于耳。倏忽间，张良成为敢摸老虎屁股的忤逆者，也是敢吃螃蟹的尝鲜者。而强秦也从此山河失色、日月无光、国运走衰，原本繁盛的假象化为乱象，原本祥和的浮荣陨为哀荣。

谁知，在一阵阵惊慌失措中，居高临下的嬴政竟逆向成就了斗破苍穹的张良；孰料，在一番番阴差阳错中，偏安一隅的博浪沙却意外炒红了湮没不彰的姬公子。秦王朝越是变本加厉地追剿刺客，民间对于暴秦的仇视仇恨就越加深；始皇帝越是声嘶力竭地神嚎鬼叫，黎庶对于重压的反感反抗就越激烈。

博浪沙一椎不仅让天下记住了张良，也以极端方式提醒了始皇帝，须在秦廷"黑名单"中死死圈定这位韩国遗少。可见，对于张良而言，此度声誉鹊起、声名大振，是桩善事亦为坏事，是无上荣光更是无奈之举。

博浪沙刺秦不中、椎击惜败后，张良便与大力士火速顺河而下，匆匆作别，各奔东西。张良是人不是仙，虎口逃生，四处奔波，一度在好心人的掩护下，藏匿于阳武县东四十里处的天洲村。后看风头渐弱，便又择机逃亡别处。他一口气从中原直抵苏北，总算跑出了始皇帝界定的抓捕时限和高危地界。一个名为"下邳"（今江苏省邳州睢宁一带）的地方，悄然收留了这位疲于奔命的独胆英雄。

"子房不忍忿忿之心，以匹夫之力，而逞于一击之间。当此之时，子房之不死者，其间不能容发，盖亦已危矣。"[1] 宋人苏轼直言不讳，张良委实太过莽撞，俨然是逞匹夫之勇、图一时之快。东坡居士忖度，张良压不住对始皇帝的怒火，竟以一己之力付诸一次狙击，其时未被捕杀实乃万幸。想那惊悚之瞬，真个是连一根头发丝儿都难以容纳呀，如蹈汤火，危若朝露。苏大学士所言极是，彼时的张良还只能唤作一介勇夫，其智者的一面尚未浮现。

复仇的冲动，换来的是为期十年的隐姓埋名，姬公子自此便正式以张良为公开之名。姬姓已然伴随那一椎，穿过重重迷雾刺向遥远的

---

[1] 〔宋〕苏轼著，袁行霈主编，周裕锴解读：《苏轼集》中《留侯论》，国家图书馆出版社 2022 年版，第 35 页。

过往，跨越道道山水融进深沉的未来。

在下邳城中，无人敢相信，每日游荡在巷陌里弄的那位弱不禁风的张良，竟是当年意气风发的韩国俊杰姬公子。更无人能够预知，现今被始皇帝全域通缉的这位头号要犯，将来会成为大汉开国的首要功臣。

十年，直喻着愁多夜长，隐喻着耐霜熬寒。尽管真正的知音、伯乐与明主彼时远未登台，可是斗怪争奇、更唱迭和、扬清厉俗的前戏，已然为张良悄地开场。

二

张良在下邳的时光注定是揪心的，也是散淡的；这段藏身的日子是乏味的，也是紧凑的。

一日，张良沿河踱步。"一水径城东，屈从县南，亦注泗，谓之小沂水。水上有桥，徐泗间以为圯。"① 悠悠岁月亦如这缓缓沂水，看似波澜不惊，实则暗流涌动。

抬眼间，已行圯桥之上。

傍晚时分，自青苍寺庙传来悠远钟声。张良犹如身背斗笠、肩披斜阳的散人，独回青山渐行渐远。若为这幅意境秀美、迷人醉人的晚景图题款的话，只有一词最为妥帖——如常。彼时的张良还难以安分守常，澄思寂虑的他无时无刻不在梳理着心绪，无昼无夜不在疏远着

---

① 〔北魏〕郦道元著：《水经注》卷二十五，商务印书馆1933年版，第四册，第108页。

惆怅。

蓦然间，一位长者迎面而来。只见他白发苍髯、一袭长衣，面容清癯、飘然出尘。正当二人面碰面、眼对眼、肩碰肩时，老翁忽地神情陡转，若中魔法，故意褪去鞋子扔进河中，且冲着张良狂喊不已："孺子，下取履！"①

事发突然，张良一时恍惚，手足无措。待稍稍缓过神来，也是难抑怒火中烧。这不是公然欺负人、埋汰人、作践人吗？虽说我张良重案在身，但也不应蒙受你这般无端羞辱呀！

面对眼前情状，首先要沉住气，遇事多理性少鲁莽；其次要能受气，尽力消融一切不利因素；最终要不泄气，对前景始终抱有憧憬。历经飓风狂飙的张良，向来拥有独家、独门和独立的励志术。就在转念之间，气量的宽宏、修养的高深促使他沸腾的情绪急速冷却了下来。张良暗揣，这位长者必有难言之隐，或家庭失和，或心情失落，或精神失常，毕竟长者为尊、尊者为仁，且原他一谅吧！于是乎，他未多言，躬身下河，乖顺地将老翁的鞋子拾起，返身圯桥，恭敬呈上。

长者似乎并不领情，眼一瞪，嘴一撇，脚一抬，示意穿上。张良不愠不躁，莞然一笑，便弯腰侍奉老人蹬上鞋子。而后，长者未发一声即扬长而去，背影中摇曳着不屑、狂狷与清辉。

回望乍现的怪诞一幕，回味远去的仙风道骨，逊志时敏的张良凭靠直觉，判定长者绝非等闲之辈。孰料，老翁好似意犹未尽，忽又翩然而返，且不容分说地向张良发号施令：

---

① 〔汉〕司马迁撰，韩兆琦译注：《史记》五，中华书局 2010 年版，第 4107 页。

"孺子可教！五日后一早，你我此地再聚。"

"诺——"

张良惊喜交加，躬身相送，并将应允之声刻意拉长，以示谢忱与虔敬。五天的时间既慢且长。一大早，心怀忐忑的张良就步履如飞，如约赶至圯桥。莫名惊诧的是，老翁已在桥上茕茕而立，且面露愠色。

"与前辈相约，怎可迟违？五日后早至。"

一番呵斥后，老翁便头也不回地消失于熹微的曙色之中。张良责怪自己贻误良机，只得在寸阴若岁中苦熬苦等。

吃一堑，长一智。五天后，张良和衣而卧，闻鸡即至。怎奈，又见老翁早立桥头，玉树临风。张良未及行礼，便迎来长者的一通数落："怎又迟误，你意何在？五日后再来。"

虽是一头雾水，却也暗生欢喜。张良深知长者用心良苦，正在用严霜烈日研磨自己的耐性，也在用严词厉色查验自己的虔诚。

张良参透了长者心机，也摸透了老翁习性。于是，再度苦待五天后，他即夜半起身、星月做伴，脚不点地、追风逐电，终于赶在老人之前抵达桥头。

"理当如此！"

这一次，长者面带友善，含笑捋髯，频频颔首，随手将一个圆鼓鼓、沉甸甸的布囊付与张良，且千叮万嘱、谆谆不倦："孺子切记，熟读此书定为帝王师。十年之后，你将破土而出、脱白挂绿、崭露头角、光彩射目、邂逅明主、匡扶社稷。十三年之后，你我还会在济北见面。彼时，谷城山下一黄石即为老朽也。"

言毕，长者随风飘逝，杳无踪影。张良只有在清风明月中三跪九叩，在烟飞星散中千恩万谢。

此时晨曦初现，张良借助微光肃然打开布囊，片片竹简坦坦现身，笔力遒劲的两个字急遽地跳入眼帘——《素书》。

全书写有原始、正道、求人之志、本德宗道、遵义、安礼等六章。书中言语明贵，字字珠玑，张良如获至宝，随后秉烛夜读、手不释卷，心智洞开、谙熟于心。据《史记》记载："良因异之，常习诵读之。"①

这部奇书成为张良意外寻获的思想载体，也为他日后辅佐刘邦、创立汉室增添了"隐形的翅膀"。

三

一书变换了一人之气运，一人革化了一王之思想，一王创造了一国之伟业。

张良果然是风华浊世，长袖善舞。沙场之上，凡经这位大军师点化与谏诫，一战一战皆出奇制胜，一仗一仗则遇难呈祥。张良为大汉基业的肇创立下了汗马之功，世人誉其"大汉头颅"，且将他与萧何、韩信并推为"汉初三杰"（一说"兴汉三杰"）。即使位居留侯，面对厚禄重荣、誉塞天下，张良依然心同止水、知恩报德，时时不忘黄石公的言传身教。他一再警醒自己，之所以尚能小有斩获，绝非天生具有王佐之才，实乃一部《素书》的活学活用，奠定了一生功业。黄石公"十三年后再相聚"的临别告白，也在他的心房密室中长年置顶。

---

① 〔汉〕司马迁撰，韩兆琦译注：《史记》五，中华书局2010年版，第4107页。

吊诡的是，在十三年后一场战争的间隙，张良"从高帝过济北，果见谷城山下黄石，取而葆祠之"①，且将黄石立于家中神龛，稽颡膜拜，虔恭敬奉。即使在行将作古时，张良还对家人叮咛周至，务必恭请黄石与他共眠一穴，并将《素书》孤本作为枕下之物。如此这般，后世每每追思留侯之际，也可一并拜谒黄石公以及这部千古圣典。据《仙传拾遗》所叙："赤眉之乱，人发其墓，但见黄石枕，化而飞去，若流星焉。不见其尸形衣冠，得素书一篇及兵略数章。"② 以此看来，张良的孝子慈孙果真是遂了他的遗愿，终使黄石和《素书》与其长相厮守。

惜字如金的司马迁在宏著中记录了这段史实，且不时伴有援疑质理、废书长叹："学者多言无鬼神，然言有物。至如留侯所见老父予书，亦可怪矣。高祖离困者数矣，而留侯常有功力焉，岂可谓非天乎？"③

太史公言中有"物"，应为灵物、精怪之意。智者向来以为世上本无鬼神，不过，精怪或许存在。然则，即使存有精怪，张良邂逅的这位长者首度碰面便赐宝书，岂非咄咄怪事？想那汉高祖一生数次身陷囹圄，却凭靠张良的神术妙策而绝处逢生、枯木再生、起死回生，实乃惊奇也。

沂水之上的这座圯桥，此后便因张良和黄石公的因缘际会而名动

① 〔汉〕司马迁撰，韩兆琦译注：《史记》五，中华书局 2010 年版，第 4153 页。
② 〔宋〕李昉等编，高光、王小克主编：《太平广记》卷第六，中华书局 2021年版，第 100 页。
③ 〔汉〕司马迁撰，韩兆琦译注：《史记》五，中华书局 2010 年版，第 4154 页。

天下。唐人梁肃据此断言："临淮之下邳有圯桥，盖汉少傅留文成侯张良受神人黄石公兵书之地。"①

李白一生行游天下，阅人无数。张良却真真切切地触及且俘获了李白的身心，成为"谪仙人"一生为之倾慕的大英雄。遥想当年，李白曾不惧山遥水远、雾暗云深，专程来到下邳圯桥访寻流风遗迹。僮仡于张良与黄石公不期而遇之地，太白先生真个是睹物思人、感今怀昔、爱贤念旧，咏怀之作援笔立就：

> 子房未虎啸，破产不为家。
>
> 沧海得壮士，椎秦博浪沙。
>
> 报韩虽不成，天地皆振动。
>
> 潜匿游下邳，岂曰非智勇？
>
> 我来圯桥上，怀古钦英风。
>
> 唯见碧流水，曾无黄石公。
>
> 叹息此人去，萧条徐泗空。②

四

对于张良的圯桥神遇，宋人苏轼颇感诡巧。向来辞趣翩翩的东坡居士，不禁走笔成章。

---

① 〔唐〕梁肃：《圯桥石表铭并序》。
② 〔唐〕李白：《经下邳圯桥怀张子房》。

夫子房受书于圯上之老人也，其事甚怪，然亦安知其非秦之世有隐君子者出而试之？观其所以微见其意者，皆圣贤相与警戒之义，而世不察，以为鬼物，亦已过矣。且其意不在书。①

行文之中，子瞻先生仿若憬然有悟。据他猜察，这位老翁未尝不是乱秦中的一位高人胜士，故意对张良的匪石之心、出尘之想、不测之智，特设了一场加长版的面试。盖因长者貌似刻意的行峻言厉、行远自迩，不时表露出嘉言懿行、前言往行之举，且还有意无意地泄露出似隐非隐、似神非神、似仙非仙的本真。意旨何在？不外乎以授书为介，旁推侧引，诱掖后进，点石成金。

张良偶遇的这位苍颜老翁，究竟是神兵天降，还是民间高人？张良获济的这部奇书，到底是无敌兵法，还是绝世宝典？天意与人心的谜团，史事与真相的碰撞，官方与民间的发问，曾在世间平地生波，聚讼纷纭。孰是孰非，孰对孰错，尚无定论。

秦末汉初，乡野山林典藏着"五大隐士"，恬淡无为，知名当世。他们饱读诗书却又食不果腹，身怀奇才却又怀才不遇，德隆望尊却又寂寂无声。

五位仙人中，首推一个组合，名曰"商山四皓"，即东园公唐秉、夏黄公崔广、绮里季吴实和甪里先生周术。作为始皇帝所封七十位博士官中的四位佼佼者，他们一度职掌有三，一曰通古今，二曰辨然否，三曰典教职。而后，"商山四皓"目睹焚书坑儒的惨绝人寰，怒斥鞭

① 〔宋〕苏轼著，袁行霈主编，周裕锴解读：《苏轼集》中《留侯论》，国家图书馆出版社 2022 年版，第 34-35 页。

挞秦王施行的暴政，便毅然避世隐遁，决意在商山洛水中舒展心绪，聊以自娱，挥洒浮生，重新拾起采食商芝、栖身洞穴的悠闲日子。四位仙人优哉游哉，绝缘尘世，且以文字与韵律的起伏，清唱贫洁之乐与逍遥之道。

由此可见，所有隐者皆持有清微淡远、寄迹山林的意念，且暗含细数归鸿、再续鸿篇的期许。"商山四皓"其后在张良的暗中引荐下，曾于汉高祖刘邦心忖太子立废的摇摆时刻，出过山、站过台、发过声，也使日后成为汉惠帝的刘盈侥幸躲过了一劫，稳稳地保住了皇权大位。

被张良敬奉为终生恩师的黄石公，便是这第五大隐士。圯桥初见时，张良的直觉与察判毫厘不爽，倏然现身的这位老翁绝非泛泛之人，道教神仙谱中享有名望，若再附以"隐士"身份，确乎称得上"'神'隐"了。

有学人细考，神乎其神的黄石公在世间的原型为魏辙，本为秦庄襄王麾下重臣，因不满始皇帝主政后的横征暴敛、逆天暴物，旋即策马弃秦、挂冠归隐。位于下邳西北黄山北麓的黄华洞，则是他中意的栖丘饮谷之处。盖因世人实难探明其真实身份，故统称黄石公。史料佐证，黄石公道行颇深、著述颇丰、学术颇精，先后为世人留下了《黄石公三略》《兵书》《三奇法》《阴谋军秘》《五垒图》《内记敌法》《秘经》《素书》等皇皇巨著。由此可言，其哲思开悟醒心，其妙理高深精进，其学说浩如烟海。然因年久失传，如今存留于世的著述，也就只有《黄石公三略》和《素书》两部残章了，委实是件史诗级憾事。

听闻张良智勇兼备、内仁外义，竟敢向始皇帝的虐政与淫威愤然叫板，黄石公连赞"可造之材"，冀望张良未来能够担起灭秦重任，便主动出山与之逢晤，且将《素书》原著慷慨相赠。"圮桥进履""黄石授书"的生动桥段，传奇也好，离奇也罢，似不重要。贵不可言的是，那种忧国忘私的正气、诱掖奖劝的爽气、施仁布恩的真气，已在世间传颂不绝，且传之不朽。

　　旦日视其书，乃《太公兵法》也。①

　　通读司马迁的《史记》、班固的《汉书》，皆是任性认定，黄石公面授张良的宏著实为《太公兵法》，言之凿凿，板上钉钉，犹似已属史实，不容涂抹与篡改。

　　既然两大史家下此定论，世人不妨先来翻上一翻《太公兵法》的前世今生。这部典籍是古代兵书中的巅峰之作，亦称《六韬》，时至宋代将其列为《武经七书》之一，一直传承至今。此书相传系姜太公吕望的心血之作，但也有不少当代学人提出激烈异见。因从文风、维度、逻辑、布局、调性等多个层面推理，此书与殷周时期的著作不相匹配，似有后世之人所作的嫌疑，故不排除是假借姜子牙的名望而编撰成书、流布于世。

　　且不论是原创还是赝品，这部巨著强烈的鼓动性、强劲的传播力、强大的覆盖面，足以让所有典籍侧目。河北省定县（今河北省定州市）于公元 1973 年发掘的一座西汉古墓中，就惊现了《六韬》竹简。

---

① 〔汉〕司马迁撰，韩兆琦译注：《史记》五，中华书局 2010 年版，第 4107 页。

以此推理，该书在西汉之年应当就是皇亲贵胄、达官显宦的宠爱之物与身价"标配"。

还有一个细节值得窥究。《太公兵法》接近两万字的篇幅，若是用竹简刻录的话，古时每卷书约由二十五根竹简组成，每片竹简约可书写二十五个字，那么，每卷字数约为六百二十五。以此估算，《太公兵法》应有三十二卷，由约八百片竹片构成，而每个竹片约有六十克的重量，全书总重量则是四万八千克。换算下来，也就是现今的四十八公斤左右。故此，黄石公使用一个容量有限的布囊封裹浩繁书简，应是不合常理的。且在彼时情境下，让心长力弱的张良顺接几大捆、几十卷的典籍，也是他难以承受之重。即使硬着头皮承纳，负案在身的张良于东方将白中肩挑背扛着大包小包，路人必定生疑，也会别生枝节，自找麻烦。况且，此书早已风靡军界，竞相诵读，诸侯将帅皆奉为圣典而精意覃思，取精用弘。设想一下，黄石公又怎会为一部军事大众读物的科普，而设计出那么多神秘的隘口，让张良的耐性一一闯关。更何况，此著要旨与黄石公平生所修、所思、所悟名同实异，并非同符合契。那么，既是真心加持张良，黄石公定会倾囊相授带有鲜明个性的绝伦之力、百龙之智、高世之德，方才是不枉"神隐"一回呀。

试问，《黄石公三略》是否为圯桥之赠呢？平心而论，较《太公兵法》而言，此书在沙场之上可能更为适用、常用与受用。不过，据学人严谨考证，此书乃是后世将秦汉战例与《太公兵法》战术相融成册，刊行年代应在西汉中期的前后。故从时空上推论，此说也难以站住脚。

晋乱，有盗发子房冢，于玉枕中获此书，凡一千三百言，上有秘诫："不许传于不道、不神、不圣、不贤之人；若非其人，必受其殃；得人不传，亦受其殃。"呜呼！其慎重如此。①

这是北宋宰相张商英为重印《素书》所写的序文。张相一生崇尚儒学，信奉佛教。公务之余，他对黄石公著述《素书》虔心研磨，感佩有加。为让后生精深悟透此书，且可在精神层次、文化层级、效用层面上大有裨益，张相甘愿淘尽心智，研精钩深。据他所述，西晋末期，风云万变，群雄争霸，天下失序。张良墓不幸被盗墓贼掘开，发现在其头下玉枕中置有《素书》，此说与唐人杜光庭在《仙传拾遗》中的记载相合。《素书》计有一千三百三十六言，书扉醒目地标注着禁条："不允许将此书传于不道、不神、不圣、不贤之人，否则必遭祸殃；但若遇到合适之人而不传授，也将遭殃。"由此可知，先贤对此书向来视作宝中之宝，为了提防在阐扬光大与珍藏密敛中出现纰漏，更是日慎一日、敬守良箴、非人不传。

张相所言，应是言之有理，言之有据，言之有度。因为仅就其一人之下、万人之上的朝臣地位而言，实在没有必要为了区区一书而口吐谬论，自毁清誉。此外，他所纵横的年代距离《素书》的问世更为靠近，故在时空的贴近性与理念的亲近性上，实乃今人所不能及也。若按前文法式推算，《素书》的篇章尚不满三卷，重量也未达五公斤，

_____

① 〔汉〕黄石公著，知书译：《素书》原序，湘潭大学出版社 2022 年版，第 3 页。

如此精悍不但便于携行，也委实符合时境。正因《素书》之精辟解析利于服人，精深高论易于传世，方使张良在圯桥之上由衷地信服、拜服和顺服。殊不知，彼时的张良早已是一位耽思经籍、博学多通的俊杰了呀。

自张良之后，虽说《素书》之拥趸摩肩接踵、缕缕行行，但未有一人超越张良的学思践悟。其因何在？张相对此也抛出了个人的论调："离有离无之谓道，非有非无之谓神，而有而无之之谓圣，无而有之之谓贤。非此四者，虽诵此书，亦不能身行之矣。"①

张商英评释，存乎天地，游离世间，无形无状，是为"道"。屈己存道，至德要道，替天行道，可封"神"。若能得"神"而隐，称之"圣"。得"神"而显，则谓之"贤"。只可惜在张良身后，世间再未出现兼备这般高能的完人。尽管世人皆可遍览此书，却很难深解要义，嚼透真理，知行合一。看来，面对貌似同姓但不同宗的张良，这位张相还是高看一眼、厚爱三分的，甚而近乎神化与膜拜。高坐于他心中殿堂的张良，集道、神、圣、贤为一身，端的是智冠天下、无人可比，勇冠天下、无人能及。

黄石公奇遇张良，张商英神交张良，皆以《素书》为介，当是此书之大幸。天大地大，古往今来，人来人往，但知音难觅、知己难求，更遑论一部书的运道。能够在乱世人海中自在漂流、随处生根，广种薄收、花开不败，这岂不是世间一桩善事、美事和快事？

---

① 〔汉〕黄石公著，知书译：《素书》原序，湘潭大学出版社 2022 年版，第 4 页。

五

蹊跷的是，刺客张良藏身的下邳，并非独立于世间真空，而始皇帝布下的天罗地网，竟然枉费十年未能将他定向剿擒。甚而在秦军眼里，即使是捕风捉影，也不啻于水中捞月。缉凶之难，真个是难于上青天呀。

莫非张良果真天假其便、神灵附体，且自带隐身法术？

下邳或是世间较早成形的都城，其"北控齐鲁，南蔽江淮。水陆交通，实为冲要"，辖域也在史上数度易名，邳国、下邳国、安州、下邳郡、临淮郡、东徐州、邳州等，历历可数，名重当时。盛极之际曾统领十七县，即便声名煊赫的徐州也被其尽收囊中，画疆自守。

然则，眼观六路、耳听八方的秦军，缘何彼时却对身藏闹市的张良，总是遍寻不着呢？

"楚虽三户，亡秦必楚。"① 这段流布甚广的民谣，其实是句楚人血泪交织的咒语。下邳作为楚国重镇，当地民众对于暴秦苛政自有切肤之痛，尽管哑巴吃黄连、敢怒不敢言，但是这种深仇大恨、新仇旧恨早已痛入骨髓。岂料，"姬公子椎秦博浪沙"的惊世义举满城皆知，而"忠义士藏身下邳城"的小道消息，乡里乡亲也多有耳闻。只不过，良民用良心、良知和良谋练就了障眼法，自觉自愿地保护着神勇、呵护着忠德、维护着正节。

---

① 〔汉〕司马迁撰，韩兆琦译注：《史记》一，中华书局 2010 年版，第 680 页。

十年的下邳时光，张良皆以道家"辟谷导引"的养生术掩人耳目。打开窗子，有友有酒，有说有笑，有收有放；关起门来，则是日省月修，养精蓄锐，持重待机。来自四面八方的百余位热血勇士啸聚于此，在他们激愤的心中，反秦大旗已是高高扯起。恰在此时，周边乡域的民间起事也是风雷滚滚，倒秦声浪翻腾不息。

在结交的诸众侠士中，有位身背重案的亡命之徒却得到了张良的格外佑护。有心人不难看出，其因并非张良包庇罪恶、纵容邪恶，而是这位楚人为了诛秦灭秦自持的那份忠诚赤诚、侠骨傲骨，与他轰然共鸣。原来，他们的血管里奔涌着同脉血潮，他们的怒目中对焦着同一靶心，二人由此粘结为莫逆之交、金兰之好。然则，这位斗士却有着多重身份、多种性格和多面人生，人之品性很难定性。诸如，他原是旧楚显贵、反秦主力、击汉枭将，后来却枪头一转、摇身一变，擢升为西汉开国功臣，且眉开眼笑地拜纳了汉高祖赐予的刘姓。本为仇人却成亲人，本应虐心却很开心，这位矛盾人物便是项羽的小叔项伯，后来的"射阳侯"刘缠。好在项伯也是懂得感恩之人，对于张良的拔刀相助眷眷不忘，终于在鸿门变局时还上了一个大大的人情，了却了一桩绵绵的心事。

公元前 201 年的正月，志得意满的齐王韩信，遽然跪接改任楚王的御诏。汉廷之心，路人皆知。作为汉高祖钦定的楚都，下邳迎来了这位功成名就的一世之雄。

想那韩信在衣锦还乡、光耀门庭之时，是否曾在行前向张良当面讨教过纵横仕途的心术和坐稳楚王的秘诀；想那韩信在威风八面、统领百城之际，是否拨冗拜谒过张良曾经虔虔赋能的圯桥，参悟他谦卑自牧的奥理和远离是非的真谛。

毋庸置疑，韩信实乃军界无双、至尊战神，他擅长的是沙场操戈，牵肠的是疆场喋血。然则，在人心、人性与人欲的隐形战场上，他不外乎是一个笨口拙舌、浅见薄识的新兵蛋子，也不过是一位面对劲敌獠牙而进退无措、束手就擒的执戟郎中。而加冕楚王才一年有余，他却又在不明不白中被贬为"淮阴侯"。由王降侯，有口难言；由忙赋闲，百口难辩。下邳只得在爱莫能助中收容了韩信的荣枯浮沉，也在黯然伤神中奏响了他生命凄歌的沉郁序曲。

一页风云散，万事转头空。

第七章　良遇：聚散离合义相随

一

纵目岁月长河，十年或是一脉溪水、一层细浪，或是一泓山涧、一帘飞瀑，或是一截沟渠、一湍激流，或是一湾险滩、一道闸关。

匿藏于下邳的三千多个日子，张良时时卧薪尝胆，从未慢待每一个时辰；日日潜心修行，不敢懈怠每一个昼夜。殊不知，若将刺秦筹划的两年时光一并计算，他已经在世俗人堆里足足深埋十二年了。民间有言：六十年一甲子，十二年一轮回。故此，十二年谓之一纪。在周而复始的时光转盘里，负气含灵且各有所职的十二生肖，沿着一纪的光线与路线，在岁序更新中东奔西跑、日来月往。

如今，秦之国土已现支离破碎的败象，四面八方皆弥漫着怨愤、抗争、起事的焦煳味儿。始皇帝的仓促离世，使强秦在猝不及防中痛失主心骨、风向标和定盘星。秦二世胡亥的"胡"作非为、"亥"人听闻，加之两大辅政近臣李斯与赵高的明争暗斗、左右掣肘，很快便将泱泱国土陷于剧烈的动荡之中。

秦二世元年（前 209 年）端月，东海郡陵（今江苏省泗阳县众兴镇凌城村）人秦嘉挺身而出，公然反秦，落户于留，并拥立景驹为新一代楚王。张良觉察时机已到，迅即集结手下的百余位弟兄，决意起身前往，带枪投靠。而另一支千余人的队伍，此时也正朝着同一方向开拔。领头者名曰刘季，其在老家沛县与狂朋怪友合伙击垮秦县令后，便依楚制被公推为"沛公"，此公即县令之意。一群搅动风云的英侠豪杰，足音越走越贴近；一篇时光迭代的动人序章，笔锋越写越尖锐。

下邳有幸见证了这一幕。"沛公往从之，道得张良"①"良欲往从之，道遇沛公"②，快人快性的刘季与动静有常的张良，在县城西境紧紧相拥。这道上的一"得"一"遇"，乃是任性与感性的首度交互，亦为动能与智能的首轮交融。谁能料到，本是素不相识却一见如故的两个人，将在未来的历史剧场中，联袂主演数场惊心炫目、精妙入神、众口交传的大戏。

刘季向来恃气好侠、不拘细行，诚心诚意、诚欢诚喜地欢迎张良和一帮弟兄的合盟，且恭请张良亲任厩将，统管军马。尽管彼时这支所谓的团队与军队，不过是个草台班子，甚至在秦军眼里，充其量是一支乌合之师，但对于首领刘季——这位日后开基立业的帝王来说，能够在草创期就将手中仅有的这点儿家底，大方地交与刚刚结识的张良全权打理，也算是无比信任了。

史探寻究，在龙战于野、厝薪于火、受制于人之时，张良曾与刘

---

① 〔汉〕班固撰：《汉书》卷一，中华书局 2007 年版，第 3 页。
② 〔汉〕司马迁撰，韩兆琦译注：《史记》五，中华书局 2010 年版，第 4111 页。

季"三合两分"①。而每一次聚散离合，刘季皆是恭迎欢送，从无半点不快。对于日后蜕变为汉高祖的刘季而言，能够如此大度兼容，实属难得，亦为罕例。要知道，与他知根知底的老友萧何、连襟樊哙、发小卢绾，皆未能享受过此等礼遇。情绪稍有不佳，行事稍有不顺，刘季旋即便会对他们怒形于色，泼妇骂街，兴师问罪。

早在十年前，张良那博浪沙一椎便挑起了刘季的敏感神经，此等万夫之勇、轻身重义，正是他所叹赏的、所企佩的，也是他所特需的、所急需的。还有，此番团头聚面，张良不失时机地讲授《素书》，多数人对此兴味索然、充耳不闻，唯独"沛公善之"②，且兴趣盎然、洗耳恭听，场场皆反复品嚼、心领神会，还嚼得津津有味，学得大呼过瘾，令张良不得不发出"沛公殆天授"③的慨叹。想那刘季日后历经血雨腥风、雪压霜欺，却每每逢凶化吉，看来确实得其三昧、尽其所长。故此可言，二人刚刚谋面之时，刘季无须曲意逢迎、假情假意，他对张良的钦敬应是发自肺腑、相见以诚。抑或正是刘季自带的这种眼力、气宇与心胸，才是他创获丰功伟绩的独门绝技吧。

次月，一支打着"项家军"旗号、拥有七万人之众的民间队伍，自江东一带顺利渡江，一路北上直抵下邳。领头者不是凡角，乃是楚国名将项燕之子项梁。项氏世代为楚将，忠不违君，忠不避危。秦楚

---

① 相关观点参见张大可、徐日辉著：《张良萧何韩信评传》，华中科技大学出版社 2018 年版，第 45-62 页。

② 〔汉〕司马迁撰，韩兆琦译注：《史记》五，中华书局 2010 年版，第 4111 页；〔汉〕班固撰：《汉书》卷四十，中华书局 2007 年版，第 424 页，则表述为"沛公喜"。

③ 〔汉〕司马迁撰，韩兆琦译注：《史记》五，中华书局 2010 年版，第 4111 页。

终极角斗，项燕为国舍命，深孚众望。项梁衣钵相承，故在义军之中一呼百应，一言九鼎，项家军也在他的调教下，气冲牛斗，气势熏灼。在攻杀景驹时，军兵已过十万。

待战势稍稳且驻足彭城后，项梁听从了军师范增之谏，拥立楚怀王熊槐之后熊心为新生代楚怀王，可谓独树一帜。至此，曾被秦王嬴政恶意歼覆且已消亡十二年之久的赵、魏、齐、燕、楚，纷纷死灰复燃，重温旧梦，存亡继绝，而东方六国中只有韩尚未选定合适的新主。

刘季本欲携手张良追随景驹，目睹眼下形势陡然逆转，便紧急掉转马头，直奔彭城。看到天下这么多义士慕名而来、接踵而至，项梁一时间喜笑盈腮、信心倍增，满面春风地将刘季、张良一行迎进帐内议事。

"君已立楚后，而韩诸公子横阳君成贤，可立为王，益树党。"①这是张良拜见项梁时面陈的口头建议。谁知，心胸豁达的项梁一口应允，当即便同意拥立裔胄韩成为新的韩王，并委任张良为韩申徒。申徒一职的责、权、利，趋同于司徒、丞相。而在此时，一位熊虎之士默立于项梁身侧，他那满脸的青涩中透着不屑，满身的孤傲中漫溢不解。此人不是别人，正是项梁舍侄、日后自诩为"西楚霸王"的项羽。

韩之于张良，可谓义海恩山、泽深恩重。十余年来，对于复仇复国，张良始终情之切切、言之殷殷、意之绵绵。虽说是路漫漫、浪滔滔、践冰履炭，风萧萧、梦重重、蹈火赴汤，却矢志不屈，心如坚石。

---

① 〔汉〕司马迁撰，韩兆琦译注：《史记》五，中华书局 2010 年版，第 4112 页。

为向家国知恩报恩、以德报德，到了与挚友刘季拱手道别的时候了，他只能将"一随沛公"的河梁之谊掩于心底。泪洒相会地，又染新征尘。

诚然，刘季是个明白人，也是个聪明人，更是个精明人。对于张良的爱国心与报国志，他是心悟神解，啧啧称赏。尽管身边暂时少了一位可以交心的知己、可以讨教的师友、可以助攻的干将，但他笃定在不远的将来，上苍很快便会安排二人重逢聚义。因为，他们之间是意气相倾而非意气用事、志同道合但和而不同。

二

原本，刘季的一厢情愿源于惺惺相惜。孰料，他的心存目想仅仅时隔一年便化虚为实。

秦二世胡亥的横头横脑、肆意为虐，很快便将秦国推入失温、失重、失控的境地。倏忽间，江山地动山摇，民心荡为寒烟，未来迷踪失路。空旷的疆土，时时狼烟四起；血腥的城郭，家家鸿雁哀鸣。刀枪声、喊杀声、哭闹声叠加起伏，衰季之风愈发浓烈，晚节末路似已铺就。

项家军声生势长、党坚势盛，而一向知进退、识时务的刘季更是主动拜在了项梁麾下。半路加盟的这员猛士运气倒是不错，凭靠自有的灵光、善变、讨喜，不仅很快赢取了项梁的信任，而且楚怀王熊心的内心，对他也颇有几分好感，他甚而侥幸混进了楚怀王可依赖、可重用、可联鞭的后备军。

秦廷并不甘心战场上的一路溃败，历经反复合议，决定新派章邯为主将，施行疯狂反扑。章邯乃正规军出身，饱读兵书，熟谙战法，精通谋略。他运用一环扣一环、一计跟一计、一招接一招的迂回渐进之策，在临济一地大破齐魏联军，齐王田儋、魏王魏咎的项上人头登时成为章邯进贡朝廷的"战利品"。在风雨萧条、危急存亡中，田假仓促承接了田儋衣钵，自称齐王；魏豹则弟承兄业匆匆加封魏王。两位新王报仇心切，相约据守东阿，合力歼敌。岂料秦兵从天而降，章邯霎时摆下四面围剿、反抗必诛的大阵仗。

东阿告急，齐魏濒危！恰在命悬一线、千钧一发之际，项梁亲率项家军呼啸而至，二话不说，动如雷霆，一番刀枪棍棒，一顿拳打脚踢，竟将秦军揍得屁滚尿流，抱头鼠窜。

刚到手的战果尚未来得及咀嚼，便被敌手一脚踢飞，真是让章邯闹心、窝火、闷气。奈何，战局瞬息万变，情势扑朔迷离，他只得退守定陶，待机再举。与秦军首度正面交战便大获全胜，项梁大喜若狂，大排筵宴，全军上下大酒大肉，饮酒作乐。在痛饮庆功酒时，项梁也有着下一步的盘算：凭我军目下的士气与势头，不日便会全歼秦师，统领主场。就这般，喝着想着，想着喝着，项梁恍入梦境。倏忽间，他仿若目睹大楚复国，再圈疆域版图，在万民齐呼万岁的声浪中，他突觉皇位上高耸的那位君主怎么这般面熟？这，这，这不是本尊吗？

熟醉的项梁被疼醒。此时的他，早已被绳捆索绑，刀抵颈项，全军将士也是横尸街头，伤亡难计。原来，兵败的章邯痛定思痛，稍事休整便重整旗鼓，悄无声息地就将正在庆功宴饮、酒酣耳热的项家军合围包抄，聚而歼之。章邯率领的秦军似在反掌之间，便找回了胜者傲娇、王者荣耀的战场快感。

项梁的定陶阵亡，无情地验证了"战胜而将骄卒惰者败"①的真实无妄。对于高擎"楚"旗的项家军而言，项梁的覆水难收、昙花一现，犹如晴空霹雳、致命一击。轰轰烈烈的反秦复楚步履，遭遇了出征以来最为惨痛的挫折。

然则，楚怀王熊心可不是这样想。尽管自个儿确实是项氏一手搀扶上王位的，但自打坐上这个位子，明摆着就是傀儡登场、名不副实，从无自主、自由、自在之感。想我熊心之雄心，众臣将士皆是视而不见、置若罔闻。虽为王，可时时要看项梁的眼色行事，处处要看项氏的脸色定夺。这下子趁借章邯之刃夺回了本王不可侵犯的赫斯之威，正好以此打乱格局、重新布局、再开新局。

于是乎，刘季喜从天降，终于等来了可乘之机。作为左右、稀释、肢解、淡化项氏赫赫之光的一枚筹码，他兴冲冲地领受了楚怀王熊心之命，独当一面，率军西征，乘虚入关，图谋破秦。而项梁舍侄项羽，虽是项家军新的精神首领，但因熊心忌惮项氏志欲再度膨胀，而任命宋义为上将军、项羽为次将、范增为末将，率主力北上救赵。悍将项羽自是不服，当场就要推翻楚怀王诏令，"独项羽怨秦破项梁军，奋，原与沛公西入关"②。他甘愿与刘季合兵一处，进击关中，诛翦秦贼，以雪弑亲之恨。

然则，自感底气充足、腰杆硬直的熊心，并未理会项羽的叫叫嚷

---

① 〔汉〕司马迁撰，韩兆琦译注：《史记》一，中华书局 2010 年版，第 684 页。
② 〔汉〕司马迁撰，韩兆琦译注：《史记》一，中华书局 2010 年版，第 684 页。

嚷，而是在朝堂上随口撂下一句话"先入定关中者王之"①，继而便面带愠色，拂袖退朝。

三

这一回，刘季总算有了名正言顺的头衔。

> 以沛公为砀郡长，封为武安侯，将砀郡兵。②
> 楚怀王封沛公号安武侯，为砀郡长。③

对于刘季的进擢，太史公似也雀跃不已，居然在《史记·高祖本纪》《史记·绛侯周勃世家》中连复载列。或是兴奋过度，或是百密一疏，将侯爵之名誊出武安侯与安武侯两类版本。一字颠倒，酿成史界的一桩悬案。然则，刘季受封的此等官爵，世间却少有耳闻，远没有泗水亭长所为人熟知，即使刘季即位之后也从未提及。且说这砀郡长一职尚易明晓，砀郡乃是秦灭六国前所设的二十七郡之一，刘季的起事地芒砀山以及老丈人吕公的故园单父便位于此方辖域。而这顶"武安侯"或"安武侯"又作何解呢？

史籍确有"武安侯"之重爵，因其封地坐落于冀南地区的邯郸武安而得名。《谥法》有云，"威强敌德曰武""好和不争曰安"。之所以

---

① 〔汉〕司马迁撰，韩兆琦译注：《史记》一，中华书局 2010 年版，第 809 页。
② 〔汉〕司马迁撰，韩兆琦译注：《史记》一，中华书局 2010 年版，第 808 页。
③ 〔汉〕司马迁撰，韩兆琦译注：《史记》五，中华书局 2010 年版，第 4210 页。

定名武安，或受此启导。想那赵国马服君赵奢的爱孙即赵牧之子赵兴，太史公于《史记·魏其武安侯列传》中历述的国舅兼汉相田蚡，靖难之役中惯战能征的明将郑亨，皆曾获封过此等爵列，宋人宋祁甚至还以《武安侯》为诗题一唱三叹。而那战国末年号称"人屠""杀神"的秦将白起、"佩六国相印"[1]的赵臣苏秦、破匈奴的赵将李牧，也曾被封为"武安君"。所谓封君，则是对土地拥有所有权，其中亦有称"侯"者；而封臣只对土地享有使用权，死后即须归还。

古时，"安武侯"亦属国爵。殊不知，在楚怀王赐封刘季勋爵之时，暴秦虽已日薄西山，但仍气息奄奄，而彼时的秦相赵高则坐享"安武侯"[2]的尊荣。故宫博物院迄今仍藏有两方研琢精善的"安武君"玉印，乃明人托名秦汉之际封君玺印之作，据说史上享有此等封号者也就只有赵高和刘邦二人。项羽拿到手的也不过才是"长安侯"的浮爵和鲁公的虚号，若与刘季比权量力，显然矮了半截。

虽说名望不够高大、实力依旧羸弱，但刘季此次率军西征的确是遵楚怀王之命、以讨伐之名而与秦军所周旋，故以血统与法理而论，应是师出有名、根红苗正。

众所周知，战场上的对垒厮杀只有胜负之数、输赢之分，身份与身价徒有其表，难有实质性效用。面对军力强于自己百倍的秦军，刘季一干人马顶多算作一彪匪众，只能是边打边败、边败边战、边战边退、边退边守、边守边进。虽说时不时也会有零星小胜，但刹那间便

---

[1] 〔汉〕司马迁撰，韩兆琦译注：《史记》六，中华书局 2010 年版，第 4735 页。

[2] 〔汉〕司马迁撰，韩兆琦译注：《史记》一，中华书局 2010 年版，第 655 页。原文为："赵高为丞相、安武侯。"

又被一击即溃。尽管兵凶战危、敌众我寡，可是刘季带领难兄难弟们却摆出了一副死缠烂打、不罢不休的样子，俨然一个"打不死的小强"，委实让秦军头疼不已，左右为难，肝火渐旺。不对等的双方，却一度陷入拉锯战、消耗战、争夺战与疲劳战。

而彼时另一支向北进击的楚军，突爆内讧，兵不由将，头领易人。宋义与项羽终由暗战升级为明斗，本就飞扬浮躁的项羽实在顶受不住阴阳怪气的袭扰，索性一戟要了宋义的小命，自立为主帅。祸起萧墙，利弊权衡，楚怀王熊心不得不快快接受了现实。常言道，将门虎子、将门有将，项羽不失为一员猛将、闯将和强将。自挂帅以来，以气压山河的神魄，沙场之上摧坚陷阵、锐不可当，巨鹿大捷竟将秦军锐师一举全歼，且一日连创"九战九胜"的神话。勇武神威的项羽形象由此定型，而雄蔑八方、专恣跋扈、以恶报恶的妄念暴德，也开始在其心中潜滋暗长、添枝接叶、日增月盛，直至蔓草难除、后患无穷。

相较之下，刘季的队伍则是逊色不少。一路走来，打打停停，躲躲闪闪，颤颤巍巍，战功战绩乏善可陈。唯一值得欣慰的是，未被秦军的恫疑虚喝所吓倒、所吓跑，始终是在逆风恶浪中滚石上山。在苦争恶战中，刘季也有不少意外收获，不仅使自个儿能征惯战的胆识得以充盈，还为队伍的强壮补充了不少新鲜血液。尤其是"高阳狂士"郦食其拉着他的胞弟郦商火线入伙，更是使全军将士在危机一发时提了神、提了气、提了劲。

秦二世三年（前207年）四月，刘季率领数万大军攻取颍阳，抢占了大片的韩国失地。此役的最大战果，则是刘季的预言得以应验，他那布满老茧的双手终于又同张良不甘雌伏的劲头紧握在了一起，张良"二随沛公"的佳话由此酿成。

沛公之师与韩王成、张良所部随即进行了整编合盟。客观上说，此乃弱弱联合，但若能取长补短、扬长避短，也可负负得正。与敌军或友军相比，刘家军虽在硬实力上稍逊一筹，但在软实力、巧实力、赢实力上却是高人一等。盖因追随刘季的张良和郦食其，实乃万里挑一、超群拔萃的谋士呀，更何况还有萧何、曹参、樊哙、卢绾等一帮虎兄虎弟侍奉左右，个个都是忠肝义胆、精诚贯日。目睹此现状，感念于内心，刘季总是激奋之情溢于言表。

张良的回心转身与兵合一处、将打一家，委实为刘季带来了好运，甚至将他从极度被动的险境拽出，一把推上了八面来风的胜地。由弱变强，化腐成奇，反次为主，盖自此始。

利用大军在颍川休整之机，张良频频向刘季面陈破秦之策、歼敌之计。绕越函谷关，避敌主力，弃取西征道，易名南下军，南阳入武关，避实而击虚，矛盾大挪移，以秦抵项羽……

张良急切切将深思熟虑和盘托出，动之以情，晓之以理，导之以行，授之以渔。刘季听得入脑、入心、入迷，双眉由紧皱转而舒展，两眼由眯睎转而放光。每每言毕，他皆猛拍大腿，破颜一笑，语短情长，"善，依计而行"。

张良的妙策神谋，果然立竿见影。刘季大军一路智斗秦敌，抢关夺隘，凯歌高奏，捷报无数。秦王子婴元年（前206年）岁首十月，刘季连根拔起了秦王朝的最后一根救命稻草。秦三世白马素车，郊迎出降。在从秦王子婴的手中郑重接过烫手的玉玺后，刘季便吆喝老哥们儿、好兄弟急吼吼地闯入秦宫。而彼时的项羽仍在被绵绵战事缠身，大军一度在河南一带回旋进退。项军若想提早入关，不仅有空间上的山水阻隔，而且在时间上也还有两个月的亏缺。僵局掣肘着战局，急躁冒进的项羽不得不沉下心来，等待、苦挨、突围……

让始皇帝死不甘心的是，当年自己雄视天下时的一位路边看客，竟能在短短几年内，就晃着膀子、攥着拳头、咧着大嘴、眯着色眼登顶咸阳宫。这位只比自己小三岁的土包子，居然还野心勃勃地意欲霸占他拼死拼活才得到的皇位。现今试想，始皇帝如若不是当年沙丘抱病猝亡，估计也会被目下人心汹汹、诡谲多变、天坼地裂的时局活活气死。

项羽还是挟带着一股腾腾的杀气和满满的怨气，踩踏着难计其数的无辜生命，急如风火地赶来了。刚刚将大军驻扎在新丰鸿门，他便接到了刘季已然先行一步入关的情报，顿时火冒三丈，怒不可遏，即令举兵讨伐。而此时的刘季早已遵从张良劝诫，还军霸上，备预不虞，伺机而动。

两军对峙，敌我之间只有四十里的地面距离，而军力却是差若天渊。项羽大军坐拥四十万之众，而刘季之师不过才区区十万人。好在霸上置身险隘，核心地带居于高处，地势平坦，一马平川，而悬崖峭壁盘绕四周，灞河与浐河一如天然的护城河，于穷崖绝谷中拱卫着霸上。可见，刘季驻军之地阻山带河、高城深池、扼襟控咽、易守难攻。而迟来的项羽也同样选定了横峰侧岭、虎牙桀立之地作为驻所。此处北依渭河、南仰骊山，钳束着东西要道，以攻为守、以守为攻皆能开合自如。

即便如此，如若真与项羽金刚打罗汉——硬碰硬的话，刘季无异于以卵击石、飞蛾扑火，后果亦无悬念，注定是鸡飞蛋打、一败如水。经与张良衡情酌理、思前想后，加之鸿门一宴的心机测探，刘季终下决心，还是以退为进、屈节卑体、忍痛割爱，拱手让出已经到手的咸阳以示诚意，方才博得了项羽一时的欢慰与容谅，将已怒举的金戟重归原位。

孰料，项羽却将一腔怨愤、凛凛杀机，恣肆泼洒给了咸阳城。杀人放火、奸淫掳掠、肆行不轨，本是匪帮的德性、做派与行径，现如今却成了项家军的拿手好戏、看家本领。人如蝼蚁，身似浮萍，命若草芥。好端端一座咸阳城，遽然遭受了建城以来最为残怖、最为暴烈的屠戮。且不说万千黎庶难逃厄运，就连主动请降、礼送王国的秦三世子婴也是釜底游鱼，最终还是落了个道尽途穷、魂断龙廷的残局。

四

项羽赢了？

至少，从表面看，他蹂躏了秦都的血躯；往深里说，他践踏了暴秦的国格；以事理论，他掳掠了各路诸侯的顺服。时势造英雄，英雄造时势。既然现实摆在了这里，予智予雄的项羽，就是要大张旗鼓地称王称霸，堂而皇之地另立山头。

迫于礼节，情非得已，项羽还是要请示一下遥远的楚怀王。不过，为了让好面子的熊心能在愉悦中快速御批，他多了一个心眼、耍了一个滑头，特谏楚怀王即刻进阶为义帝。关于义帝之解议论纷纷，莫衷一是，一说"不曰楚帝，而曰义帝，犹义父义子之称"①，项羽为了争权攘利、专权擅势，不惜自降身价、自我贬损，甘为帝之长子、王之长兄。另一说则更为露骨，"犹假帝也"②，义帝实乃假皇帝的代称而已。无论作何解读，有名无实、有职无权、有心无力，可能最为贴近熊心的现实。

自我感觉良好的熊心，给项羽的回复依然是惯有的简练语风——"如约"。很显然，"如约"之"约"，不外乎兑现"先入定关中者王之"的承诺。但若细究，熊心也是话里有话、话外有音，他的本意则是仅可立一王，并未赋予项羽更多的王位编制任他随性派发。

正在兴头上的项羽怫然不悦，愈发觉得伯父以及自己抬举的这位所谓的楚怀王和义帝，如今不过是只丧家犬、拦路虎和白眼狼。对于熊心御旨，项羽自是不以为然，置之脑后，一抬手便抛掷于九霄云外。他清了清嗓子，正了正身子，拿出王者气派，亮出北斗之尊，开始向一干盟军发话："天下初发难时，假立诸侯后以伐秦。然身被坚执锐首事，暴露于野三年，灭秦定天下者，皆将相诸君与籍之力也。义帝虽无功，故当分其地而王之。"③

乍一听，项羽的振振有词、滔滔不绝，确实是在为各路诸侯和各方将士谋利益、谋福祉、谋长远，迅即便迎来阵阵欢呼与声声响应。细一品，他的奋矜之容、虎狼之势、不臣之心、等夷之志，已在不经

① 〔明〕杨慎撰，丰家骅校正：《丹铅总录校证》卷之十一，中华书局 2019 年版，第 490 页。

② 〔汉〕司马迁撰，韩兆琦译注：《史记》一，中华书局 2010 年版，第 722 页，注释③引〔明〕谢肇淛：《文海披沙》。

③ 〔汉〕司马迁撰，韩兆琦译注：《史记》一，中华书局 2010 年版，第 721 页。

意间渗透于那霸气的口吻、霸道的号令、霸强的举止、霸政的气焰上。对此，刘季与张良自是旁观者清，心生提防，日慎一日。

为了显摆自高自大、权尊势重、威动海内，项羽一口气封了十八个王：

三分关中的旧秦降将章邯为雍王，定都废丘；项梁故友司马欣为塞王，定都栎阳；董翳则为翟王，定都高奴，"三秦"之说由此发轫。

楚将瑕丘人申阳为河南王，定都洛阳。赵将司马卬为殷王，定都朝歌。当阳君黥布为九江王，定都六。楚怀王柱国共敖为临江王，定都江淄。番君吴芮为衡山王，定都邾。

徙魏王魏豹为西魏王，定都平阳。徙燕王韩广为辽东王，定都无终。徙齐王田市为胶东王，定都即墨。徙赵王赵歇为代王，定都代。

战国末年齐王田建之孙田安为济北王，定都博阳。燕将臧荼为燕王，定都蓟。齐将田都为齐王，定都临菑。赵相张耳为常山王，定都襄国。韩王韩成，定都阳翟。

本应是关中王的刘季，却屈为汉王，领有巴、蜀、汉中四十一县，定都南郑。主管旧秦流放犯人之地巴蜀，喻示着远离了黄金地盘与权力重心。项羽对于刘季的不公正待遇，显然是报复性驱离、边缘化任用。不仅如此，他竟还叮嘱章邯和司马欣，时不时要对汉王暗中作梗、暗锤打人。

不知项羽是否受了越王勾践于二百多年前号称霸王的点醒，自恃身怀霸王之资，索性冠之以"西楚霸王"的名头。且住，何谓"西楚"？太史公为此作了地域界定："夫自淮北沛、陈、汝南、南郡，此西楚也。"① 那么，既有方位划分，楚地还有其他分号？"彭城以东，东海、吴、广陵，此东楚也""衡山、九江、江南豫章、长沙，是南楚也"②。若以此臆推，项羽并非贪大求全、贪得无厌，只是"三楚"取其一，仅为自己圈定了"梁、楚地九郡"③ 罢了。至于这九郡辖域么，史界也是争论不休。

然则，这霸王中的"霸"字，于人于事于心，却是既暴显了霸才，又标显了霸世，还昭显了霸业，唯愿名从主人、名不虚得、名实相称。之所以力排众议并舍近取远，弃咸阳而奔远方，举头望而思家乡，且执意定都彭城，项羽自有他的一番说辞："富贵不归故乡，如衣绣夜行，谁知之者。"④ 让项羽难有回旋余地且嗟悔无及的是，荣归故里的决定竟使人情味催化为火药味，并为个人的命数平添了无谓的变数，也将激昂的战势拖入了溃烂的颓势。

头顶王冠才是冠冕堂皇，手持兵权方能理直气壮。既然各路诸侯头衔已定，就要快马飞抵封地，在其位谋其政。于是，张良又要与新晋汉王刘季道别了，盖因韩国是他悬悬在念的所在，是他尽忠报国的基地，他要与韩王成甘苦与共、安危与共、休戚与共，为复韩悉心竭力、肝脑涂地。

刘季当然不愿看到张良离去的背影，行将筑建的汉室也急需如张良般贤人志士的同欲相助。神聪的汉王自是明白，留人须留心，此时

① 〔汉〕司马迁撰，韩兆琦译注：《史记》九，中华书局 2010 年版，第 7595 页。
② 〔汉〕司马迁撰，韩兆琦译注：《史记》九，中华书局 2010 年版，第 7596—7598 页。
③ 〔汉〕司马迁撰，韩兆琦译注：《史记》一，中华书局 2010 年版，第 830 页。
④ 〔汉〕司马迁撰，韩兆琦译注：《史记》一，中华书局 2010 年版，第 719 页。

的张良尚对韩国瞻天恋阙、继志述事、情坚金石，如若强留必定违天悖人，有损大义。就这般，一路上，二人慰勉不止，策谋不止，磋摩不止。直到行至褒中，方才含泪抱拳辞行。临别前，张良依然放心不下，手指横亘在山间绝壁的褒斜栈道，向刘季娓娓进言："王何不烧绝所过栈道？示天下无还心，以固项王意。"[1]

汉王须用烈焰将所经栈道统统烧尽，以此向天下表白绝无回归之意。只有如此，方能按住项羽那颗疑虑的心、蒙住霸王那双窥视的眼。张良的直言正谏，令刘季如梦方醒，豁然开悟，大笑而去。霎时间，汉王的身后火光冲天、浓烟蔽日，火苗与焦木合奏的噼里啪啦，似用鞭炮齐鸣在为刘季之师壮行。

遥望刘季远逝的踪影，张良对这位从谏如流的汉王钦佩莫名，一种繁复、参错、纠结的情感激涌心头。若非复韩重任在肩，定当追随明主追风逐云。就在张良转身之际，一幅壮观景象映入眼帘，层峦叠嶂之间，乌龙江水波翻涛怒、奔流湍急。有一巨石傲立江中，灼灼闪光，洁滑如玉。近前细赏，察觉石中凹似一盆，一对通体金亮的鲤鱼正在盆中自在散游。张良触景生情，以刀为笔，信手留下了"玉盆"墨迹。

历经两千年的沧桑打磨，张良的应景笔墨早已化作稀世珍宝，现如今依然安卧于汉中博物馆，日日在恬静淡然中享受着世人的目不转视与击节叹赏。

---

① 〔汉〕司马迁撰，韩兆琦译注：《史记》五，中华书局 2010 年版，第 4119 页。

五

才识过人的张良，还是忽略了项羽在草莽之下掩藏的鬼魅伎俩。

项羽假意让韩王成随其先入彭城把酒言欢，而后再赴韩地就国。殊不知，此举看似友善，实为挟持，乃是刻意阻挠复韩进度。借分封汉与韩之机，拆解刘季和张良这组"黄金搭档"的比肩而事，才是项羽心中的小九九。他看得出，也猜得中，在争功函谷关的军事竞逐中，刘季之所以大爆冷门、拔得头筹、抢先入关，张良无疑是这支无名之师的最强大脑，他的奇才异能、运计铺谋、算无遗策定在其中功若丘山。只有将刘、张二人活活打散，方能以绝后患；只有将韩王成变相软禁，方能钳制张良的心与身。项羽的心里算盘打得哗哗响，这一次也算是打到了点子上。

张良随韩王成一同被幽禁于彭城。虽是衣食无忧，但言行不便，精神受困，腹热心煎。好在这位项王身边谋士匮乏，除了一位年迈的范增之外，无人善谏，智库亏空。而面对才大心细、才清志高、才德兼备的张良，项王早已心醉神迷，故一直存有促膝长谈之念，以求围绕天下大势与此等才杰披襟解带、肝胆相见。对于彼时燕处危巢的张良来说，项王的动议也不失为铜墙中裂开一条缝，晦暗中刺透一丝光。

"汉王烧绝栈道，无还心矣。"[1] 张良在与项王首次分析战局时，便撂出了这句不容置疑的断语。与之前劝谏刘季的语气相比，张良的

---

[1] 〔汉〕司马迁撰，韩兆琦译注：《史记》五，中华书局 2010 年版，第 4121 页。

神态更为坚定，更为镇定，也更为淡定，且前后观点遥相呼应，并无冲突。只可叹，彼时的项羽难以体悟话里有话，更难以破译弦外之音。向来鼻孔撩天的他，竟以克恭克顺的姿态，将张良主张悉数收纳，且在心中舒缓拆解了对刘季惯有的戒惕、敌意与恶感。

"汉王失职，欲得关中，如约即止，不敢东。""齐欲与赵并灭楚。"① 自此，张良屡屡向项王出谋献策，看似言之有物、言之有据、言之有序，实则逆向设障、逆风撑伞、逆坂走丸。一向狼顾狐疑的项羽却对张良深信不疑、计合谋从，或许他果真是掳获了项羽的倾信、推信与尊信。令张良耿耿抱疚的是，尽管欺人眼目绝非个人秉性，可为了得君行道，自感与刘季交洽无嫌的成色或更足，故只得以各事其主聊以慰藉了。实难想象，一直冷眼旁观却又默不作声的范增，彼时会作何感想？

头顶王冠的各路诸侯在盘踞封地就国之后，并未呈现项羽先前对时局的设想，诸如马放南山、刀枪入库、休养生息。仅仅时隔半年，心粗胆壮的田荣就按捺不住王位的诱惑，头脑一热就灭了同宗，自立为齐王。岂料，田荣开了个坏头，一时间，诸侯各国相仿相效，同室操戈，略地侵城，敌国外患，鼓噪四起。不过，在项羽的眼里，被他一手封赐的这些草包大王再扑腾再折腾也翻不出什么浪花，他心心念念的倒是义帝这块绊脚石，如何尽快一扫无遗。在将熊心外放长沙郴县后，霸王两次授意九江王黥布扑杀此獠。面对重压、高压与威压，黥布只得瞒心昧己、豕屠弑帝，但自此也开始与项羽心生罅隙、若即

---

① 〔汉〕司马迁撰，韩兆琦译注：《史记》一，中华书局 2010 年版，第 733 页。

若离。

东出函谷关，抢回老地盘，刘季在神不知鬼不觉中行动了。这也是刘季接到了远在彭城的张良发出信号后，才敢迈出的大胆一步。而彼时的项羽却在沿着张良定制的路线，正欲举兵征讨乱常乱局的始作俑者田荣，骤然闻听刘季东出，方才久梦初醒。本就睚眦必报的霸王，旋即用满腔怒火吞噬了韩王成的悲情贱命，却出乎意料地慨允张良远走高飞。此情此景，此行此举，委实令人大惑不解。他最为失算和懊恼的是，在日后的你东我西、你追我赶、你争我夺、你死我生的博弈中，从无你兄我弟、你推我让、你怜我爱、你来我往的俗尚。其至他会因轻率放走的这个人，而鸟入樊笼、泥足深陷、命犯孤星，最终不得不用丝丝悔意、声声怅叹、卿卿性命，为往昔的逞性妄为而埋单。

对于张良而言，主公突遇横殃飞祸，喻示复韩兴业霎时沦为纸上谈兵。万念俱灰的他，此时更是了无城府、心无挂碍。犹如出笼之鸟的张良，神鬼难测地躲过了楚营的明岗暗哨，飞马西奔，千里归汉，"三随沛公"。刘季自是惊喜若狂、乐不可支，当即便与满身尘嚣的张良来了一把熊抱，久久不愿撒开。初露锋芒的刘季，此时业已切身体会了张良那滚烫的义与谊、澄明的慧与惠、深厚的恭与功。

自此，在"汉"天动地的历史大戏中，张良与刘季这对好"汉"英雄正式粉墨登场，且以水乳之契，纵情演绎了经天纬地、雷奔云谲、异彩纷呈的多幕剧。直至楚汉相争尘埃落定、大汉肇基运旺时盛，二人始终形影相携、声气相求、胶漆相投，须臾未曾远离，忠义常驻心间。

第八章 良猷：巧化险阻为夷途

一

其实，早在与刘季邂逅下邳且一见如故时，张良就曾热心快肠地向他略献小计。孰料，识时通变，策无遗算，很快便让彼时的沛公冲出了烦天恼地的重围，逃出了捷径窘步的境地。

自起事以来，虽说刘季起点较低，却凭靠一帮缩角兄弟的鼎力捧场，起步不算晚，起跑不算慢，起跳不算缓。然则，这位刘老三生性粗莽，豪气痞气兼有，不经意间即会出言不逊、出口伤人，"乃公"常是他挂在嘴边的口头禅，译作俗话俚语便是"你老子我"，故时常让新朋老友当场难堪，为此得罪了不少四邻八舍。朴厚的乡邻甚至一度将他拉入游手好闲、不学无术、斗鸡走狗的黑名单，在本土的混混儿排行榜中名震一时。看来，乡里乡亲眼中的刘季，不外乎就是一个市井无赖、赤佬瘪三、恶棍流痞。

雍齿就是看不起、瞧不上刘季，"雅不欲属沛公"①，"雅"在此处则是平素、向来之意。在漫长的乡友、帅将、君臣的角色交替中，雍齿曾数度依随沛公，却也多次背叛刘季，且还屡屡躲过了刘老三举起的利刃，最终竟能鬼使神差地因祸得福、拜将封侯，你说这又上哪儿说理去。

初识张良时，刘季正在被反水的雍齿折磨得够呛。雍齿被魏王咎委派的国相周市（亦作周巿）廉价收买，以魏将身份驻守丰邑。此城本是刘季的安身之地，雍齿则是他委用且倚重的"看家犬"。孰料，无耻的雍齿终因爱势贪财而叛逆，致使刘季授柄于人，左右不是，动弹不得。

奉行"有奶便是娘"的雍齿，硬是凭着一股子蛮犷与赖横，让刘季举步维艰，不尴不尬。要知道，其时的刘季高举义旗已是四月有余了，眼睁睁地看着苦守的大本营丰邑遽然成了敌军的囊中之物，而自己的根据地却仅剩下沛县一块弹丸之地，怎能不怒目横眉、忧心如焚呀。

对于雍齿的见利忘义、毁廉蔑耻、光恶不善，刘季可谓恨之切骨、恨入心髓、恨海难填，故歼一警百的嗔念愈发强烈。

冷眼静看的张良，断然劝阻了这种饮鸩止渴、杀鸡取卵、割肉补疮之举。他审慎明辨，迫切陈词，晓以利害，让吹胡子瞪眼的刘季如冷水浇头，倏忽间清醒了许多。巧捷万端的刘季听从了张良的谆谆劝谏，将对雍齿的不世之仇暂且搁置。他也意识到，当下不可有眼如盲、

---

① 〔汉〕司马迁撰，韩兆琦译注：《史记》一，中华书局 2010 年版，第 801 页。

耳视目食，而应秉要执本、动中肯綮，暴秦才是一号公敌，诛秦方为头等大事。至于痛惩雍齿么，君子报仇、十年不晚吧。

宋人苏轼臆断，汉高祖百忍成金、坚韧不拔，尤为注重保持汉军锋锐的竞争力、战斗力与杀伤力，直至敌方疲敝，乃是张良亲手所教。的确，在之后数次的生死攸关、存亡安危、扶急持倾之际，张良皆可精准地掌握好火候，因势利导，微谏不倦，使刘季不至于一叶障目、不见泰山，且能化险为夷、安然无恙。若是选取另一个侧面窥察，刘季亦非等闲之辈，他可在冲动时制动、在暴怒时制怒，此乃常人所不能为也。

经过一来二去的讨价还价，刘季与东阳（今安徽省天长市西北部）甯君、秦嘉所部，最终还是决定在求同存异、互通有无的原则基础上，共赴危难，共举大事，合伙将刀枪剑戟齐刷刷地对准了暴秦。首战搏杀于萧县以西，怎奈彼时的秦军血性胆气尚存，兵多将广，兵精粮足，联军虽是全神贯注、殚精竭虑，使出了吃奶的劲儿，仍因孤军薄旅、兵微将寡、实力不济，还是败下阵来。刘季只得在硝烟弹雨中退守于留，班师振旅，息军养士，观衅伺隙。

新的战斗又将打响，刘季将这一次的主攻方向锁定在了邻近的砀郡。由于足兵足食，刘季之师豪气干云、排山倒海，仅仅用了三天时间，便将砀郡尽收囊中。此役虽小，却在刘季一个人的战史上不容小觑，盖因他总算正正经经、稳稳当当、瓷瓷实实地拥有了第二座可以束手听命的城池了。随后，刘季大军马不解鞍、一鼓作气，乘胜追击、再取下邑。一时间，群情激昂，军威大振。

雪耻心切的刘季，再度回想起了与雍齿的宿怨。战势稍稍趋稳，他便发号施令，调兵遣将，剑指丰邑。然则，苍天不佑，出师不利，钢盔铁甲的雍齿愣是靠着气壮如牛，顽抗了来势汹汹的刘季大军。败兵折将的刘季只好向项家军呼叫求援，慷慨仗义的项梁闻风响应，火速发兵五千并特派五大夫将十人加持沛公。刘季自是谢天谢地、如虎添翼，登时自感已能撒豆成兵、挥剑成河，便火力全开，三打丰邑。这一次，面对刘季大军的勇夫悍卒，莽士雍齿虽然一力据守、奋然拼争，奈何敌手如潮涌至、攻势凌厉，致使自身只有招架之功而无还手之力，只得丢盔撂甲、弃城而逃。在尘烟缭乱、飞缰嘶鸣中，狼狈地追随他的新主子魏王咎诉苦、讨好和献媚去了。

秦二世二年（前 208 年）六月，拿下丰邑的沛公刘季，美滋滋、乐呵呵、兴冲冲地重返大帐，向项梁当面呈谢，汇报军情。在笙歌燕舞的一堂和气中，感恩图报的刘季自然力挺项梁帮扶熊心登上楚怀王大位，并与项羽在虚与委蛇、勾肩搭背、心怀鬼胎中结下手足之情。

甘于幕后的张良，在佐助刘季赢取大捷且额手称庆时，依然初心未改，执着而坚毅地继续着复韩救国之梦。他在不愧不怍却又依依难舍中，选择了与刘季的第一次挥泪话别，诚心随同韩王成统率千余人马浩荡西征，意图卷土重来、手碾颍川、收复失地……

二

"宛，屈草自覆也。"[①] 字面直解，"宛"字应有满心满眼的芳草

---

① 〔汉〕许慎撰，〔宋〕徐铉校：《说文解字》卷七，岳麓书社 2006 年版，第 150 页。

盖地、山花缀锦、植被葱绿之意。而以"宛"字打头的宛城，则是西、北、东向三面环山，四方高而中间低平，与"宛"字名同实异、方圆殊趣。

秦二世三年（前207年）六月，沛公刘季以张良之谏，决定率军南下攻取宛城这座重镇，而后再长驱直入，穿透关中。秦军在接到挑战书后，迅即调派郡守吕齮披挂迎敌。两军鼓角铮鸣，瞋目对峙，扳腕角力于犨东一带。

令秦军主将吕齮大吃一惊的是，刘季之师不仅将勇兵雄，而且用兵如神，刚刚交手他便百不当一、力不能支，旗靡辙乱、节节败退，只得撤据宛城。满脑子都是"入关称王"的刘季，当然不会罢战息兵。面对宛城，他誓要一鼓而擒、一鼓而下、一鼓而平，特命将士日日叫阵、常常骂阵，试图速战速决。吕齮也有把持不住的时候，时不时派兵出城、仓促应战。可是，两军实力旗鼓相当，开战以来基本上打了个平手。急于求成、心焦如焚的刘季，唯恐入关的头功被他人抢夺、封王的荣耀被同僚霸占，愈发觉得日子不能在这叮叮当当的兵器相撞声中无谓消耗，便贸然决意避开险隘走捷径、绕过宛城先入关。

"沛公虽欲急入关，秦兵尚众，距险。今不下宛，宛从后击，强秦在前，此危道也。"[1] 机敏的张良觉察出了刘季的畏难情绪与求胜心切，他深感临危履冰之际，万万不可轻举妄动。虽说抢先入关兹事体大，但秦军主力强弓劲弩、扼守险要，依旧掌握着主动权与主导权。如若目下不能咬紧牙关攻占宛城，万一身后的守军和前方的秦军前后

---

① 〔汉〕司马迁撰，韩兆琦译注：《史记》一，中华书局2010年版，第815页。

夹击，则会腹背受敌、必死无疑呀！宛城不摆平，大军忌前行。张良的一番苦语软言，委实让刘季倒吸了一口凉气。他顿然觉醒，眼前形势已入危急存亡之秋，而自身固有的粗莽、鲁莽、雄莽之性格又在逞祸。

刘季即刻推翻了自个儿拍脑袋发出的号令，遵照张良的设张举措，在漆黑夜色的掩护下，急掉马头，另择新径，变换旗号。后队变前队，前队紧跟随，竟在悄无声息中杀了个回马枪。宛城再度被里三层外三层地围了个严实，人喊马嘶、磨刀擦枪的声浪，蓦地惊醒了熟睡中的吕齮。这位秦军主帅一时有点颠倒错乱，搞不清是时差的扰搅，还是知觉的恍惚。他明明目睹了刘季亲率大军绕城西去，怎会在这黑幕之中重又现身了呢？莫非刘季之师再获增援？莫非叛军果有神助？莫非咸阳风云突变？一连串的问号摆在了懵懂中的吕齮面前，反复将他纠绞着、揉磨着、困锁着。在疑云满腹与愁绪如麻中，吕齮实在找不到打开问号的密钥，更想不出拉直问号的秘诀。

围而不打，观而不战，守而不攻。刘季的反常举动委实让深困城内的吕齮和秦军摸不着头脑，他们哪里知晓，这又是张良在发纵指示、设疑破敌。一头雾水的吕齮，心理承受能力已经顶到了极限，近乎在崩溃边缘，差一点儿自戕殉国。多亏他的舍人陈恢好言相劝，自告奋勇，甘愿与那叛首刘季折冲于口舌之间。虽身为下人，但陈恢临遇大事有静气，胆略兼人，知义多情，尤其是在千钧一发之际表现出的应急处置能力与自救脱险本能，远超他那庸懦无能的主帅。翻越厚厚的城墙和层层的枪林，陈恢终于见到了传说中的沛公。

陈恢在气定神闲中娓娓道来，令刘季一班人刮目相看。但若将他

109

的慷慨陈词挤干水分的话，也就一个字——"降"。然则，其言丝丝入扣、鞭辟入里、出神入化，让听众不得不理、不得不信，也不得不服。

不妨耐心地听上一听陈恢是如何掰扯的：早闻沛公接受了楚怀王之约，先攻入咸阳者称王关中，而沛公暂止于宛城。宛城是大郡之治所，连城数十，人多粮足。全城官民当前普遍认为投降就是找死、不降就是死熬，因此固守着城池。沛公若是长时间驻留攻城，定会造成双方七损八伤的惨景。即便沛公引兵离开宛城，此地守军也必然跟踪追击。届时，沛公向前则失去先入咸阳的良机，后退则有宛城守军之患。有鉴于此，在下特向沛公诚献一计，倒不如明约招降，赐封南阳郡守官爵，令他奉命守城，而后沛公再率宛城士卒一道西进。那些尚未攻取的众多城邑，闻讯后必会争开城门恭迎沛公，沛公的前程由此便会畅行无碍、一路顺达呀。

兵法有言："故上兵伐谋，其次伐交，其次伐兵，其下攻城。"[1]粗通兵略的刘季，自然首选兵不血刃就能轻取宛城的上策。"善"——他淡淡地只用了一个字回应陈恢，便匆匆地照单全收，依计行事。果不其然，南阳郡所辖之地听闻宛城投诚，纷纷主动倒戈，悉数臣服于刘季，为大军早日入关蠲除了道道防线，扫平了重重险阻。

---

① 普颖华、华名良主编：《百战百胜——孙子兵法》谋攻篇，中国物资出版社1994年版，第29页。

三

"关中王"这顶王冠，虽说虚无缥缈、空有其表，但在那个群雄并起、弱肉强食的乱世，还是颇能煽惑人心的。盖因能够堂而皇之地加冕为"王"，是所有游侠、义士、豪杰、枭雄竞相攀援的梦想高地，你追我赶，乐此不疲，甚至不惜以胞族、情愫、信义、品格、荣耻、生命作押注，枉道事人，狐媚猿攀，企图疾足先得、巧取豪夺。

在这场王位争霸赛中，项羽与刘季无疑是心最强、气最盛、手最狠、命最好的"种子选手"，也是最有可能夺冠的实力干将。可是，年长的刘季爱耍心眼儿，常常盘算着如何走捷径、抄近路、当老大，这让小兄弟项羽委实寝食不安、心神不宁。眼瞅着刘季入关的妄念妄求唾手可得，火星乱冒的项羽击鞭锤镫，日夜兼程，急起直追。奈何，彼时的项家军也是支杂牌军，乃由二十万的降卒、四十万的诸侯军拼凑而成，可谓军纪不一、心思不一、目标不一。涣散的军心紧紧绊住了行军的马腿，虽身为盟军统帅，项羽也是鞭长不及马腹，干着急，白瞪眼，直跺脚。

刘季也非想象中的顺利。这不，在进军咸阳的最后一搏中，又被武关、峣关、蓝田关阻断了去路。这三道关，扼险据守，居高临下，金城汤池，"关关"相护。其中的峣关因居中而立，乃是津关险塞，独具通前彻后、左推右挡的功用，故摆出了一夫当关、万夫莫开的架势。"三关"横亘于前，如若强取，刘季之师无异于蚍蜉撼树、以肉啖虎；如若软磨，又会在保守打法中白白地耗费时间、贻误战机。既不能坐等，又不能强攻，那就只剩下智斗这条门路了。于是，思忖良久的张良趋前一步，与刘季附耳密语了一番。

以洞察人性幽微见长的张良，又一次点中了峣关把守者的软穴。秦军虽已式微，却为百足之虫，死而不僵，故须正视现实，不可剽疾轻悍、恃勇轻敌。峣关的守将乃是屠户之子，生性贪婪，这种市侩之人最易以利相诱。故此，张良直谏沛公坐镇军营，责令治粟都尉尽快备好可供五万将士食用的军粮，并在各个山头遍插旗帜，混淆视听，广布疑兵，迷惑敌手。另派郦食其携厚礼入城讲和，可向守关主将韩荣许以高官厚禄、锦衣玉食，啖之重利，收揽人心。

在诱人的利禄官爵面前，秦将慨允以峣关的身价换取自家的现实安稳与未来腾达。韩荣亲率秦军阵前请降，刘季再度未费一刀一枪就拿下了重要关口，且得到了韩荣合盟征讨咸阳的额外承诺。大喜过望并手舞足蹈的刘季委实未曾料到，此役竟会以如此低廉的成本换来了远超想象的巨额收益。作为主帅，他自然有资本夸耀；作为赢家，他当然有理由狂欢。隐约间，他似曾听过由他人转述的孟子言论蓦然萦绕于耳畔："如欲平治天下，当今之世，舍我其谁也？"[1] 语调中吞吐的那种大将之风、王者之气，此时直抵刘季内心，令他神醉心往、神色自得。

张良又向刘季直言极谏了，这一次却让沛公茫然费解。原来，张良悄然窥察出了巍巍峣关下涌动的暗流。峣关守将仍存叛离恶念，随时可能翻脸翻盘，但其又唯恐士卒们兵不由将、抗命不遵。若是全城

---

① 〔战国〕孟轲著：《孟子》卷四，时代文艺出版社 2002 年版，第 147 页。

守卒誓死不从，则必生祸端、一乱涂地。此刻，城中各方势力捕风捉影、狐疑不决，倾摇懈弛、怠惰因循，倒不如乘虚送出，右翦左屠，以绝后患。乍一听，此计似含出尔反尔、阴阳两面、背信弃义的成分。然则，洞若观火、识时从宜才是制胜根本。要知道，金鼓连天、枪烟炮雨、战火纷飞的博弈指向，无外乎就那一个字——"赢"。

张良的条分缕析、推情准理，再度让刘季豁然大悟。他擦了一把汗便投袂而起，亲率大军再夺峣关，不费吹灰之力即旗开得胜。霎时间，峣关守军兵败如山倒、溃敌如决河。刘季之师继续穷追猛打、分进合击，一直将败军撵至蓝田，摧坚殪敌，横扫千军。

峣关大捷让刘季长长地舒了一口气，许久悬着的心也平稳着陆了。这一回，他终于可以领着将士们大摇大摆地挺进咸阳，那里早已让他口角流涎、神魂颠倒。还有，那顶金光闪闪的王冠，他也是求之不得。昔日望眼欲穿的大本大宗，如今却已近在咫尺，他似能看得见、够得着、抓得住了。

四

汉二年（前205年）四月，羽翼渐丰的汉王刘季，却在距离老家沛县不远的彭城，狠狠地摔了一跤。这一跤跌得不仅鼻青脸肿、颜面尽失，而且还身心俱疲、血本无归。若非福大命大造化大，差点儿就命赴黄泉、前功尽弃。自起事以来，刘季费尽心机张罗出的五十六万大军，也被项羽雄师手起刀落，杀了个片甲不留。

汉王遂入彭城，收羽美人货赂，置酒高会。羽闻之，令其将击齐，而自以精兵三万人从鲁出胡陵，至萧，晨击汉军，大战彭城灵璧东睢水上，大破汉军，多杀士卒，睢水为之不流。围汉王三匝。大风从西北起，折木发屋，扬砂石，昼晦，楚军大乱，而汉王得与数十骑遁去。过沛，使人求室家，室家亦已亡，不相得。汉王道逢孝惠、鲁元，载行。楚骑追汉王，汉王急，推堕二子。滕公下收载，遂得脱。审食其从太公、吕后间行，反遇楚军，羽常置军中以为质。诸侯见汉败，皆亡去。塞王欣、翟王翳降楚，殷王卬死。①

这段文字量大面广，生动翔实且言简义丰地记述了汉王刘季得意、大意、失意的惊悚时段。焦头烂额的刘季，以个人的刻骨体验，算是真真切切地上了一堂人生公开课。而课堂就设在了彭城，主讲者是昔日称兄道弟、今朝反目为仇的项羽，敌我双方的各路人马皆为助教，而乖乖听课的只有他一人。课堂之上，他切身感受了与妻儿老小仓皇奔逃、生离死别的痛彻，目睹了汉军将士血淤睢水、舍命疆场的悲壮，也彻底辨清了谁是忠臣良将，谁是佞臣贼子，谁是自个儿生命中的最亮福星，谁又是自个儿雄视一世的最大克星？

项羽率三万轻骑长途奔袭，且能一举击溃刘季的五十六万汉军，深究其因，不足为怪。若将军事上的诸般战术技巧暂且忽略，那么，刘季的自鸣得意、头脑发热、气充志骄则是致命因素。或是偶然，或

---

① 〔汉〕班固撰：《汉书》卷一，中华书局 2007 年版，第 8 页。

114

为必然，刘季竟步入了敌军昔日主帅项梁的后尘，重蹈了定陶覆辙。自个儿一手捅出的天大的娄子，直接导致战局急转直下，大溢逆流。

上苍还是设有容错机制、转圜机会的，当然也是看人下菜。盖因此等千古一时往往只会赐予那些有志之士、八斗之尊、拨乱之才、社稷之器、一世之雄和万乘之主，对于黎庶而言，只能有望尘莫及、长吁短叹的份儿。历史在刀光剑影中特意撕开了一个缺口，算是为刘季刻意打开了一道活门。

在阴风怒号、飞沙走石、隐天蔽日中，大败而逃的刘季于彭城之西慌不择路，一头撞进了楚将丁固的盘查视线，前堵后截，进退无路，插翅难飞。倏然间，气喘吁吁的刘季勒马回缰，向紧咬不放的丁固厉声发问："两贤岂相厄哉！"[1] 虽是身陷倒悬之急，刘季仍可从容动用辩口利舌，来了一场表扬与自我表扬、自救与成功自救的路演，生拉硬扯地高唱了一曲赞歌。他用尽了肉麻的谀言，将这位被后世尊称为丁公的丁固捧为盖世英雄：

英雄相见，惺惺相惜；英雄闲日月，不计功与名。故英雄何苦为难英雄，英雄何必互戕英雄。在这乱世凶年，乱世英雄能为落难英雄让出一条活路，就是为自个儿留了一个退路、出路和门路。救人于水火，助人于危难，方为英雄本色呀。

临危不惧的刘季口若悬河，飞沫起虹，滔滔汨汨，听得那丁固一愣一愣的。碰巧的是，这位丁公乃是刘季部下季布的至亲，故对汉王盛名时有耳闻。正在他入神与走神、纠结与愁结之间，不顾体面、不

---

① 〔汉〕司马迁撰，韩兆琦译注：《史记》七，中华书局 2010 年版，第 6121 页。

计尊严的刘季，已经一溜烟儿地逃离了层层叠叠的包围圈。

然则，世事无常终有定，人生有定却无常。在刘季大功告成、登极弄权之际，竟拿丁固为社稷率先祭旗，理由真乃无耻之尤，"丁公为项王臣不忠，使项王失天下者，乃丁公也"①。虽说刘季此举的目的颇为纯粹，"使后世为人臣者无效丁公"②，却自此烙烫上了过河拆桥、负德辜恩的污名。怪只怪那丁固有眼无珠、不辨菽麦，不得不自认倒霉了。

古都彭城，以战争而闻名于古今。成名于战火，不是自豪和荣耀，而是一种无奈与悲酸。置身于合纵连横的"黄金分割点"，注定成为所有军事家、政治家、战略家、纵横家以及那些隐于暗处的冒险家、阴谋家、野心家目光锁定之处。而眼下的彭城，却成为刘季与项羽拼命争抢的一块肥肉。这块肉肥而不腻、丰腴多汁，却也入口即化。

起先，刘季大军在韩信的有效调配下，以五十六万之众顺风吹火地就端掉了项羽老巢。孰料，被胜利冲昏头脑的刘季竟如猴子跌山，麻痹大意了，又被项羽的三万轻骑马踏平川、风扫停云，猝不及防的刘季功亏一篑。

不经意间，彭城成为刘季的头脑"膨"胀之城，却成为项羽的英气"蓬"勃之地。是非成败，荣辱兴衰，生喜亡悲，人间义理的度量衡只会偏向真相，从不偏袒幻影。毋庸讳言，彭城之战是汉王戎马生涯的痛点、泪点、尬点、污点与耻点，却恰恰成为霸王纵横军界的闪光点、兴奋点、关节点、支撑点和制高点，这也是霸王继巨鹿大捷后

---

① 〔汉〕司马迁撰，韩兆琦译注：《史记》七，中华书局 2010 年版，第 6121 页。
② 〔汉〕司马迁撰，韩兆琦译注：《史记》七，中华书局 2010 年版，第 6121 页。

的又一巅峰之作。

刘季与汉军的彭城遇险，张良当是身历其境，全程见证。一向好谋善断的他，面对阴云密布、电闪雷鸣、风紧雨骤，缘何任凭风浪起、稳坐钓鱼船？淡然置之，寂然无声，漠然不动，此等反常之举应与张良固有的气节、秉性、操守迥然相悖。他欲言无声，投鼠忌器，劝而无果，真个是急煞人、愁煞人、吓煞人吨。这段百思莫解的历史空白，即使司马迁、班固此等高卓史家也未敢空中结构，避而不谈，顾而言他。

汉王的大舅哥吕泽在战争缝隙中挤占的下邑，虽说地盘不大，却在危殆时刻派上了用场，成为刘季与残兵败将难得的逃亡喘息之所。痛定思痛方能浴火重生，刘季深知铸此大错盖因自个儿急功近利、贪欢逐乐、麻木不仁，故悔过自新、愧汗天地，决意改弦易辙、改往修来。

一路狂奔至下邑，呼不给吸，惊魂未定，刘季就跳下战马、背倚马鞍，虚心向张良质疑问难。可以想象，彼时的刘季虽是故作镇静，但定然五内俱崩、痛彻骨髓、强装笑脸。这一次，他要咬紧牙关，痛下血本，东山再起，以奉赠函谷关以东等地为约，狂暴诚意，开价诱人，遍撒英雄帖，广贴招贤榜，广揽仁义之兵、虎狼之师，力图合盟击楚、歼除霸王。刘季早将人性揣摩得透透的，他要唠以重利、结党连群，登高而招、顺风而呼。然则，真正的同道人和同盟军又在何方呢？

张良近乎不假思索便应答如流，想必在出逃彭城的惶恌中，他似已思前想后、成算于心了。诚然，救偏补弊、退思补过之意是否隐于其中，也未可知。

"九江王黥布，楚枭将，与项王有郄；彭越与齐王田荣反梁地：此两人可急使。而汉王之将独韩信可属大事，当一面。即欲捐之，捐之此三人，则楚可破也。"① 张良的正谏不讳极具功利性、煽动性、攻击性，当然也最具可行性。看那楚之枭将九江王黥布，目下已与项王面从心违，而另外一位桀雄彭越则与齐王田荣合伙，已在梁地反楚。想那黥布和彭越，皆有万夫不当之勇，实乃可造之才，堪当大任。如今汉王麾下，仅有韩信可独当一面，确实势孤力薄，诚恐众寡难敌。如若以地犒赏，汉王可将"矫矫三雄"② 尽入彀中，楚亡汉兴则指日可待。

刘张二人于汉二年（前 205 年）四月的这场"踞鞍对"，为汉军的重整旗鼓、扬眉吐气而定锚加力，也为未来大汉勋业的肇建积基树本，史称"下邑画策"，故贵不可言、史不绝书。在岁月红尘中，常被民间视作转败为功、转悲为喜、转祸为福的案例。

在之后此起彼伏、羽檄交驰、蹈锋饮血的连天烽火中，分立于台前幕后的刘季与张良巴前算后、覆前戒后、光前启后，这对沙场"双打"腹心相照、山鸣谷应，可谓默契中富含灵慧、协同中饱含张力。那种相得无间、相辅而行、相与有成，已是曲尽其妙，无以言表。

可想而知，二人的情与义之所以牢不可破、坚不可摧，若推究根源，贯脉定是在长年累月的合胆同心、意领神会的大信不约，还有刚

---

① 〔汉〕司马迁撰，韩兆琦译注：《史记》五，中华书局 2010 年版，第 4122 页。

② 张葆全主编，樊运宽等译注：《昭明文选全本新绎》卷第四十七，文化发展出版社 2022 年版，第 524 页。

柔相济的互为表里。

五

彭城厮战，虽说霸王占了上风、打了胜仗，但也百密一疏、终有一漏，竟让汉王钻了空子、捡了一命。项羽竟因毫末之差酿成了弥天大祸，终至回天乏术、抱恨黄泉。

死里逃生的刘季决定痛改前非，倚仗张良等一大帮文武干将的患难相扶与同欲相助，重整人马，生聚教训，补天炼石，很快便使汉军恢复了元气。一时间，士饱马腾，锐气益壮。随即，楚汉两军再度开打，你推我搡，你攻我守，你疲我扰，你冲我挡。就这般，两军在难分难解中打进了旷日持久的动荡期、摩擦期、对峙期和观望期。

从汉二年（前205年）五月至汉四年（前203年）九月，在长达两年零五个月的针锋相对中，双方竟动用了百万兵力生死搏斗，发喊连天，血流成川，伤心惨目。注目华夏战史，这应是战壕挖得最深、战线拉得最长、战力耗得最大、战火烧得最旺、战时拖得最久的龙争虎斗。

张大可曾为这场铁血之战作过"场记"：汉二年五月至汉三年十一月，七个月的成皋序战，当是暖场；汉三年十二月至次年九月，在这十个月间先后发生了荥阳、成皋攻防战，则为暖场；汉四年十月至次年九月，双方在广武对峙，历时十二个月，此乃终场。

汉王与霸王的争名逐利、争强好胜、争长竞短，让广武这个地界迅速成了一个乱糟糟、冷森森、灰蒙蒙的角斗场。这对儿龙兄虎弟横下一条心，在此斗气、斗嘴、斗法；这对儿生死冤家憋着一股劲，在此斗智、斗勇、斗力。这边厢，以计代战，以静制动，以不变应万变；那边厢，以攻为守，以强凌弱，以万变应不变。

凶残成性的项羽终于按捺不住满腔怒火，在广武东岸的高丘之上垒架起油锅。彼时的霸王，盯上了长期扣押的一号人质——刘季生父刘煓，世称刘太公。

孰料，隔涧而立的刘季面对鼎水之沸、燃眉之急，居然视若无睹、毫无惧色，出奇地冷淡、冷漠和冷静，竟还扯起喉咙向霸王高声调侃："吾与项羽俱北面受命怀王，约为兄弟，吾翁即若翁，必欲烹而翁，则幸分我一杯羹。"[1]

一句"吾翁即若翁"，一声"分我一杯羹"，狠狠地弹拨了项羽那根最为软弱、最为脆弱，也最为虚弱的神经。不知为何，他那沾满罪孽的双手，此时怎么也难以对结义兄弟的亲爹——自己也要尊称一声伯父的这位白髯老翁痛下杀手。刘季不仁，可我项羽不能不义呀。在孝道伦常、负义灭亲面前，霸王只得认怂了！

在情与义的博弈中，霸王显然不是汉王的对手；在事与理的格斗中，霸王似也总是输汉王一筹。这不，刘季的隔涧叫骂、血泪控诉，亦是字字如利刃、声声戳人心。

始与项羽俱受命怀王，曰"先入定关中者王之"，项羽负约，王我于蜀汉，罪一；项羽矫杀卿子冠军而自尊，罪二；项羽已救

---

① 〔汉〕司马迁撰，韩兆琦译注：《史记》一，中华书局 2010 年版，第 751 页。

赵，当还报，而擅劫诸侯兵入关，罪三；怀王约入秦无暴掠，项羽烧秦宫室，掘始皇帝冢，私收其财物，罪四；又强杀秦降王子婴，罪五；诈坑秦子弟新安二十万，王其将，罪六；项羽皆王诸将善地，而徙逐故主，令臣下争叛逆，罪七；项羽出逐义帝彭城，自都之，夺韩王地，并王梁楚，多自予，罪八；项羽使人阴弑义帝江南，罪九；夫为人臣而弑其主，杀已降，为政不平，主约不信，天下所不容，大逆无道，罪十也。吾以义兵从诸侯诛残贼，使刑余罪人击杀项羽，何苦与乃公挑战？①

刘季理直气壮地为项羽定下了"十大罪状"，且一气呵成地昭告天下：

项羽我弟呀，你给我张大耳朵听着。想当初，我刘季和你皆听命于楚怀王，约定率先入关且平定关中者，即为关中之王。

背信毁诺的你，乳臭未干，立足未稳，居然打发为兄我到蜀汉等蛮夷之地栖处，此乃第一宗罪。

狼贪虎视的你，竟敢假借楚怀王之命诛杀卿子冠军，且厚颜无耻地自封为上将军，此乃第二宗罪。

三反四覆的你，既已援救了赵地，本应返回复命，而你却胁迫诸侯各军擅自闯入函谷关，此乃第三宗罪。

穷凶极逆的你，公然违抗楚怀王颁布的不可在秦地残暴强掠之禁令，不仅火烧秦宫、盗掘秦陵，还大肆侵占秦之财物，此乃第四宗罪。

---

① 〔汉〕司马迁撰，韩兆琦译注：《史记》一，中华书局 2010 年版，第 864 页。

好歹不分的你，置道义于不顾，在秦王子婴请降后仍杀生害命，此乃第五宗罪。

狂悖无道的你，活活坑杀了受降秦兵二十万，且又封其将领为王，此乃第六宗罪。

营私植党的你，竟派亲信心腹抢驻福地为王称霸，无理无情地打压驱逐诸侯各王，且逼使手下违天逆理、作乱犯上，此乃第七宗罪。

妄自尊大的你，竟将义帝扫地出门，且擅自建都彭城，掠夺韩王领地，拼凑梁、楚为王，恣意妄为，贪得无厌，此乃第八宗罪。

狗胆包天的你，冒天下之大不韪，竟在江南向义帝暗施毒手，此乃第九宗罪。

恶贯满盈的你，弑君、屠戮、背信、生孽，此乃第十宗罪。

故此，我协同诸侯率众替天行道，前来斩伐你这等民贼独夫。杀鸡焉用牛刀，今日将由曾遭你戕害的戴罪之人手刃于你，无须我亲自上阵将你屠灭，以免脏了为兄我的这双手。

心摩意揣，要而言之，刘季所抛出的这十大重罪，实可谓字字诛心、句句入骨、啪啪打脸。

平白无故地受了一通奚落，灰头土脸地挨了一顿臭骂，项羽霎时怒从心头起、恶向胆边生，睁开眉下眼、咬碎口中牙。他暗示潜伏的弓弩手即刻放出逞毒冷箭，一定要狠狠射穿那"十宗大罪"所设计的阴谋阳谋、兄弟反目所涉及的权益损益、楚汉相争所导致的歪曲扭曲。

这一箭，将刘季的胸口作为靶心。毒矢犹如自带瞄准镜，裹挟着飕飕寒风，黏贴着项氏魔念，不偏不倚，正中十环。顿时，还在跳脚叫骂、兴致淋漓的汉王打了个激灵，便急遽弯腰并搂着脚脖子怒吼：

"虏中吾指！"① 刘季满脸的痛苦状，与满口声称的脚趾中箭显然不搭，但他还能在"痛心"之余仍不忘掩人耳目，使上一个障眼法，也足见其眼明手捷、应变随机，诡计多端、奸狡诡谲。

无论假象如何逼真，但汉王的箭伤明灭可见，且愈发加重，竟然卧床不起、剧痛难忍了。在敌我双方胶着对垒之时，若有一方主帅有所闪失，胜败迹象立马即会显现。太史公述及这段揪人战事时，惜墨如金，仅仅用了"强请"二字，便使汉王忍痛慰劳将士的情景活灵活现。然则，张良之"强请"，究竟是向刘季当面陈述了何种利害、辨析了哪些道理呢？史无所载。

虽说汉王后因心力交瘁、痛不堪忍，箭伤日甚一日，不得已暗中移至成皋疗护，但盱衡大局、通观全局，张良"强请"汉王的举止却在战事吃紧之时完整保留了汉军的气高胆壮与斗志昂扬，也在战势吃力之际机巧遮掩了汉王的力尽神危和朝不保夕，故此功莫大焉。

张良不失时机地挺身而出，"强请"重伤的汉王，虽有冒犯、冒谏和冒进之嫌，但亦是在刻不容缓、时不我待的危迫下，不得不让刘季忍痛屈尊，情非得已地走上一遭了。

---

① 〔汉〕司马迁撰，韩兆琦译注：《史记》一，中华书局 2010 年版，第 864 页。

第九章 良言：逆耳拗声利于行

一

张良的性格，一向沉稳、温雅与谦慎。君不见，危急关头，他总是不急不躁；危机空降，他仍会不愠不怒；危难面前，他依然不乱不浊。正可谓每遇难事有志气、每逢战事有锐气。

然则，张良毕竟是条汉子，绝非懦弱书生，更非怕事之辈。要不，也就难有"博浪一椎刺秦王"的爆炸性壮举了。在俊朗、睿敏与柔慈的外表下，张良与众多勇士一样，胸中跃动着一颗敢为、能为、善为之心。在与刘季同德协力的日子里，每每戎马仓皇、星飞电急、进退维艰之际，他也会舍得一身剐，以虎狼之势，发廷逆之语，挽卒极之事。

这不，当沛公刚刚踏入秦宫便沉溺酒色、醉舞狂歌时，张良的勃然不悦、声色俱厉，委实让刘季打了一个寒噤、出了一身冷汗。

即使在梦中，刘季也不敢奢想，大秦的传国玉玺会由秦三世子婴亲自交予自己这双重茧鞔手。自个儿只是出身微不足道的泗水亭长，想当年，在远望始皇帝出巡时傲睨万物、神气活现、威势赫赫的样子时，内心确乎艳羡不已，但也断无取而代之的妄念。真乃是世事无常、造化弄人呀，此等天大的好事儿偏偏就砸在了我刘季这个无名小卒的头上。

当子婴恭卑地陪同他缓步迈进咸阳城时，刘季实难抑制恣欲的勾引与爆裂，近乎是慌不择路、一路小跑地闯入了秦宫。巍然耸立的玉楼金殿，幽情逸韵的云窗月户，穷侈极奢的声色犬马，逞工炫巧的奇珍异宝，让刘季真个是眼界大开，心旌摇曳。尤其是这满眼的红粉佳丽、胭脂粉黛，更是催熟了他本就滥情的花心，全盘复苏了他那掩藏多时的春心。一路战事的疲于奔命、鞍马劳倦，沛公是要好好犒劳慰悦一下自个儿，尽情享受一番眼前的生活了。

刘季俨然摆出了一副大功告成、大发横财的架势，似乎要将秦都这块肥鱼大肉掰碎揉烂、狼吞虎咽。当年的秦王政是如何呼风唤雨的，我刘季就如法炮制；昔日的始皇帝是怎么任情恣性的，我刘季就照猫画虎。旦夕之间，这位沛公简直判若两人，如同一个常年食不果腹而偶遇珍馐美馔的饕餮之徒，更像一位许久胸有块垒而遽然放浪不羁的粗俗之辈。

刘季的纵情声色自然引发了将士们的一哄而起，相仿相效。此等逞性妄为、乱象横生，急坏了一大帮有道之士，但大多又畏于沛公其时的滔天之势，敢怒而不敢言。生性狂野亦粗中有细的樊哙同样心急火燎，他觉得刘季乃是自家亲戚，二人不但是玩伴好友，而且互为"连襟儿"，自己理应进言几句，及时拦截污泥浊水的横行无忌。孰料，这位兄弟不仅充耳不闻，反而恶语相加。挨了一顿臭骂的樊哙，满腹的憋屈、委屈与冤屈，一时也是无计可施，心低意沮。正当眉头不展、苦不可言时，他陡然眉头一皱、计上心来，连二连三地搬出了钦佩莫名的子房先生速速出山相劝。

"夫秦为无道，故沛公得至此。夫为天下除残贼，宜缟素为资。今始入秦，即安其乐，此所谓'助桀为虐'。且'忠言逆耳利于行，良药苦口利于病'，愿沛公听樊哙言。"① 负气仗义的张良第一次向刘季撂出了狠话，字字带刺，句句戳心，声声逆耳。明显听得出，话音中夹杂着恨铁不成钢、恨水不成冰的新愁旧憾：

盖因暴秦的无道，你沛公才能有机会亲临秦都，为天下驱除祸患，为黎庶送来福命。故此，目下更须安定而不轻躁、详审而不疏率，只有黜奢崇俭、安详恭敬、爱民恤物，才能凸显汉军的本色和本真呀。我军刚刚踏进秦都，两眼漆黑，危机四伏，脚跟还没站稳，尚存很大变数。如若这么快就引爆了非分之念、苟且之心、耳目之欲和奢靡之风，这又与朝野内外愤恨痛斥的"助桀为虐"有何两样？祈请沛公以正视听且从纳樊哙将军的金玉之言。

张良的大喝一声、猛击一掌，即刻唤醒了如醉如狂却也迷途知返的刘季。他像一位知错就改、闻过则喜的喔咿儒儿，一把推开了怀中娇娥，使劲摔碎了美酒杯盏，责令封存了宝物府库，并向张良恭恭敬敬地深施一礼。随后，相知有素的两个人辗然而笑，揽腕挎臂，绝裾而去。

霸上，这块战略要冲终于欣慰地迎回了刚刚从狂热、狂躁、狂欢

---

① 〔汉〕司马迁撰，韩兆琦译注：《史记》五，中华书局 2010 年版，第 4116 页。

中被动挣脱的沛公刘季。由他领军的这支布衣战队，迅即也由六神无主的状态，重归六合时邕的本态。

二

汉三年（前204年）的荥阳，成为霸王围困汉王的一个巨大枷锁。这把锁不仅紧紧锁住了牢固的城门，让刘季左右不是、动弹不得，而且还死死锁住了他那沉重的心门，使其许久遍寻不着捅开心锁的密钥。

心烦意躁，头昏脑涨，焦思苦虑。刘季一怀愁绪、满腔悲愤，眼前的屯难之境实在是躲闪不及、逃脱不了、回避不掉呀。一筹莫展之时，他喊来了多谋善虑且工于心计的郦食其，巴望能在海说神聊中灵光乍现，寻得拆解楚军寒威的招数。

郦食其也是一位不可多得的奇才异能、单特孑立之士。之所以取此诡形怪状的名字，郦食其或以战国魏臣司马食其为偶像。而其同僚中还有一位同名者，竟倚仗与吕后的暧昧之情，终以舍人之身蹿升至相位，此君便是刘邦同乡审食其。后至元狩年间，"主爵赵食其为右将军"①，成为西汉"帝国双璧"卫青、霍去病的麾下爱将，这位熊黑之士也算为"食其"二字长了几分凛凛威风。

郦食其对时局的剖析，对战势的辨析，对军情的解析，可谓刻画入微、鞭辟入里，旋即便让困心横虑的刘季憬然有悟，心服首肯。君

---

① 〔汉〕司马迁撰，韩兆琦译注：《史记》八，中华书局2010年版，第6671页。

不见，他与刘季的抵掌而谈，既低声细语又循循善诱，认真中近乎乱真，较真中不乏天真——

昔日商汤讨伐夏桀，却封夏朝后人于杞国。周武王讨伐商纣，也封商朝后人于宋国。而暴秦主动弃毁德政、狼戾不仁，侵伐诸侯各国，绝情地追剿六国后代，致使他们叫天天不应、叫地地不灵，难觅容身之地。陛下若能重新封立六国族裔，赐其印信，正名定分，六国君臣黎庶定会感恩戴德，无不归顺归心、服帖服从，慕尚陛下之深仁厚泽，甘愿成为大汉子民。届时，陛下因威震天下、誉满寰中、名高海内，便可顺人应天地面南背北、登基称帝了。想那项羽也不得不俯首下心，忙不迭地前来纳贡称臣、打躬作揖。

郦食其的口讲指画、语近指远，让刘季深感中听与受用，即令他从速刻制大红印信，并携汉王之名立时出巡六国，携印分封。

张良的及时现身与适时发声，促使汉军与一场灭顶之灾擦肩而过。正在进膳的刘季，本是向张良显摆刚刚与郦食其商定的削楚、遏楚和灭楚之妙策，孰料张良倏忽变脸、变色、变调，厉然质问："这是哪位蠢材为陛下出的馊主意呀？如此这般，陛下大势已去矣。"看到张良如此疾言厉色、出言不逊，刘季顿感食难下咽、食不甘味。他深知张良向来言笑不苟、言必有据、言行抱一，故对张良也是言从计纳。先生蓦地发飙，定是我刘季偏听偏信、鲁莽从事、处置失当所致。霎时间，汉王的后背冷汗涔涔，身子微微发颤。

一脸蒙圈的刘季急向张良求解，他未能看懂与猜透张良的忧形于色，也未能预感和探知汉军会因此大祸临头。但他下意识地笃定，张良的激烈反应足以显现，汉军必有未形之患、肘胁之患、心腹之患。

看着汉王的茫然不解与疑云满腹，平复一下心绪的张良顺手借来刘季手持的筷子为道具，以君臣问答的方式，"观乎天文，以察时变；观乎人文，以化成天下。"①

张良巧以"借箸代筹"之术，从时局、僵局、乱局、危局、变局的多重维度，采撷"八问"的质疑态度与求是精神，与刘季促膝而谈，明辨是非，纵论风云。他以史实为据、以史事为例，向刘季私相传授了朴素真理：天下未统之时，绝不可偃武修文；天下大一统时，则必须偃武修文。

张良一问："昔日商汤讨伐夏桀而封夏朝的后代于杞国，那是预测能制桀之死命。而今，陛下能置项羽于死地吗？"

二问："周武王讨伐商纣而封商朝的后代于宋国，那是料估能屠斩纣王之首级。现时，陛下能拧掉项羽的脑袋吗？"

三问："武王攻入殷商的都城后，在商容住所的大门口表彰他，释放遭囚的箕子，重新修缮比干之墓。眼前，陛下有条件重修圣人之墓，在贤人里巷的门前表彰他，在众目睽睽之下向他致敬吗？"

四问："周武王曾大开巨桥粮仓，广散鹿台府库钱财，以此赏赐劳苦大众。如今，陛下是否可以开仓放粮、疏财仗义、赈济灾民？"

五问："周武王灭商后便将兵车改造为乘车，并将兵器倒置存放，用虎皮覆盖，以此昭示天下搁置武力。此刻，陛下可否停止战事，推行文治，不再操戈？"

六问："周武王马放南山，休兵止戈，据此宣告它们已无用武之

①　傅佩荣著：《解读易经》贲卦，上海三联书店 2007 年版，第 150 页。

地。目前，陛下可否让战马安顿？"

七问："周武王放牛于桃林之北，以此告之天下不再运送囤积军粮。而今，陛下能够解散牛群而废弃粮道吗？"

八问："天下诸多的游侠说客不惜远离亲人，舍弃祖业，作别老友，一路追随陛下四处奔波，其目的不过是日思夜盼能够得到立身之地。倘若恢复六国，重新拥立韩、魏、燕、赵、齐、楚之后裔，陛下身边的游侠说客随即便会重返故土，与亲眷团聚，与老友重逢，与旧主修好，与祖业承续。届时，陛下还能与谁一起夺取天下呢？当务之急乃是倾力钳制楚国做强做大，如若被封立的六国族裔再度拜于楚之门下，陛下如何重新收复其臣服之心呢？故此，若是采纳这条拙计，陛下苦心铸就的大业，果真要付诸东流了。"

有呼即有应，有问必有答。只是，刘季的所有应答皆是头上安头、床上叠床，颠来倒去也就三个字："未能也。"言外之意无外乎心有不甘、力有未逮，若有所失、别有滋味。彼时，肝火正旺的汉王想必也只能以抓耳揉腮、瞠目咋舌之态，来表达无计奈何了。

汉王的可爱、可贵与可取之处，往往在于他的百样玲珑和乘机应变。张良的融释贯通让刘季豁目开襟，他急忙吐掉口中之食，腾出了损人之口："竖儒，几败而公事！"[1] 他一边用污言秽语不住地斥叱郦食其差点坏了大事、险些酿成大祸，一边急令手下将刚刚刻制的印绶即刻投入熊熊火塘。

若是静观默察或有发现，尤擅表演的刘季这是移用了否定之否定

---

① 〔汉〕司马迁撰，韩兆琦译注：《史记》五，中华书局 2010 年版，第 4128 页。

规律，将张良的责诘、忧愠、忿恻化解于无形。

张良的飓声断喝，规避了天降横祸；刘季的临崖勒马，赎救了烈血军魂。只是委屈了那郦食其老儿，不仅生生碰了一鼻子灰，还白白当了一回炮灰。

三

汉四年（前 203 年）冬十月，刘季仍被楚军围困于荥阳，寸步难移，孤立无援，意扰心烦。正欲冲云破雾之时，忽而收到韩信的加急书信。刘季不禁暗自窃喜，这位爱将虽在千里之外的齐地刚刚大获全胜，但仍挂心本王目下之安危，此信堪比杨柳风、及时雨、启明星呀。

急匆匆展开书简，一股咄咄逼人的气息，一束凛凛虐人的寒光，倏地向刘季迎面扑来。猝不及防的他，突感心里发慌、头皮发麻、拳脚发痒。

信中内容简单明了，要言不烦。虽仅是寥寥几句，但既表了功，也交了底。从言简意赅中可以读得懂，适才平定齐国的韩信已是洋洋自得、漫天开价。

"齐伪诈多变，反覆之国也，南边楚，不为假王以镇之，其势不定。愿为假王便。"① 很显然，字里行间游荡着傲慢与诡诘、威胁与要挟。韩将军以齐人矫情饰诈、桀贪骜诈为由，又以强楚虎视眈眈、其欲逐逐之虞，直谏刘季封其为代理齐王，委重投艰，授权管制，以保

---

① 〔汉〕司马迁撰，韩兆琦译注：《史记》七，中华书局 2010 年版，第 5792 页。

境安民、休养生息。否则，假若生变、生乱、生战，可是与我韩信无关呀。

八面莹澈的刘季自是一眼洞穿了韩信来信的意旨，想我刘季目下正处在走投无路、进退无门、嗷嗷无告之际，而你韩信倒好，非但未能雪中送炭、援溺振渴，反而隔岸观火、趁火打劫，竟然死皮赖脸地直接向我伸手要官、要权、要名、要势，此乃不要命，真该将你千刀万剐、食肉寝皮呀！

眼瞅着汉王的雷嗔电怒与冲冠眦裂，凝伫于旁的张良和同僚陈平思潮起伏，却也心开目明。只是鉴于齐使在场，二人颇为担心汉王的怒火燃烧过旺，致使阴云密布的情势迅速恶化为暴风疾雨，从而造成汉军难以自拔、万劫不复。于是乎，不动声色的张陈二人，不约而同地用脚尖踢了踢脸红筋暴的刘季。张良更是趋前一步，附耳压声，呢喃细语：“汉方不利，宁能禁信之王乎？不如因而立，善遇之，使自为守。不然，变生。”①

尽管张良的音量放得低，但音调拿得准、音色调得纯——目下形势于我方不利，不可生硬、僵硬和强硬地阻遏韩信割据称雄，索性做个顺水人情，遂了他的心愿，大大方方地赐其齐王头衔，也好让他代您安心镇守齐地。否则的话，万一变生不测，必又衍生患祸。

虽说这个坡有点陡，这道弯比较急，但玲珑剔透的刘季还是豁然开悟了张良的话外之音，旋即转嗔为喜。男子汉大丈夫，建功立业，志在千里，当王就要当一个堂堂正正的真王，怎能弄个假王欺世乱俗，

---

① 〔汉〕司马迁撰，韩兆琦译注：《史记》七，中华书局 2010 年版，第 5792 页。

岂不是自取其辱么？

刘季的话说得漂亮，事也做得排场。当即便委派张良，远赴齐国，宣诏颁赏。弄"假"成真的韩信，如愿登上了齐王大位。之后，也是心满意足、心甘情愿、心无旁骛地践行着刘季诏命，披坚执锐，潜师袭远，精猛击楚，这才有了"血流垓下定龙蛇"① "霸王自刎乌江岸"② 的壮歌一阕。

司马相如曾言："明者远见于未萌，而知者避危于无形，祸固多藏于隐微而发于人之所忽者也。"③ 这位称雄文阵的"赋圣"和"辞宗"，之所以知人则哲，成一家之言，是否受了同时代且年长于自己的张良影响，也未可知。反正，差一点因刘季的恶言泼语酿成的苦酒，再一次被讷言敏行的张良不失时机和不留点滴地现场倾洒，委实让汉军躲过了一劫，避过了一难，闯过了一关。

四

终于，天从人愿，美梦成真，志得意满的刘季在万民称颂中登上了帝位。然则，令朝野大呼意外的是，由王变皇的他，出手要做的第一件事，不是指点江山，不是出榜安民，不是求神问卜，而是匆匆将自个儿已用了五十四年，且又土又俗又傻的名字作了改造翻新。自此，刘季之名正式封存，"刘邦"成为新主大号。

---

① 〔唐〕栖一：《垓下怀古》。
② 〔元〕马致远：《双调·拨不断》。
③ 〔汉〕司马相如：《上书谏猎》。

这个"邦"字改得出彩，刘季甚为满意。可是，也正因这一字之改，起源于春秋末年的"相邦"称谓为了避讳，不得不改称"相国"。即便被尊为儒家经典、文学之祖的《诗经》也是在劫难逃，无奈之下将开篇《邦风》变成了《国风》。

虽已登基，但刘邦还是喜忧参半，忐上忑下。自个儿的祖宗十八代皆是躬耕陇亩、卑不足道，乍然蹿升为一国之君，这速度、这亮度、这高度，委实让他有点眩晕，唯恐在一夜之间，会因本源不明、根基不牢、能力不逮，突坠重渊邃薮，重归遐州僻壤。

刘邦的担心确非多余，盖因日日环绕身边的不是经天纬地之才，便是拔山超海之士。若以单项技能与群英比拼的话，恐怕连一个回合也支撑不了，他就会灰溜溜地败下阵来。但既然能够南面称尊，刘邦自有一套，他玩的是智能、耍的是技能、靠的是全能，使的是连环招、打的是组合拳、用的是绝杀技。

即使已经黄袍加身、势位至尊，刘邦还是不愿瞅见臣民们攒三聚五、窃窃私语，老是担心会有不轨之徒贼心不死，丧心病狂地晃动他那尚未坐稳的龙椅。为了丰犒恩慰有功之臣，他大笔一挥，出手阔绰，一次就论功行赏了二十多位文武重臣。孰料，赐金、加官、晋爵、封侯，诸般收揽人心之举非但未使朝廷上下消停安顿，却反而助长了抱怨的升级、争功的喧嚷以及攀比的畸态。

刘邦心有畏惮且不愿目睹的场景，终归还是如约而至，并被他屡屡碰个正着。

寓居于洛阳南宫的刘邦，置身高处时总能望见几位将领拥聚蹲坐沙墀之上咬耳朵，似有密事在议。一日闲聊，他不禁问起张良："这些人时常三三两两、神神秘秘、鬼鬼祟祟，究竟作甚呀？""陛下或有不知，他们意欲谋反。"张良冲口而出，正色回应。刘邦惊愕失色，疑团满腹，攒眉反问："天下已是安邦定国、安土息民、安家乐业，这些人缘何还要逆天而行、图谋不轨、作乱犯上呢？"

刘邦之问，恰好点中了群臣之惑，也接驳了张良之见："陛下出身布衣，素有大志。这么多年来，与弟兄们同心并力、苦征恶战，风里来雨里去，打天下坐江山。陛下即位后，犒赏的多为萧何、曹参等一帮僚朋故交，责惩的皆是与您曾有旧仇宿怨之人，故军中官兵目下都在忙于计功谋利、请功受赏。可是，立功立事者实难雨露均沾。于是乎，这些人便惶惶不安，既忧心领受不到陛下的赏赐，又担心陛下会拿原来的过失说事儿，而要了他们的脑袋。万般无奈，情非得已，他们只得结党谋逆、篡位夺权了。"

张良的正言厉色，显然是犯颜直谏。大业肇建，百废待兴，为了汉室隆盛，他也顾不上这么多了。好在称帝不久的刘邦彼时尚能通晓事理、虚己受人，深知张良故意以响鼓重槌之法唤起自己的警觉，于是便降心下气地急求破解之策。张良稳了稳心神，再问："哪位臣子至今仍让陛下深恶痛恨呢？""无耻的雍齿！"刘邦不假思索，快言快语。

又是这位让刘邦咬牙切齿的雍齿，再被提起，魔影重现。恬不知耻的他，打打杀杀，跌跌撞撞，磕磕碰碰，绕了几个来回，还是没能逃出刘邦的手心，乖乖地听命于帐前。此等无是非、无廉耻、无节操的"三无"牌奸佞小人，刘邦对其又怎能不嗤之以鼻、弃之度外、避之若浼呢？

接过刘邦的话茬，英敏的张良随即就事论事、就实论虚："若想尽快打消这些人的顾虑，那就要摒弃前嫌，即刻封赏雍齿。要让满朝文武心里透亮，连陛下最鄙视、最厌恶的雍齿皆有厚赏，我等何须惴惴不安呢。受封领赏不就是卖枣的跟个卖碗的吵架——早早晚晚的事么。"从善如流的刘邦即令挂灯结彩，大排筵宴，敲锣打鼓、扬厉铺张地赐封雍齿为"什方侯"，并责成丞相与御史速速兑现高爵丰禄。

本欲破罐子破摔的雍齿，怎么也难以料到天上掉下的馅饼会这么大、这么圆，还这么沉，砸得大愚不灵的他一时摸不着头脑，更分不清南北。他那鄙俗的内心实难掂量出，自己不过是汉廷棋局中被棋手拱出的一枚卒子而已，更揣摩不到恰是张良念其汗马之功，而在生死关头机巧地搭救了他那不足挂齿的小命。目达耳通的张良，何尝不知雍齿这厮早已是刘邦的眼中钉、肉中刺呀。然则，张良此举亦遭后世质疑，唐人刘知幾曾表不解："何为属群小聚谋，将犯其君，遂默然杜口，俟问方对？倘若高祖不问，竟欲无言者邪？"[1] 宋人司马光似也恍惑："张良为高帝谋臣，委以心腹，宜其知无不言；安有闻诸将谋反，必待高帝目见偶语，然后乃言之邪！"[2] 冷静之后的司马光最终还是悟出了事情的端倪："盖以高帝初得天下，数用爱憎行诛赏，或时害至公，群臣往往有觖望自危之心；故良因事纳忠以变移帝意，使上无阿私之失，下无猜惧之谋，国家无虞，利及后世。"[3] 刘邦初取天

---

① 〔唐〕刘知幾撰，〔清〕浦起龙通释：《史通》外篇，上海古籍出版社2008年版，第427页。
② 〔宋〕司马光编著：《资治通鉴》卷十一，中华书局2023年版，第126页。
③ 〔宋〕司马光编著：《资治通鉴》卷十一，中华书局2023年版，第126页。

下，仅凭个人好恶赏高罚下，不时损伤公明，致使群臣惶惶不安，刘邦或成众怨之的。故此，张良见机而行、直言极谏，引得刘邦奖拔公心、避毁就誉，消敛群臣胡猜乱道、狼顾狐疑，如此这般，社稷方能消患无形，福祉才会惠及后人。一番枝分缕解后，司马光也不得不击节叹服："若良者，可谓善谏矣。"①

一顶冠冕，一举两全，一匡天下。张良的深思长计、神术妙策，迅即扫涤了群臣的浮躁、焦躁与狂躁。对于刘邦而言，那颗久久悬着的心，那个常常吊着的胆，那缕时时飘着的魂，也总算软着陆了。倏忽间，他突感自己底气十足、中气十足、霸气十足。

五

未来汉都，落脚何处？

兹事体大，非同儿戏。随着楚汉相争的凛然谢幕，汉军攻获压倒性胜利，定都一事举足轻重，必须慎之又慎、思之又思、快之又快。作为一国新主，面对朝野上下议论蜂起、莫衷一是，刘邦真个是要深思极虑、临机立断了。

汉臣多出身于楚，长年居于华山以东。抑或本能使然和虚荣作祟，满朝文武大多倾向于定都洛阳。上表的理由则是："雒阳东有成皋，西有崤黾，倍河，向伊、雒，其固亦足恃。"② 言下之意，洛阳之东为成皋，西面独揽崤、黾，背朝黄河，面拥洛水。古城的崤函之固、山河

---

① 〔宋〕司马光编著：《资治通鉴》卷十一，中华书局 2023 年版，第 126 页。
② 〔汉〕司马迁撰，韩兆琦译注：《史记》五，中华书局 2010 年版，第 4138 页。

之固、金汤之固，必将是汉都最坚强的依靠。

开国重臣面折廷争，不可开交。眼瞅着朝堂上的面红耳赤、唾沫横飞，顿脚捶胸、掀桌砸盏，刘邦也是左右为难、上下翻腾、迟疑不定、踌躇未决。

此时，一个肩扛戍边陇西重任的齐人路经洛阳，坊间听闻汉高祖深陷于定都的焦灼、摇摆与迟难之中，便身披一件早已秃噜皮、褪尽色的所谓羊皮大衣，拉上好友虞将军从中引介，风风火火、大大咧咧、叫叫嚷嚷地径直闯入宫中，口口声声要跟刘邦当面切磋切磋。

这位莽士名曰娄敬。殊不知，他的这一看似毛手毛脚、没轻没重、误打误撞的举动，却在无意间夯下了大汉王朝之后数百年的家国柱础。

郁郁不乐的刘邦彼时还算留有了耐心，不仅让娄敬饱餐一顿，而且还允许此等不速之客打着饱嗝、剔着黄牙、冒着汗气在他面前瞎白话。

"陛下都雒阳，岂欲与周室比隆哉？"[1] 听得出来，娄敬的口气里带着不敬，语气中隐着不屑。刘邦呀，你初露锋芒欠思量，竟敢定都洛阳，是否要与周王相齐肩、相媲美、相颉颃呀？"然。"刘邦也是不躲不避、不退不让、不卑不亢，仅用一个字，便凸显了自己的主场、立场与气场。刘邦的尖言冷语，一下子捅破了娄敬的满腹经纶、满腔热忱、满舌生花……

娄敬将多年积攒的政见、远见与灼见，一股脑地倾泻。也在新帝王面前，痛痛快快地将个人的胆识、见识和学识暴露无遗——

---

[1] 〔汉〕司马迁撰，韩兆琦译注：《史记》七，中华书局 2010 年版，第 6072 页。

陛下可知，若与周朝相论，大汉的得天下、坐天下、赢天下迥乎不同。周朝先祖自后稷始，尧封其于邰，德行善政十几代。公刘为规避夏桀暴政而主动迁居豳。太王因受狄族侵扰，愤然离豳，手拄马鞭只身移至岐山，世人则争相追随。当周文王被公推为西方诸侯之长时，曾和平解决了虞与芮的两国争端，方才成为禀受天命而一统天下之人。这才有了贤士吕望和伯夷不远千里、盘山涉涧、鞍马劳倦，专程自海边赶来虔心归附之举。周武王讨伐殷纣时，奋臂一呼，八百诸侯便在孟津自发会盟，合力歼殷。周成王即位，周公等人左辅右弼，在洛邑营造周城，成为天下中心，各路诸侯纷纷纳贡称臣。万殊一辙，大道至简。君主德被四方才能威震天下，德浅行薄则会亡在旦夕。凡建都于洛阳，皆须仿效周朝以德服人、以德报德、以德治国，而非凭靠津关险塞的地利，让后世君主坐吃山空、立吃地陷，骄奢淫逸、苍生涂炭。想那周兴之时，上和下睦，前歌后舞，各方诸侯心向洛邑，仰慕周君道义，感念他的恩德，百顺千随，率土归心。不驻一兵防守，不派一卒出战，祥云瑞气，晓日和风，天下太平。然在周颓之际，分家析产，西周、东周两个蕞尔小国，离心离德，门可罗雀，气数已尽。如今，陛下自丰邑沛县起事，召集三千士卒抱团出战，先后横卷蜀汉、平定三秦。与那项羽对峙荥阳、血战成皋，大战七十次，小战四十场。若是陛下非要拿这种血淋淋、冷冰冰、赤裸裸的现实，与周朝的"成康之治"、休明盛世相提并论，则是荒谬至极，令人耻笑呀！不妨放眼北望，关中乃是群山依偎、黄河环绕，四塞之固、坚不可摧。即便有了险情，百万雄师转瞬秒杀。前秦残留的家底，肥田沃地的稔收，使这里成为得天独厚且丰衣足食的地上天宫。陛下若能定都于此，即使崤山和函谷关以东地区变生不测，旧秦留下的深壁固垒也足可抵挡上一阵子。与人相搏，如未能一掌爆头、一剑封喉、一招制敌，算不上大获全胜。陛下如若定都关中，即是牢牢掌控了旧秦的要塞重地，犹似博弈时点准了黑手的软穴、捏住了贼手的命门、锁死了敌手的咽喉，焉有不赢之理呀！

为了在圣上面前发表掷地有声的长篇演说，想必娄敬也是豁出去了，即使冒着掉脑袋的危险，也要一吐为快。他时而示褒于贬，时而寓贬于褒，褒贬与夺，一理贯之。不仅横向比勘了洛阳与关中两地的优劣，而且纵向辨认了周朝与汉朝两代的良莠，一再敦促刘邦明慎定都、振民育德，以保江山万代、青云万里、流芳万世。

娄敬说得振振有词、头头是道，刘邦听得也是津津有味、诺诺连声。然则，定都一事毕竟关乎国脉、国威与国运，刘邦自然不会因为娄敬的一通说辞，就贸然拍板、仓促从事。一时间，正目，反观，揣量，犹疑，厘析，评衡，冥索，彷徨，臧否……千重神色轮番上演，万般心绪盘互交错。彼时的刘邦，感受到了从未有过的惊悸不安、神志不清与优柔不断。冷场之中，众臣选择了静音希声，却将焦灼的求援目光，齐刷刷、直勾勾、眼巴巴地对准了老成练达的张良。张良接收到了满朝文武的信委与热望，欣然起身，肃然面君，坦然而谈：

洛阳虽有磐石之固，但为一隅之地，方圆不过数百里，四面透风，八面漏气，易攻难守，不敌强御，实为四战之国呀。看那关中呢，左搂崤函，右抱陇蜀，地肥水美，时和岁丰。最难得的是，此地南有巴蜀之沃饶，北有胡地之辽旷，南、北、西三面陡壁，东面则负隅依阻，饬力轭束诸侯。诸侯安分守常，黄河与渭水便能物畅其流，谷货西运可保锦衣玉食，京师无忧；若是诸侯生变，亦可顺水行船，回旋进退，避难逃灾，化险为夷。陛下呀，这不正是我们时时念叨的安乐窝、常常梦到的理想国吗！

张良扬榷古今、通观全局，力陈利弊、不绕弯子，在直接向刘邦亮明一己之见的同时，还对娄敬的条分缕析投了赞成票。刘邦那颗原本还在燥火中淬炼的心，瞬间便铸冶成一坨铁心、一腔热心和一爿烈心。翌日，汉军上下整束行装，一路向西，开拔关中。而那位随队出行的娄敬，也算是走了狗屎运，自此便逢会知遇之荣，意外获得了刘邦的赐姓厚赏。只可叹，汉廷虽添直臣，世上再无娄敬。

第十章 良实：袖里玄机鸿门宴

一

对于吃吃喝喝，国人似乎总有一种欲说还休、欲罢不能、欲人勿知的复杂情愫。其因大致有二：一来"王者以民人为天，而民人以食为天"[1]，吃饱喝足乃是存活之本、人生快事，只有黔首黎庶衣食无忧，一国之君才可能坐享铁桶江山；二则习惯以吃喝为由呼朋唤友，啸聚山林，觥筹交错之中，不仅利于各方情感的水乳交融，还可力促各种冲突的雾释冰融。

《说文解字》有言："宴，安也。"[2] 不难理解，此"安"乃安闲、安定之意。故此，无论是庙堂之上还是江湖之间，饭局乃是世人交往、交集、交际中最喜闻乐见的场景。以宴会交友，以酒会识人……

世上饭局千万场，化为巷陌谈笑间。闲观历朝历代、历年历程，

---

① 〔汉〕司马迁撰，韩兆琦译注：《史记》七，中华书局 2010 年版，第 6011 页。
② 〔汉〕许慎撰，〔宋〕徐铉校：《说文解字》卷七下，岳麓书社 2006 年版，第 150 页。

那些或明或暗、或奢或俭、或盛或微的宴会，总是具有顽强顽固的生命力，从未因各类禁令与讨伐而撤局，每天每地、无时无刻不在坊间上演，酒池肉林，名目繁多，花样迭出。然则，历经岁月的蚕食与风化，这些难计其数的饭局大多相忘于江湖，遗落于红尘。

不过，遍览餐饮史、社交史、进化史、思想史、政治史、战争史、发展史与兴亡史，也曾有过意外。世间还真是出现了一场饭局，竟以特例的身份大行其道，傲慢地闯进和载入了各类史籍。这顿宴席虽已散场了二千二百多年，但时至今朝，世人依然能够清晰地回听酒桌上的摇唇鼓舌、唇枪舌剑、舌敝唇焦，仍旧能够惊悚地回眸现场中的明推暗就、明争暗斗、明枪暗箭，照样能够敏锐地感受饭局间的尘烟障目、狼烟大话、硝烟弹雨。后人更是以不同版本的渠道、仪式和形态，不厌其烦地将其在演绎、夸张与想象中传播，使此场宴会不仅充满了沁人的肉香、饭香、酒香，也布满了骇人的心机、杀机、玄机。

这场饭局，便是久负盛名的鸿门宴。

诚然，宴会的两大主角是刘季与项羽。可明眼人一望而知，真正的主角却伏于暗陬，乃是二位强者身边的智者张良与范增。倘若变换视角察看，两端谋士乃是幕后导演，而那双方主帅不过是在他们的隐形操纵下照本演出而已。

看得见的是剑拔弩张，看不见的则是心术暗战。

其实，鸿门之局本是项羽所设。若是再精确一点讲，则是在范增的老谋深算中应运而生。然则，经过一番扑朔迷离的推进，此局不断被搅局，且不断出现变局。原本，刘季面对的是一场困局与危局，或言是一个残局和死局。孰料，通观全局的张良，苦心运筹，最终却将残局转换为胜局，将死局盘成了活局。而布局者项羽却陷入了旁观者审、当局者迷的境地，白白错失了斩将夺旗、辟恶除患的良机，反倒将楚军推入了局地钥天的邃薮、万劫不复的深渊。

楚汉博弈，出局者本应是"常败将军"沛公刘季，但最终却以"常胜将军"枭雄项羽的凄惨败局而收场。或许，在反败为胜与功败垂成的切换中，秘藏着历史的流变、诡诈、狂谲、悬乎、惊觉……其间，无人能揣度，无人可左右。

历史的洪流从不受世间万物所摆布，更未因爱恨情仇而改向。它只会在泥沙俱下、去伪存真、敦本务实的航道中沿洄，昼夜兼行，一往无前。尽管中途也有人企图将它引流、控流、横流、回流、截流，甚至断流，但终归徒劳一场，难以得逞。

二

汉元年（前206年）十二月的一个清晨，刘季是怀揣着不安、不甘与不服，领着百把位兄弟拜见楚营，且向盛气凌人的项羽当面赔礼的。正因自个儿的抢先入关，才惹急了这位好面子、要威风、逞英雄的莽夫。若不主动而迅速抚平项王的心理创伤，刘季深感不仅地盘难保，恐怕性命堪忧。

其实，争先入关并非刘季的一时冒失，而是与张良等一干贤臣良将合议后的迅速决断。看似率性，旨在率先；貌似无意，确为刻意；听似曲解，实则正解。如若手中没能攫取这份战利品，也就难以拿获与项羽谈判的入场券和话语权。对此，刘季心如明镜，项羽也是洞若观火。对于双方而言，一对一地剖胆倾心，面对面地释疑解惑，点对点地铲除芥蒂，都不失为一件好事，故皆是见机而作、乐观其成。

一见到曾经结拜的兄弟，刘季转脸便是胁肩谄笑、推襟送抱，忙不迭、慌不迭地向项羽作了一番自我检讨：

> 臣与将军戮力而攻秦，将军战河北，臣战河南，然不自意能先入关破秦，得复见将军于此。今者有小人之言，令将军与臣有隙。①

一开口便自谦、自贬和自损为"臣"，刘季定位卑懦，坦然示弱，或因在他的潜意识中，这场宴会本就是自个儿向项羽投降的仪式。他声情并茂地唱的这一出，虽是耍的小伎俩，却满足了项羽的自尊心与自负心，消减了对手的防备心和戒备心，也最大精度地击中了强者的同情心及同理心：

项将军呀，我与你乃是一个头磕在地上的兄弟，怎会怀有二心呢，我们兄弟俩不是一直在合力攻秦、诛秦、灭秦吗？依照先前约定，以黄河为界，将军于北面迎敌，愚兄我则在南线拼杀。上苍护佑，天降时运，在下带领的这帮穷哥们儿竟在误打误撞中击溃了暴秦，率先入了关，所以今天才有机会与将军在此重逢。可恨的是，此间竟会有小人故意捏造和散布谣言，离间你我情义，瓦解两军斗志，也为咱们兄弟之间炮制了不必要的误会与隔阂。假若轻信谗诽，岂不是中了一些

---

① 〔汉〕司马迁撰，韩兆琦译注：《史记》一，中华书局2010年版，第710页。

人的离间计呀。

看到立过投名状的老兄竟在自己面前不躲不闪，知错认错，唯唯诺诺，项羽即刻涣然冰消，如释重负。要强的他，就是要以强压、强硬与强势，一浇胸中块垒。经过刘季的这番巧言谢罪，项羽随即释怀了，也释然了，信口就将潜伏于刘季身边的告密者——左司马曹无伤作为见面礼撂给了来宾，而后便热情地照应诸位豪杰落座畅饮。

恍然间，刘季一下子明白了自个儿的一举一动，为何总会在项羽的掌控之中。在怨气满腹与咬牙切齿中，他怯怯地坐在了主人指定的席位。很明显，这个位置恰是按照他自谦的定位所设，乃是臣子座席。

> 项王、项伯东向坐，亚父南向坐。亚父者，范增也。沛公北向坐，张良西向侍。[1]

席位的主次顺序，明显经过慎重考量与精心设计。古时坐西面东才是贵宾之位，乃属所有室内场所的首席。故此，浩繁的古诗文中皆将贵客谓之"西宾"。身为东道主，项羽和叔父项伯毫不客气地占据了主座。被项羽尊称为"亚父"的范增则坐北朝南，座次紧挨着主座。本为登门来访的贵宾，刘季却被动而无奈地坐南朝北，这通常是御宴之上臣子面对君王的位置，显然低于范增座次。而随行者张良呢，更是遭遇了慢待，默然地坐东朝西，此乃侍从之席。

此等座次的排定，并非项羽刻意为之，亦非范增暗中作梗，应是

---

[1] 〔汉〕司马迁撰，韩兆琦译注：《史记》一，中华书局 2010 年版，第 710 页。

项伯一手操作。项伯也是出于好意,为了竭力襄助挚友张良救主,他从特级安保的角度,为刘季精准卡位。因坐南朝北则靠近帷门,可进可退,可守可防,可出可入,而项伯身居主座之侧,易于随时遮挡侄儿项羽的过激言行。之所以如此煞费心机,项伯自然是基于和张良的心照情交。

好谋而成的张良,当即便领悟了老友的老成、老到与老辣。虽是屈居一隅,但他早已明了项伯的良苦用心。稳坐此席,利于环伺,最易全景扫描和及时抓取宴会中的异动、异响与异象。倘若见势不妙,也可迅即出言、出招、出马补救。对此,张良心到神知、铭感五内,不时以注目礼的无声语言,向坐在上首的项伯暗表谢忱。

三

这场饭局注定不会风平波息、相安无事,否则就会荒废和背离了主谋范增的苦心孤诣。

眼瞅着宴席之上竟然一度呈现礼尚往来和酒酣耳热的太平景象,项羽也俨然摆出一副乐以忘忧的神态,范增真个是如坐针毡、如鲠在喉。他数次以手持的玉玦为号示意动手,而那项羽呢,要么视而不见,要么视如敝屣。扎心而又闹心的范增,只得暗中启动了蓄谋已久的仇杀计划,随手便甩出了潜藏的一张王牌。

于是乎,第一个搅局者出场了。

项王之弟项庄,神采英拔,年壮气锐,却满面杀气。他倾力推进着范增预设的剧情,一是向主动投怀送抱的刘季敬酒,企图麻醉主宾;

二是热忱地请求舞剑助兴，伺机诛杀沛公。

项羽擅用天龙破城戟。与兄长不同的是，项庄深谙剑道，精通剑术。古时，剑被誉为"百兵之君，短兵之祖"。

能在众位豪雄面前舞剑，机会难得，使命光荣。故此，项庄颇为投入。只见他手持锋剑，银光乍起，时而柔风拂面、风卷残云，时而乘风破浪、风驰电掣，时而狂风不雨、罡风化雨，时而风起云涌、风满琼楼，时而秋风落叶、云淡风扬。这般疾风剑法，早已被项庄玩得纯熟老辣、出神入化。

顿时，现场的气氛被项庄剑挑出了风紧、危殆与瞠目，原本的和颜悦色、和风细雨、和睦相处，转瞬便一扫而尽。再看那皮笑肉不笑的范增，手捻银髯，频频颔首，妥妥显示出了一副玩世的神情和胜者的架势。

着实让项庄意外的是，自己这般精进的剑法不仅未能赢得喝彩，反倒换来了全场的悻悻然、凄凄然。每每剑指沛公、行将得逞之际，他都会被叔父项伯以招破招、见招拆招。再锋锐的剑刃，遇到亲情也会崩口；再勇猛的剑神，面对亲人也会卷刃。懊丧的项庄实难接受叔父的怪异举止，更是揣摩不透这位自家人究竟意欲何为。

项伯，便是第二位站出来的搅局者。

尽管古今朝野对于项伯的人品人性你言我语，各执一词，但他能在火山行将喷射之际，敢于挺身而出，凛然护卫情义与道义，也算有真性情，称得上真男人。而后的项伯之所以结了善果，权作是得了善报吧。

坐于下首的张良，早已勘察出了飘荡于现场的不妙、不利与不祥。

彼时，在他大脑中提前存储的防备、破解、脱身的应急术也迅即开启。张良深知，项伯兄已是拼出了最大的力气，亮出了最大的诚意，若再透支这种珍稀友情则必会露馅、必遭质疑。席间，项庄与项伯还在以剑制剑，有意无意地制造着现场的慌乱与谜团。趁着局中人皆在心绪恍惚之时，张良快步移出幄帐，疾行至大营门首，一把拽住了慌手慌脚、火烧火燎的樊哙。

"甚急。今者项庄拔剑舞，其意常在沛公也。"① 看到张良大惊失色的状貌，闻听帐内险象环生的情境，豹头环眼、秉性刚直的樊哙未及多言，便左持盾牌，右拿利剑，一把推开项军的层层侍卫，横头横脑、恶声恶气、大摇大摆地闯进帐内。

第三位搅局者，也是这场宴会中最为抢戏、最为抢眼、最为抢镜者粉墨登场了。

樊哙生来长得夸张，加上瞬间的心火爆发、愤懑不平，进得帐来，便以雷嗔电怒抗议骄妄恣妄，更以发指眦裂回击怠慢傲慢。面对倏忽空降的一位凶神恶煞，项羽下意识地握剑直身，厉声惊呼：大胆，这位冒失鬼、愣头青、熊孩子，乃是何方妖孽呀？可在定睛观瞧了樊哙的怪形怪状后，项羽则又忍俊不禁，非但未见厌恶之心，反倒滋生赏慕之意，真个是令人称奇道绝之事。

张良曰："沛公之参乘樊哙者也。"② 樊哙的闪现，一时也让张良难以权衡利弊。但因身处虎穴狼巢，只有最大可能地避害就利、最大限度地乘间取利，才是上上策。故此，张良向项羽一帮人高调推介这

---

① 〔汉〕司马迁撰，韩兆琦译注：《史记》一，中华书局 2010 年版，第 710 页。
② 〔汉〕司马迁撰，韩兆琦译注：《史记》一，中华书局 2010 年版，第 710 页。

位看似揎拳裸臂、实则明见万里的樊哙，以转移焦点、驱散戾气。

对于项家军而言，不速之客樊哙的不期而至，确是蜂虿作于怀袖。而向来自恃其才、鼻孔朝天的项羽，这一次却持大加赞赏、善气迎人的态度，毫无非意相干的反感，委实让现场所有人目呆口哑，大呼意外。

四

赐座。赐酒。赐肉。

项羽鹰瞵鹗视地瞅着樊哙大碗饮酒、大口吃肉、大声咂嘴。殊不知，所食之肉虽为肥嘟嘟的肘子，却是刚刚从宰杀的肥猪身上生生剌下的大腿肉呀。既未炖，也未卤；既未熏，也未酱；既未红烧，也未红焖；既无冰糖调味，也无蒜泥调料，十足的原汁原味原生态。然则，樊哙的即兴演技亦堪称一流。且看他先将盾牌置于地面，再将生肉放于盾牌之上，以剑为刀，大快朵颐。目睹着樊哙满嘴的血水，刘季与张良真个是心如刀绞，而项家军一帮人则扼腕兴嗟。应当说，樊哙咀嚼的是羞辱，吞下的是委屈，撑大的却是胸怀。究竟是何种力量如此强韧，驱动着他忠肝义胆、破死忘生、典身卖命呢？

一向自信的项王，此刻却愈发青睐这位赳赳武夫的耿耿忠心了。不过，他也能够或深或浅地洞穿樊哙的表演成分。尽管内心颇为敬重樊哙献给沛公的忠诚、志诚与血诚，但对于樊哙的酒力、耐力和定力，他还是要做出进一步探测。故此，项王开始以酒为由发出挑衅了：

"壮士，能复饮乎？"① 言下之意，你樊哙敢不敢用生肉就着烈酒豪饮一番？

樊哙的回应，让项羽一时无言可对。可见，樊壮士的发喊连天，句句戳中了项王的酸处、痛处与痒处：

我虽为莽撞之人，但向来置生死于不顾，怎么可能惧怕区区一杯浊酒？想当年，虎狼之心的秦王嬴政，杀人不眨眼，唯恐宰不尽，在治罪于人时用尽了酷刑，最终导致天下所有人都对他嗤之以鼻，离心离德，拂袖而去。我清晰地记得，楚怀王曾与诸将事先约定：谁能大败无道秦军，谁能率先攻入咸阳，谁就能坐上王位。沛公英勇，以弱胜强，抢先入关。然而，沛公在踏进咸阳城后，不犯秋毫，封闭秦宫，并主动率军退至霸上，恭候项王驾到。之所以特派将领严把函谷关，那是为了防备外敌侵扰。沛公这般劳苦功高、深明大义，非但未能获取项王封赏，反倒引起你的无故猜忌，甚至还动了诛杀功臣之念，这难道不是亡秦节奏的另一翻版吗？但我始终坚信，项王一向顶天立地，正大光明，真金烈火，绝不会允诺手下做那种暧昧之事。

有褒扬，有谴责，有比照，有鉴别。樊哙的义形于色、义正词严与义不取容，为现场营造了长时间的默然冷寂。无人能接话，无人想接话，无人敢接话。还是项王朗声吐出了一个"坐"字，方才打破了冷场与僵局。而那樊哙也不客套，敷衍地行了一个礼，便乖乖地紧依张良落座。

明眼人看得出，樊哙痛快淋漓的言语倾泻可谓有理有据、有胆有

---

① 〔汉〕司马迁撰，韩兆琦译注：《史记》一，中华书局 2010 年版，第 710 页。

识、有度有节，绝非他的浅闻小见所能撑场。此番滔滔陈词，话锋、话风、话音与宴前刘季和项羽的娓娓而谈如出一辙。很显然，危局之下的紧急应对、情绪把控与妥善处置，洋溢着浓烈的张良气息。如若没有张良事前的计研心算、精意覃思，并与刘季、樊哙等一干人顺时施宜、斟酌损益，恐怕这盘险棋很难走活。再看那樊哙在一通宣泄后，便紧挨张良而坐，此乃明显的心虚表现。他这是担心接下来如再有风吹草动，自己可真的是力屈计穷了，只得倚仗张良近距离面授机宜。

而彼时的刘季更是如芒在背、如临深渊，自感场上气氛稍有缓和，便以似醉如痴、亟须如厕为由，随手拽上张良并由樊哙搀扶，急张拘诸地走出幄帐。

看到面带惧色的刘季离席已有多时，项王便示意都尉陈平出门唤回。而刘季彼时虽去意已决，却又唯恐失礼、项王怪罪。反倒是樊哙干脆利落，以"如今人方为刀俎、我为鱼肉"① 的浅白之论，规劝刘季无须瞻前顾后，速速快马回营。于是乎，刘季便在惶惶不安中，与樊哙、夏侯婴、靳强、纪信等四位弟兄一起，择小路，抄近道，走捷径，风一般地返回了四十里开外的霸上。

急匆匆迈进大营的第一件事，刘季便迫不及待地拧掉了吃里扒外的曹无伤的脑袋。曹无伤委实很受伤，这位左司马因私下向项王密报"沛公欲王关中，令子婴为相，珍宝尽有之"② 而招致杀身之祸，成为鸿门宴中一道未能上桌的黄花菜、卷心菜、杂和菜。曹无伤可能至死还在恨自己有眼无珠投错主，无奈之下只能认命了。

---

① 〔汉〕司马迁撰，韩兆琦译注：《史记》一，中华书局 2010 年版，第 715 页。
② 〔汉〕司马迁撰，韩兆琦译注：《史记》一，中华书局 2010 年版，第 825 页。

五

张良成为留在虎豹豺狼身边收拾残局的唯一人选，彼时的他犹如羊入虎群。无疑，直面魑魅魍魉，不仅需有百龙之智，更要怀揣妙算神机。可见，这是一场大考，更是一道难题。

估摸着刘季应已率众回营了，张良方才定了定心神，整了整衣冠。在与刚刚步出帐外并奉命召回宾客的陈平打了个照面后，便重返宴席。甫一进帐，他便向项王拱手致歉，悠然发声："沛公不胜杯杓，不能辞。谨使臣良奉白璧一双，再拜献大王足下；玉斗一双，再拜奉大将军足下。"①

意即：项王呀，沛公难以当面辞别，望将军见谅。特命在下奉上玉璧一双，拜上两拜敬献给项王；还有玉斗一双，再拜上两拜呈献给"亚父"。

看到张良神色自若、处之绰然，项羽似是认可了这种外交辞令般的无谓解释，并未对刘季的不告而别恼羞成怒，反而随口撂出一句"沛公安在"，算作对张良的礼节性回应。

"良曰：'闻大王有意督过之，脱身独去，已至军矣。'"② 言下之意：沛公畏惧受到项王的责备、责诟与责惩，故早早退场了，现已安抵军营。听得出，张良此番作出的进攻性应答，怨气中含着置气，骨气中透着硬气。

---

① 〔汉〕司马迁撰，韩兆琦译注：《史记》一，中华书局 2010 年版，第 716 页。
② 〔汉〕司马迁撰，韩兆琦译注：《史记》一，中华书局 2010 年版，第 716 页。

项羽默感张良乃是挑拨他那易燃易爆的情绪，故未承接他抛来的话茬，却欣然领纳了刘季礼赠的玉璧，并命人放于座位之上。意外还是在眨眼间发生了，一直默不作声的"亚父"范增在看到玉斗后，如冷锅中豆爆，勃然变色。雷霆之怒激触利剑出鞘，气急败坏的他随手便将玉斗击碎，且对项羽戟指怒目、狂风怒吼："唉！竖子不足与谋。夺项王天下者，必沛公也，吾属今为之虏矣。"①

客观而言，范增以过激的言行，精准地预判和锁定了项羽未来的命运走向。他决绝地认为，也是诚谏项羽，万万不可与刘季这等人论及共为唇齿、共谋大业、共商国是，将来强夺你项王天下的一定是他，是他，是他——这位被你视作亲兄弟的沛公。可到那时，我们这帮人早已被其捕虏，只得任其凌辱了。

天下没有不散的宴席，更遑论一场充满悬念、玄机与谲谋的聚会。无论是主还是客，都企望在最短的时间内作鸟兽散。只不过，各自心怀的动机与目的乃是霄壤之别。

鸿门一地虽为军事要冲，却未因旌旗蔽日、战马嘶鸣、炮火连天而典籍有载，反倒是因为一场宴席而名垂青史。从开启到谢幕，从筹划到收官，鸿门宴前后不过短短几个时辰，却促使历史长河调控了政局气候，成为时间、时光与时代的一道重要分水岭。自此，有的人一反常态、一飞冲天，有的人则是一蹶不振、一落千丈。

作为这场饭局的主使，项羽与范增的插圈弄套、暗锤打人并未得逞，孰料却将这爷儿俩的图谋不轨、鬼蜮伎俩提早公之于世，反倒激

---

① 〔汉〕司马迁撰，韩兆琦译注：《史记》一，中华书局 2010 年版，第 716 页。

发了对手冲云破雾、绝地反击、生死一搏的吞牛之气。

疾风知劲草，大旱望云霓。在无奈、无助与无辜中，被强行拖进这场饭局的刘季和张良，面对倒悬之急，则是洞烛其奸、参透机关、柳暗花明、枯木逢春。而饭局中的另外三位搅局者，也是针尖对麦芒、土匪遇流氓，项庄的一剑霜寒，樊哙的龀肩斗酒，项伯的暗中作梗，使整个饭局风谲云诡，不皦不昧。

一如前文所言，历史仿若咆哮的洪流，无论怎样弯弯绕绕、兜兜转转、悠悠荡荡，奔涌的姿态永远是劈风斩浪、披沙拣金。沿着长短不一的时间航道，滔滔不息的历史自会淘洗出正见、正气与正士。

第十一章　良国：盐梅舟楫展功勤

一

在汉业肇始的最高层，张良与萧何应是刘邦最看重、最敬重、最倚重的能臣。虽说韩信、陈平、樊哙、曹参、周勃等一干人马亦是个顶个儿的忠臣良将，可谓文能为相、武可为将，各有千秋、取精用弘。盖因这二位经文纬武、偃武修文，不负重托、不负重望。在汉室崛起之旅中，称得上最自重、最持重、最承重，也是最能并重的朝臣。

若与张良相论，萧何是可以比上一比资格的。早在青春年少时，他就与彼时还名唤刘季的汉高祖嬉闹玩耍，亲如手足。小伙伴之间只有江湖气，毫无违和感，乃是一种纯天然的哥们儿情愫。而后他还置自己身为沛县"主吏掾"的名头于不顾，多次触及秦律底线，私下里为刘季惹下的祸端埋单，为刘季和他的一帮穷弟兄，甘心清扫褪下的一地鸡毛，耐心消弭留下的一身骚气。正是在这种放荡不羁与放浪形骸中，二人结为莫逆之交。尽管没到一个头在地上磕得嘣嘣响的分上，但就私交而言，虽非亲兄弟，胜似一胞生。

殊不料，刘季后来却走了狗屎运，竟然戴上了一顶泗水亭长的乌纱帽。虽只是一个芝麻粒大的小吏，但对于一位整天在街头靠喝西北风度日的混混儿来说，也算是跻身秦朝体制之内而师出有名、修成正果了。其间，想必萧何也是费尽了心思，运用职位之便，找熟人、拉关系、走门路，为刘季的仕途疏通了各道关节。最令人动容的是，刘季受时局所迫，逼上芒砀山，踏上反秦路，萧何依然对这位小兄弟不离不弃，甚至不惜抛弃优渥的生存环境、锦绣的未来前程，毅然决然地与刘季站在一起，并敢于冒天下之大不韪，直接诛毙顶头上司，高高擎起反秦义旗。在群龙无首之际，又是萧何振臂一呼，力推刘季成为义军首领。刘季自此方才摇身一变，肩扛大梁，背负担当。仅此一点，即可窥探出萧何的高明远识、深图远算、宏才远志。汉业有成后，更名刘邦的刘季也是饮水思源、知恩图报，力排众议将萧何列为首席功臣，坚定不移地将老兄推上相国大位，且允其"赐带剑履上殿，入朝不趋"①。换言之，他可佩带御赐宝剑穿履上殿，朝堂之上亦能从容而行。此等皇家赐予的特权，曹操也曾在东汉末年享受多时，"天子命公赞拜不名，入朝不趋，剑履上殿，如萧何故事。"② 虽是仿效萧相国的优厚待遇，可曹丞相手握的重兵实权绝非前辈可比。只可惜，萧何的子孙不够争气，竟因屡犯罪行招致四次丢失侯爵。好在汉朝帝王深念旧情，结草衔环，遍寻萧相国族裔旁门，接续赏赐"鄼侯"。殊不知，此乃"开国第一侯"才享有的至高荣誉呀。刘、萧两家虽有君

---

① 〔汉〕司马迁撰，韩兆琦译注：《史记》五，中华书局 2010 年版，第 4052 页。
② 〔晋〕陈寿撰，〔南朝·宋〕裴松之注：《三国志》卷一，中华书局 2006年版，第 22 页。

臣之别，却拥有深根固柢的情义，割舍不断，替代不了，没世不忘。

而相较于萧何来说，张良则是刘邦半路加盟的落魄兄弟。从相识、相知到相认，之所以能够结成金兰之契，诚然是基于张良的过人之处与经纬之才。作为旧韩遗少，张良一心复国、一雪前耻成为他的不改初衷，也是他的终极目标。故此，张良的心地无杂质特纯粹、志向无偏差特坚定。即便在襄助刘邦开辟出大汉基业之后，他也是主动远离了是非的宫廷，自觉遁入了修行的空门。

正是以不争不辩、不闻不见为相处之道，在灭秦、诛楚、兴汉的漫漫征途中，张良与萧何终成患难之交、君子之交、异常之交。两个人同道同行、同心同向，用一腔热血、一片丹心为刘邦培植了大汉江山的葱郁苍翠。然则，令人不解的是，张、萧虽同处高位，互为同僚，无论是沙场还是官场，尽管相互敬重，二人之间却仿若暗隔一条鸿沟，从未呈现交相捧场的画面；无论是智商还是情商，尽管相互赏识，二人之间却总似心有所防，从未映现友好磋商的场景。这其中，是否隐有微妙、奥妙与玄妙？还是刘邦担忧二人形成合抱之木，刻意在他们之间划定了无形的界线？抑或为了明哲保身，二人自动设置了攻守屏障？既然民间从无传言，官方并无说法，历史尚无定案，晚生自然不能凭空臆测，更不可人云亦云，否则便是对先人的大不敬了。

盖闻：人生在世，富贵不能淫，贫贱不能移。……张良原是布衣，萧何称谓县吏。①

---

① 〔宋〕吕蒙正著：《破窑赋》（版本一），又名《寒窑赋》《劝世章》。作者存疑。

宋人吕蒙正也曾以张良和萧何的身世为例，阐解时光轮转、世事无常、岁月颠沛的人生常态。生活于兵连祸结、山河破碎的乱世，同样怀有殚见洽闻、超群绝伦的雄才，且联手缔造了汉室的张良与萧何，真是幸运了许多，史界与文坛甚至还特地为其定制了"萧张"① 的专属词。在烽火连天的乾坤震荡中，萧、张将空想转化为理想；在群雄并起的混沌间，二人将本能转换为本领；在你死我活的危境里，他们将报复转场为抱负。

二

与张良的结识，萧何应是与沛公同步的。彼时，萧何刚刚由一名不入流的秦吏蜕变为背负人命的逃犯，惊魂未定，前途未卜。秦二世元年（前 209 年）正月，焦躁不安的他跟随刘季，率领着一群从未经受过正规调教的杂牌军来到下邳，恰好中途偶遇长年在秦廷通缉要犯名单中霸榜的张良。

尽管之前从未谋面，但对于张良的鼎鼎大名，萧何早有耳闻且如雷贯耳。否则的话，也就枉为江湖义士和反秦斗士了。因张良的博浪沙一椎，天下尽知，虽败犹荣，即使风头已过十年，却依然威名如昨。这位齿白唇红、眉清目秀的才俊，竟也肝胆过人、胆大心雄，委实让

---

① 〔晋〕陈寿撰，〔南朝·宋〕裴松之注：《三国志》卷三十八，中华书局 2006 年版，第 579 页。原文为："且以国君之贤，子为良辅，不以是时建萧、张之策，未足为智也。"

萧何在见过第一面后便大呼意外，惊叹连连。

至于沛公仅仅任命张良为统管军马粮草的厩将，是否属于太过保守、审慎与小气的用人策略，其中究竟有无萧何幕后与沛公的揣度、密谋和权衡？史家未能窥探到个中情节，后人不明就里，但有一个确凿事实不容篡改，"及高祖起为沛公，何常为丞督事"①，在张良未出现之前，萧何乃是沛公面前的第一军师，心中的首席导师，统管着这支既是叛军也是义军的吃喝拉撒睡、油盐酱醋茶、行动坐卧走、生老病离死。以此臆测，沛公对于张良的任用，若说事前萧何毫不知情，恐怕有违常理。

张良之所以不介意此等职位的安置且甘愿屈就，其因大致有三：首先，个人的才情尚未显露皮毛，对于沛公起事亦无丝毫佐助，不过是自己昔日刺秦的声望赢了些尊重罢了；其次，沛公率领的这支队伍，实在难以称之为"军队"，充其量算是个起哄闹事的瓦合之卒；再次，自己心无旁骛，心心念念复韩复仇，目下与沛公并肩并轨只是权宜之计。

张良私念非为势利，而是关乎实际、合乎实情。在与沛公闪现的首度交集中，除了面授恩师黄石公所赐的《素书》真经之外，对于沛公刚刚启程的反秦苦旅寸功未建，只是相互帮衬，谁承想却博得了项梁的看重，才使自己的复韩之梦得以昙花一现。在这个临时而短暂的道义联手中，受时间与空间所限，张良与萧何的交往并未擦出璀璨的火花。可是，张良的气宇不凡，还是让萧何镂骨铭心。正因如此，二

---

① 〔汉〕司马迁撰，韩兆琦译注：《史记》五，中华书局 2010 年版，第 4044 页。

人心间或多或少、或深或浅、或厚或薄地铺垫了首层友情，相互葆有好感，彼此怀有敬意。

在之后的战火狼烟中，张良和萧何于主战场上几乎没有交集，但二人皆是入则为相、出则为将，依据各自分工，鞍前马后，同心共济，合力御敌，成为刘邦身旁不可或缺的主力干将。张良始终伴随刘邦左右，裹血力战在沙场前线，倾己之智，尽己之谋，数度将战局的不利扭转为有利、胜利，将战势的危机变换成转机、生机，总能在最紧要的关头临门一脚，大获全胜，大功告成。

而萧何则稳居后方，镇抚关中，"谨守管籥，因民之疾秦法，顺流与之更始"①，履职尽责，遵从民意，顺美匡恶，革邪反正，并为前沿阵地提供"足食足兵"，从根本上保障了刘邦兵团在战场上的摧枯拉朽、出奇制胜。可赞可叹的是，由萧何首倡的"抚其民以致贤人""收用巴蜀，还定三秦，天下可图"的不世之略，在楚汉决战前夜即已成为刘邦大展拳脚的定盘星、定心丸与定海针。

春秋齐相管仲，被后世冠之以政治家、军事家、思想家、道法家等多个封号，他的一段名言高论曾被古今军界奉为圭臬："地之守在城，城之守在兵，兵之守在人，人之守在粟。故地不辟则城不固……"②粟，粮也。具体到军队而言，则为军粮。管子以层层递进、循循善诱的腔调，肯定了粮草在行军打仗、克敌制胜中所起的决定性作用。唯恐阐释得不够明彻，他又将"粟者，王之本事也，人主之大务，有人

---

① 〔汉〕司马迁撰，韩兆琦译注：《史记》五，中华书局 2010 年版，第 4066 页。
② 〔春秋〕管仲著，谦德书院译注：《管子》经言，团结出版社 2023 年版，第 29 页。

之途，治国之道也"①的睿见抛出，并将"粟事"上升为国家行为和君主要务。谈及战争与战备、战备与粮草的关系，老先生要而论之，以"故善攻者料众以攻众，料食以攻食，料备以攻备。以众攻众，众存不攻；以食攻食，食存不攻；以备攻备，备存不攻"②的理念，一言穷理，束广就狭。想必萧何熟读管著，得其精义，故在数年效劳汉军的行旅中开动了全部脑力，学而时习之，悟而践行之。

诚然，生于乱世而又负气含灵的张良不可能拒食那个时代所派发的思想给养，更不会轻视那个年代所积攒的精神粮仓。毋庸置疑，他的心中、脑中、胸中不仅仅藏有恩师黄石公《素书》的精髓要义，对于春秋战国时期风起云涌且浩瀚广博的军事思想同样也会博采众长、兼容并蓄、吞吐自如、云布雨润。这恰恰是沛公仰仗其之窾要，更是后人尊崇其之首要，故才被历代政界、军界、学界推崇为"一代谋圣"。

不过，沛公在汉元年（前206年）十月率领大军入关后，出于安民之需、治军之道，张良与萧何曾经合议炮制了一道《入关告谕》，并召集各县有名望、有才识、有德行的人一同见证，且由沛公亲自出场，当众铿锵发布："父老苦秦苛法久矣，诽谤者族，偶语者弃市。吾与诸侯约，先入关者王之，吾当王关中。与父老约，法三章耳：杀人者死，伤人及盗抵罪。余悉除去秦法。诸吏人皆案堵如故。凡吾所

---

① 〔春秋〕管仲著，谦德书院译注：《管子》区言，团结出版社2023年版，第515页。

② 〔春秋〕管仲著，谦德书院译注：《管子》内言，团结出版社2023年版，第312页。

以来，为父老除害，非有所侵暴，无恐。且吾所以还军霸上，待诸侯至而定约束耳。"①

这或是沛公此生在黎庶面前做出的政治宣誓，也是他对当地百姓一个正儿八经的承诺，更是对部属立下的"约法三章"。看起来，其言虽简，但鞭辟入里；听起来，其言虽俗，但叩击民心。

"乡亲们遭受秦朝的酷刑苛法实在是太久了，发表异见者就有可能遭受灭族的厄运，私论政事者就有可能暴尸于街头。之前我已与诸侯们约定，率先入关者即为关中王，如今我已捷足先登，应当配得上这个头衔。乡亲们听好了，今后的律条只有三句话：杀人者处死，伤人者和抢劫者依法治罪，量刑适当。其余的秦法一律废除，各位乡亲此后皆可安居度日。我来到这里，就是要为乡亲们除暴安良，绝不会恃强凌弱，大家千万不要有所顾忌。我之所以还军霸上，绝无他意，只是等候各路诸侯陆续抵达后，共同协商制定一个规约罢了。"沛公此番有心、用心、可心的表白，重重拨响了关中黔首密封多时的心弦。加之军民间营造了肝胆相照、辅车相依的难得氛围，霎时间，"沛公关中须称王"的民意呼声便在群峦叠嶂中回旋激荡。

客观而言，"萧张"二人从无"嚣张"之念，虽文但不酸腐浮腐，虽武但不轻率草率。有宋一朝，历来被颂为文人天堂、艺术殿堂，第二位主政者赵光义为了装点龙颜，附庸风雅，虽说存世诗词多首，但大多意境趋同、品位寡淡。可这位宋太宗曾闲情吟就的诗文《逍遥咏》，恰恰是对"萧张"的为人、为友、为事、为学、为仁、为政、

---

① 〔汉〕司马迁撰，韩兆琦译注：《史记》一，中华书局 2010 年版，第 821-822 页。

为师的最佳白描。

三

同处一代，同为一朝，同侍一君。看上去，张良和萧何虽一模一样，毫无二致，但若纵深探析，在人生观、价值观、世界观的趋向与取向上，尚存去就之分、天渊之别。

大汉在握之际，刘邦也似拿到了一块烫手的山芋。对于一路跟着自个儿打打杀杀的舍命弟兄，如何论功行赏，成为他比打仗还痛苦的难事。可是，未等刘邦张口与出手，百官争功、群臣抢位的乱象便在眼皮子底下开始上演了。

既然有打得下江山的手腕，就要有装得下江山的胸襟。于是乎，刘邦冷眼静看、观机而作。不过，对于众老友的安置，他的心中首推的还是张良。

> 汉六年正月，封功臣。良未尝有战斗功，高帝曰："运筹策帷帐中，决胜千里外，子房功也。自择齐三万户。"良曰："始臣起下邳，与上会留，此天以臣授陛下。陛下用臣计，幸而时中，臣愿封留足矣，不敢当三万户。"乃封张良为留侯，与萧何等俱封。①

---

① 〔汉〕司马迁撰，韩兆琦译注：《史记》五，中华书局 2010 年版，第 4134 页。

汉六年（前201年）正月，为了稳定朝局，笼合人心，刘邦悄然启动敕封功臣的程序。乍一看，张良犹似没能在战场上搏杀立功，与犒赏御规沾不上边，也对不上号，刘邦却固守己见。他以为，张良之功非在一时、一事、一役，乃是身不在沙场，却可运筹决胜于千里之外，神工妙力，无人可及。

对于朝中不时冒出的异见，刘邦一概置之不理，且诚邀张良任意自选齐地三万户，领受汉室厚赏。素无贪念的张良向来反应机敏，随即便向刘邦坦陈："微臣起初只是在下邳出道，有幸与陛下在留相会，此乃上苍有眼，将臣托付于陛下。陛下开明而英明，不断采纳微臣献策。所幸的是，此等拙计尚能有所功效。在此，只恳求陛下将留城赐予微臣以作纪念，即已心满意足，绝不敢接受三万户之御赏呀。"看到张良的至公无我、高情远致，刘邦的内心阵阵温热，愈加感佩张良的八面玲珑、止于至善。万般无奈下，也只得顺水推舟、顺从其意，便在朝堂之上生造且定名"留侯"以作酬犒。

萧何乃是追随自个儿多年的老兄、老友与老将，所以刘邦对他始终高看一眼、厚爱三层。如何赐封这位老伙计，刘邦早已心有盘算。虽说朝中圣意难违，可刘邦金口一开，关于萧何的厚封便招致嘘声一片。直至刘邦骂了娘、动了怒、变了脸，方才强行驱散了官宦訾议，促成了萧何名利兼收。蹊跷的是，太史公和班固不约而同地在各自宏著中，颇为耐心和细腻地披露了这段朝廷论争。

群臣争功，岁余不决。高祖以萧何功最盛，封为酂侯，所食邑多。功臣皆曰："臣等身被坚执锐，多者百余战，少者数十合，

165

攻城略地，大小各有差。今萧何未尝有汗马之劳，徒持文墨议论，不战，顾反居臣等上，何也？"高帝曰："诸君知猎乎？"曰："知之。""知猎狗乎？"曰："知之。"高帝曰："夫猎，追杀兽兔者狗也，而发踪指示兽处者人也。今诸君徒能得走兽耳，功狗也。至如萧何，发踪指示，功人也。且诸君独以身随我，多者两三人。今萧何举宗数十人皆随我，功不可忘也。"群臣皆莫敢言。①

刘邦念及萧何功劳最大，特赐为鄼侯且食邑八千户，此举瞬间便引爆了一帮功臣的满腹怨气。直吏们竟然不顾礼仪王法，当面顶撞今上，据理力争，"我们这帮人都是将脑袋别在裤腰上，手持兵刃，披甲上阵，多者历经百余战，少则也有数十回合，攻城拔寨，难计其数。而萧何鲜有沙场血战，只靠摇摇笔杆、动动嘴唇、耍耍心眼，就能位居我们之上，这究竟天理何在呀？"

眼瞅着群臣汹汹来袭、咄咄逼人，刘邦并未胆怯示弱，而是断然反击："诸位爱卿，应该都曾打过猎吧？"众臣一脸愕然。刘邦又问："应该都知晓猎狗啦？"群臣更是一头雾水。于是，刘邦寸步不让，步步紧逼，破口斥责："打猎时，追杀野兽的是猎狗，而发现野兽踪迹、确定野兽位置并发出捕杀号令者则是猎人呀。战场上，你们只知疯狂追逐捕杀野兽，功劳与猎狗无异；而萧何则能手挥战旗，发出指令，调度军力，功劳与猎人相同。况且你们大多只身一人追随于我，多者也不过两三人而已，而萧何却是一家老小齐上阵，家族中竟有几十号

---

① 〔汉〕司马迁撰，韩兆琦译注：《史记》五，中华书局 2010 年版，第 4050 页。

人跟着我在前线拼命，功莫大焉，铭感不忘。"见刘邦确已铁了心要给萧何戴上高帽，满朝文武也只好将一肚子的怨气往回吞咽。

待功臣们将一个个侯爵瓜分殆尽，又该论及位次的排名了。满朝文武认为："平阳侯曹参身被七十创，攻城略地，功最多，宜第一。"①然则，刘邦的本意还是要让萧何坐上首席，但又顾及刚刚用龙威力压众臣，使他们言与心违、面从背违，为防再生波澜，在位次的排定上，刘邦只得选择了默认。

向来善于观貌察色、见风使舵的关内侯鄂千秋②，当即便窥勘出了汉高祖的难处与不悦，也从中诇伺出了个人仕途的良机与捷径。刹那间，他挺身而出，为"帝"请命。

这位鄂千秋还真够仗义，面对群臣不折不挠，直言不讳，厉声驳斥，当场叫板并推翻了所谓的共识：

曹参虽曾屡建战功，但实乃一时之事。吾皇与楚军搏杀了五年有余，其间苦征恶战，数度躲灾避难。在并未收到皇命之时，萧何就时常在最紧要的关头，从关中抽调大批量的兵马粮草及时补缺。汉与楚在荥阳一地僵持多年，彼时军中粮食严重短缺，萧何及时从关中转运粮饷，解了燃眉之急。在敌我双方艰辛的拉锯战中，崤山以东之地形势严峻，数次被敌军抢夺，而萧何始终稳固关中，筑牢大后方，随时恭迎陛下，此乃万世之功呀。试想，当下如若没有曹参之流百人，大汉

① 〔汉〕司马迁撰，韩兆琦译注：《史记》五，中华书局 2010 年版，第 4052 页。
② 鄂千秋，在〔汉〕司马迁撰、韩兆琦译注《史记》五（中华书局 2010 年版，第 4052 页）中称其为鄂君，而在〔汉〕班固撰《汉书》卷三十九（中华书局 2007 年版，第 419 页）中则曰鄂千秋。西汉初人，为谒者。初爵关内侯，后封安平侯。

江山又有何恙？可见，汉朝万世非因他们的存在才能永固。故此，绝不能将一时之功凌驾于盖世之功！萧何之功理当第一，曹参应居其次。

很显然，鄂千秋的这番讨好与诡辩，是在违背公理的框架内混淆视听，旨在助刘邦在僵局中解围，挺萧何在争议中上位。殊不知，关内侯的这笔政治账算得极为精明，"一箭多雕"的心机最终枪枪命中。其一，在朝堂之上巧妙而完美地保全了刘邦的龙颜与威严，圣意绝不可违；其二，虽在明里贬损得罪了曹参，但收获了准相国萧何的感激不尽；最重要的是，当场便博得了刘邦的满心欢喜，即获赐封，在原来所食关内侯邑二千户的俸禄之上，直接晋阶安平侯。

刘邦竟连气儿下诏评定了"十八侯"，还为勋臣们许下重诺：即使黄河瘦若衣带、泰山矮如砥石，尔等封国亦会永存，浩荡皇恩必会延及功侯的世代子孙。对于刘邦的这桩封爵之誓，东汉学人应劭亦曾托诸空言，论辩风生，且咳唾成珠："国家欲使功臣传祚无穷。带，衣带也。厉，砥石也。河当何时如衣带，山当何时如厉石，言如带厉，国乃绝耳。"

刘邦执意设下封王授勋、裂土分茅的场景，确乎令人似曾相识。想那秦二世三年（前207年）二月，项羽也是恣骜派发了"十八王"呀。试问，汉高祖此举居心何在？是刻意翻版、生搬硬套，还是借事生端、诮讽霸王？是耶非耶，权且存而不论，但在《续汉书》与《后汉书》的《百官志》中，对此则是同然一辞："汉初立诸王，因项羽所立诸王之制，地既广大，且至千里。"① 言下之意，这王国分封制的

<hr />

① 〔南朝·宋〕范晔撰：《后汉书》志第二十八，中华书局2007年版，第1034页。

版权所有者，可是非项羽莫属呀。

周览功成业就的"十八侯"榜单，在鄼侯萧何、平阳侯曹参之后，则是宣平侯张敖、绛侯周勃、舞阳侯樊哙、曲周侯郦商、鲁侯奚涓、汝阴侯夏侯婴、颍阴侯灌婴、阳陵侯傅宽、信武侯靳歙、安国侯王陵、棘浦侯柴武、清河侯王吸、广平侯薛欧、汾阴侯周昌、阳都侯丁复和曲成侯蛊逢。令人大惑不解的是，张良之名不仅未能荣列功均天地的"十八侯"，即便在之后颁定的一长串开国功臣中，竟也要苦寻半晌才能瞅见，寂处第六十二位。是耶非耶？悲哉怨哉？然则，张良对此却是不争不抢、不喜不悲、不怒不怨，坦然接纳，安然受封。

汉高祖刘邦确乎出手豪阔，"讫十二年，侯者百四十有三人"①，竟分六十余个批次，前前后后、林林总总、大大小小地赐封了一百四十三个侯爵。这其中，还是萧何坐享了至尊荣耀、头顶了首勋光环，甚至全家老小也是雨露均沾，皆获食邑。可令人哑然失笑的是，刘邦还特地为萧何追加了二千户以表拳拳之忱，因由乃是"以帝尝繇咸阳时何送我独赢奉钱二也"②。刘邦的言内之意，就是我当年在咸阳服役时，萧何顾念私下交情曾额外塞给我了二百钱，目下我刘邦自然要报本反始、加倍偿还。你说说，这刘邦算不算兄弟，够不够义气，讲不讲情谊?!

对于刘邦赏赐的大礼，萧何欣然接受、照单全收，毫无谦恭之态、推让之意，俨然是心安理得、理所应当。这与张良的坚辞不受和襟怀磊落，自然形成了巨大的反差与落差。想必在一向多疑的刘邦心中，两个人的素养与学养、品行与品格自此便已拉开了差距。

---

① 〔汉〕班固撰：《汉书》卷十六，中华书局 2007 年版，第 98 页。
② 〔汉〕司马迁撰，韩兆琦译注：《史记》五，中华书局 2010 年版，第 4054 页。

因为这场功劳与爵位之争，萧何和多年的挚友曹参心生芥蒂，分道扬镳，近乎反目。二人自前秦沛县官衙共建的互信互助机制，也因利益的介入瞬间土崩瓦解，多年不相往来，形同陌路。直至萧何在晚年弥留之际，极力向吕后和汉惠帝刘盈母子强推曹参接任自己的相位，二人方才冰释前嫌。叹惜的是，此时他俩也只能在相对无言、哽噎难言的氛围中，各自感应、体味、互谅了。盖因萧相国已于冥冥之中做了个生桑之梦，接到了小他一岁却先他两年远赴另一个世界主政的刘邦之征召，令他速速赶抵天国，全权负责打理那些见不了光、见不得人的一大堆陈年滥事。

四

其实，最具资格与萧何争夺相位者不是别人，而是与他时而近交、时而远视，时而亲厚、时而疏旷的张良。对此，萧何心存目想，亦有自知之明：若与张良放在同一评价体系之内衡校，论身世，我萧何贵人贱己；论智谋，我萧何自愧弗如；论才学，我萧何甘拜下风；论人品，我萧何望风而靡。尽管在综合考量上，萧何自感技不如人，但嗅闻着功名利禄散发的诱人浓香，萧何还是难以自持，更不会轻言放弃。

有心的萧何早在尾随沛公攻入咸阳城时，就已暗暗落下了一枚先手棋。

> 沛公至咸阳，诸将皆争走金帛财物之府分之，何独先入收秦丞相、御史律令图书藏之。……汉王所以具知天下厄塞，户口多

少，强弱之处，民所疾苦者，以何具得秦图书也。①

在沛公率军雄赳赳、气昂昂地跨入咸阳城时，手下众将大多向着珠光宝气、裙钗粉黛一哄而上，唯有萧何只身潜入相府，将秦朝的法律诏令以及各类图书文献悄地收纳，视为国宝珍藏。"萧何入秦，收拾文书，汉所以能制九州者，文书之力也。"② 想那自沛公、汉王蝶变而来的汉高祖，之所以能在干戈征战中详察全国各地的险关要塞、户籍数量、兵力强弱、百姓疾苦，信息源则全是来自萧何所获取的前朝密档。诚然，萧何此举也为自己日后问鼎相位架设了登天之梯。汉室肇兴后，萧何又借镜战国魏相李悝之《法经》，以"约法省禁"为基础，厘剔秦律，甄繁就简，将盗律、贼律、囚律、捕律、杂律、具律、户律、兴律、厩律熔于一炉，拟定颁行《九章律》，系统性地创设了大汉一朝的法律体系。

在群臣不惜舍弃旧谊、撕破脸皮、争抢权位之时，张良即已打定了全身而退、归隐山林、安卧松云的主意。面对朝堂众生相，他是见惯不惊、见怪不怪，盖因在旧韩一朝同样的场景也多有发生。

大汉江山初露曙色，尚未于瑟瑟风雨中站稳，这帮当年的布衣黔首便在刚刚迈入新朝仕途之际，人性、德性、品性暴露无遗，此乃张良最为担心早产的怪相乱象，终究还是不幸提前上场了。虽说他享有

---

① 〔汉〕司马迁撰，韩兆琦译注：《史记》五，中华书局 2010 年版，第 4044-4045 页。

② 〔汉〕王充著，邱锋、常孙昊田译注：《论衡》卷十三，中华书局 2024 年版，第 869 页。

刘邦暗赐的不言而信、得君行道之最大便利，完全可以凭借慧心妙舌去说服今上缓开、暂闭或关紧封侯晋级的大门，以防矛盾迭起、撕裂人心、怨愤丛生，但话又说回来了，满朝文武皆是刘邦玩伴，并有望成为日后的股肱之臣，况且他们之所以不顾个人与家人的安危，数年来紧随刘邦东挡西杀、命悬一线，绝非图个乐、耍个酷、卖个萌，锦衣玉食与荣华富贵注定是他们质朴的终极诉求。现如今到了利益共享、朝权分红的关口，纵然有开山之力，安能阻止他们那双已经发抖且失控的抢夺魔爪？

灭秦本是为了复仇、复盘、复韩，此乃张良起初的凌霄之志。在一路风尘、阅尽悲苦之后，他则将灭秦的目的修正为制暴止暴、正道正义与安民富民。现实的冰凝骨感令他陡生窘态，也促他清夜扪心：自我的理想是否过于崇高了，自设的标杆是否过于悬浮了，自家的志向是否过于虚幻了？朝堂之上百官争功的狰狞嘴脸，更让张良自测出了目标的遥远与荒唐。故此，他便当机立断、横下心来，决意重拾仙家生活。

早在随军攻打代国时，张良就于马邑城下进言，力劝刘邦任命萧何为相国。盖因张良与刘邦日常纵论天下甚多，此事又非国家存亡之要害，故被搁置，亦未见史载。公余之暇，张良再度向刘邦谏言：吾家世代为韩相，即便秦悍韩亡，仍不惜抛斥万贯家财，以韩之名义击秦复仇，天下为此也曾触悟。现如今，在下仅凭三寸之舌为陛下效命，便被封邑万户、位居列侯，这对于一介平民而言已属殊誉，微臣早已心满意足、感恩不尽了。此生此时，在下最大的心愿就是屏蔽俗务、荡涤俗尘，故欲随赤松子云游八方，恳请陛下恩准。

172

张良可谓深明大义、磊落轶荡，此番与刘邦的促膝长谈，至少间接表露了三层含义。首先，于情于理，于公于私，于国于民，萧何皆为相位的最佳人选，我张良力荐之；其次，能深得陛下的信任与重用，我张良深怀知恩、感恩和报恩之义；其三，如今天下已定，念己体衰多病，我张良梦想以饱览山河为念，在黄卷青灯中疗伤，在束身修行中省思。

虽是满心的不舍，但刘邦深知张良的脾性、体恤张良的素情，不得不忍痛割爱，允其远行。自此，张良便造就了功成身退的千古佳话，以习辟谷之名、行导引之道、修轻身之术为由，人间蒸发，不问政事，远离俗氛。

五

萧何倍加珍惜这来之不易的功名，故每日胆战心惊，分劳赴功，夙夜在公。他毕恭毕敬地服侍着圣上，小心翼翼地打理着江山，博得了朝野尊崇与万众拥戴。

想当年刘邦在荥阳遭困时，身居关中、稳固后方的萧何，为让奋战在前线的刘邦彻底地消散狐疑，便听从身边谋士鲍生之谏，"遣君子孙昆弟能胜兵者悉诣军所"①，将从未执过棍棒的一家老小几十口男丁，全部送往血光冲天的战场，成为刘邦手中随时可以拿捏的隐形"人质"。大汉创建后，为了排除刘邦嫌疑，他又顺从说客劝导，以低

---

① 〔汉〕司马迁撰，韩兆琦译注：《史记》五，中华书局 2010 年版，第 4049 页。

价赊购和高息借贷的搜刮之举，大量圈地，图谋暴利，不惜违背初心与良心，采用贬贱之法自损清誉，骤降自身的民望，燃灼黔首的怒火，以致天下公然地骂他、恨他、告他。

萧何数年如一日的忠贯白日、葵藿倾阳，还是难以等量置换圣上的无障碍、不设防、心贴心的交洽无嫌。大明王朝的第二位铁腕主子朱棣，当年身为燕王时就曾慨叹："最是无情帝王家。"史上所有的封建帝王，好似都在不约而同地集体暗持一种用人态度，即用人也疑、疑人也用、用人要疑、疑人要用、边用边疑、边疑边用。凡是对于皇权构成一星一点威胁的人和事儿，无论是显形还是隐形，皆属畸形，一律当诛，打回原形，这也是亘古未变的权术与法则。刘邦这位满脑袋高粱花子的帝王，更是难逃这个魔咒与怪圈。

汉十二年（前195年）初，一桩本来眇乎小哉的事儿，却绊倒了萧何这员政坛宿将，使其从一人之下、万人之上的高位，瞬间坠崖，锒铛入狱。起因则是，萧相国目睹首都长安周边人稠地稀，百姓生计举步维艰，出于职责所系，便上表奏章恳求圣上御批，将皇家园林"上林苑"中的闲置田地深耕还民，轻徭薄赋。孰料刘邦倏忽变脸，随手便将奏表抛掷空中，且声罪致讨："相国多受贾人财物，乃为请吾苑！"[1] 你萧何这是收了人家多少钱财呀，竟敢打着为民请命的旗号逼主。于是，年迈的萧何因言获罪，随即便被交付廷尉，押解大狱，酷刑侍候。所幸的是，数日后在一位王氏卫尉的苦谏下，刘邦方才察觉一时错怪了这位老伙计，迅速特诏赦免。

---

① 〔汉〕司马迁撰，韩兆琦译注：《史记》五，中华书局2010年版，第4059页。

也难怪刘邦发了一通无名火，眼瞅着萧何在关中一带处尊居显，赫赫之光俨然已经碾压了皇威。就连平时不论人非的张良，也曾破例而委婉地提示过君主："令太子为将军，监关中兵。"①

虽未直言，但张良所说的"关中兵"无疑就是萧何家兵家将的代名词。命太子刘盈全权接管、执掌、监控关中兵，不就是暗中提醒刘邦要多个心眼么，严防腹心之臣会在堆金叠玉与权重望崇面前意外倒戈，以免重蹈陈豨、黥布谋逆之覆辙。目达耳通的刘邦，自然听得懂张良的未尽之意。

河南豫剧曾经排演过一出古装大戏《刘邦与萧何》，巧妙运用那粗犷不失柔美、豪放不失婉约、跌宕不失灵动的剧情与腔调，精密道出了帝相之间窈窈冥冥、玄之又玄、莫可名状的关系。

身陷囹圄的萧何，这一次真个是看透了世间冷暖，尝尽了官场悲欣，早已心灰意冷、万念俱寂，决意辞官归隐、诀别政坛。而在此时，刘邦则惺惺作态，假意在探监之际悔过致歉，以图挽回情感损伤，重回小沛时光。

如果说朕有十分错

好贤弟呀，萧爱卿

你静夜想扪心问

难道你就不该分担那两三成

……②

---

① 〔汉〕司马迁撰，韩兆琦译注：《史记》五，中华书局 2010 年版，第 4144 页。
② 贾璐编剧：《刘邦与萧何》（河南豫剧）。

明里是唱词，暗中却为托词。这番以情带声、以声传情的倾诉，刘邦似在向萧何表白内心的无奈、无助与无辜。太史公记载了出狱后的萧何披着缭乱的银发，拖着蹒跚的赤足，拽着疲惫的灵魂，怆然进宫向圣上谢罪的场景。这一幕，委实让刘邦难以为颜，内疚神明。

相国年老，素恭谨，入，徒跣谢。高帝曰："相国休矣！相国为民请苑，吾不许，我不过为桀纣主，而相国为贤相。吾故系相国，欲令百姓闻吾过也。"①

刘邦羞愧满面地在朝堂上为自己找补：老兄呀，万万不可如此这般！你本是为民请命，朕是一时糊涂未予准奏，孰料却因此成了犹如桀、纣一般昏庸残暴的君主。而老兄你呢，却成为万民称颂的一代贤相。朕乃是故意将老兄关上几天清静清静，也好让天下苍生都能记住朕所犯的过错呀。

戏说也好，正史也罢，皆是暗表皇权与相权之间的确发生了刮擦。百废待兴的千斤重压，内政外交的焦头烂额，家事国事的心烦意乱，让刘邦也时感力不从心。他将这些心里话拿出来与老伙计唠叨唠叨、抖落抖落，以浇胸中之块垒，也算是撂给萧何一把打开心结的密钥，递给爱卿一根顺便下台阶的手杖吧。

当萧何身心俱疲、大难临头之时，张良早入理想境界，神超形越。

---

① 〔汉〕司马迁撰，韩兆琦译注：《史记》五，中华书局 2010 年版，第 4060 页。

独清独醒的他，以青山为家超逸绝尘，以清风为邻枕石漱流，以清寂为友躬耕乐道，过起了神仙日子。

好奇又不乏猎奇的后人，总是要执拗地问个究竟：万山磅礴，群岭起伏，哪重山岳才是张良日日参禅悟道、胁不沾席、辟谷导引，且魂归九霄之所呢？是紫柏山，是黄袍山，是张师山①，是微山岛，是张家界？不老的时光只能淡然回应："只在此山中，云深不知处。"②

---

① 古称白云山、天竺山，地处湘鄂边境交界的湖南省岳阳市冬塔乡。相传黄石公在传授张良《素书》后便潜匿于此山的邻山"相师山"。功成之后，张良决意导引辟谷、伴师幽隐，山名即易称"张师山"。

② 〔唐〕贾岛：《寻隐者不遇》。

第十二章　良将：贤哲才调更无伦

一

曾有这样一则民谣在世间流传："求只求张良，拜只拜韩信。"[①]言下之意，人在急需外援时，务必要寻求才能兼备、一身百为、古道热肠的豪杰英雄。看来，在民间江湖的口口相传中，张良与韩信实则齐名。

巧上加巧的是，张良在同一时代竟然遇上了两位有身光、有名节、有威权的韩信。一位是自家虔心敬畏的韩国后主，一位则是自己首肯心折的齐国新王。史家为将二者区别开来，索性就将韩国旧主定名为韩王信了。对于此等同名同姓之人，中原一带至今仍有个乡土称呼——"对方子"。

韩王信原为刘邦麾下的韩太尉，是在"对方子"于汉二年（前205年）十一月将前任韩王郑昌击败后，刘邦才将其作为汉之南翼重

---

① 〔明〕兰陵笑笑生撰：《全本金瓶梅词话》第七回，香港太平书局1982年版，第188页。

臣而力推上位。虽已坐享王冠，却因立场不稳，动机不纯，命运不济，鬼使神差地竟与匈奴搅和在了一起，终在漫天征尘中旋踵即逝。身为韩国臣人，张良尽管捧出了忠心赤胆，使出了浑身解数，也难以挽救韩国的溃瘫。眼瞅着韩王一代不如一代、一茬不如一茬、一蟹不如一蟹，张良深知韩之国运已是日暮途穷，覆水难收，便咬定牙关，掉转指向，与刘邦同力协契，一头扎进了风风火火、轰轰烈烈、浩浩荡荡的诛秦灭楚兴汉的激流之中。

韩信是张良在汉军中倾慕的少有英杰。韩信骁勇善战，胆略兼人，在创建汉室、扫平狼烟中，其始终置身于火线，亲率军团排兵布阵、戮力疆场。在出陈仓、定三秦、智擒魏、拔除代、剿灭赵、纳降燕、斩伐齐、全歼楚的一幕幕大戏中，百发百中，百战百胜，百举百全。面对韩信设定的坚壁清野与天罗地网，西魏王魏豹、代王陈馀、齐楚联军头领龙且、西楚霸王项羽等不可一世且名噪一时的战将，纷纷沦为瓮中鳖、板上肉、刀下鬼。韩信用鲜血洇染了身上的战袍，也浸透了脚下不断伸展的红毯。

在匝地烟尘的战场上，张良与韩信虽说交集萧疏、交流清浅、交情素淡，但才识、韬略、睿见、忠义、正德却将二人的气场交互交融……

韩信是个苦命的孩子。打小就不受人待见，衣不蔽体，食不果腹。在流浪的街头，饮尽凄风苦雨，受尽漂泊冷落。好在苦水中泡大的穷小子，总是会有一副硬骨头、一颗上进心、一股钻天劲。历经闹市屠户的胯下之辱、南昌亭长的为德不卒、守善漂母的一饭千金，使韩信真真切切地体味了世间凉热。丰饶的苦难愈加牵诱了韩信苦读兵书、遍寻明主、施展抱负、出人头地的野心。

韩信此生有幸遇到了萧何，也不幸遇到了萧相国。当他苦于自身颠倒乾坤的雄才无处挥洒时，正是萧何诚意收留了他，且在他不满于治粟都尉的官卑职微而深夜出走之际，也是萧何闻讯后头顶着皎爽月光和叛君出逃之嫌，而一路追奔将他请回，因此才有了他之后登坛拜帅的风光、安行疾斗的洒脱。故言之，萧何是他事业上的恩人。然则，当江山趋稳、鸟尽弓藏之时，出于政治利益的考量，萧何为了保全自身，无奈中领受吕后诏令，设下圈套，打下死结，让一代英杰在哀号中殒命。故亦可言，萧何是韩信生命中的罪人。

韩信此生有幸遇到了刘邦，也不幸遇到了汉高祖。正是刘邦一手包办，筑坛拜将，赋予重任，让他在裹血力战中挥袂生风、挥斥八极，体验了一把干着的痛快、看着的轻快、笑着的爽快、活着的畅快。故言之，刘邦是他事业上的贵人。然则，随着龙体发育得愈来愈健硕，韩信那些放荡不羁的过往举动，便在汉高祖的瞳孔中逐渐放大变形，这位新朝帝王也愈发放心不下身边这位功标青史的主儿了。从王位撸至侯爵，从权臣变为闲差，从红人打进冷宫，从烈焰抽薪泯灭，韩信最终还是为自己的不世之功、桀骜不驯付出了高昂成本。故亦可言，刘邦是韩信生命中的仇人。

韩信此生有幸遇到了张良，也万幸遇到了留侯。虽说张良不是举荐韩信的第一人，但他却是不懈开采、挖掘、释放、延续韩信军事才能的主推手。当韩信挑升暴露了欲为齐王的企图时，正是张良及时掐灭了汉王的一腔怒火。当他失意于官场，徘徊于苦楚与愁闷之时，也是张良主动向他走近、靠近、贴近，暖其心，安其身，用其长，张良是韩信生命中的友人。

怆怀的是，韩信未能在金鼓连天、白刃相接的戎马倥偬之中倒下，最终却在笑里藏刀、暗礁险滩的宦海风波中溺亡。

二

对于刘邦而言，汉二年（前205年）四月的彭城惨败，虽在主观上存有麻痹大意的因由，但在客观上也将自个儿率兵作战的软肋、短板与弱项暴露无遗。这也恰好核准了韩信在与他神侃时，对于实力评定的精确度。

战争间隙，刘邦特意喊来韩信私聊。谈笑间，二人对汉军诸将的军事才能作了一番大尺度的评头论足。得出的结论是，既有高下之分，也有伯仲之别。一时谈到兴头上，刘邦倏然发问："你不妨也评估一下朕的军事能力，可率多少士兵征战沙场呢？"不假思索的韩信脱口而出："陛下能带十万人已足矣。"本是想讨个捧场、要个喝彩的刘邦怫然不悦，心生不满，接续反问："那你呢？"韩信则自负回应："我当然是越多越好了。"刘邦付之一笑，再三诘问："既然你的统领能力这么强，为何却又被朕所擒获？"彼时的韩信抑或已感失言，便话锋一转，意图挽回："陛下虽不善于带兵，但却精于统领将士，此乃微臣之所以被陛下擒而所用的根由。况且陛下威能实乃天赋、天意与天才，我等凡人永难匹及。"

对于刘邦率军打仗的能级评定，韩信虽是一言中的，但毕竟言多有失、多说无益，何况面对的乃是一国之君，如此言狂意妄显然是不谙礼度，更是不懂官场规矩。尽管之后力图转圜，可这一段刻薄却又真切的评语，想必已是深深刺痛了刘邦内心，盖因自个儿的真本事究竟有几斤几两，早已被人家看透、看穿和看破了，彼时的刘邦难免会面若桃红、心内虚空、不尴不尬。毋庸置疑的是，韩信于无意间吐露的闲言碎语，已为个人命运预埋了沉重的祸端。

不过，狡慧、狡巧与狡黠的刘邦，还是摆出了一副认同韩信卓识的阔达表情。在汉室肇建之时，他甚至曾在群臣面前朗声承认："连百万之军，战必胜，攻必取，吾不如韩信。"① 虽不乏口是心非，言行相诡，但也算或多或少地亮出了君主襟怀吧。

彭城一役的全线沮溃，也给张良在关键时候、非常时刻、特殊时期向刘邦举荐重用韩信，适时提供了一个不容辩驳的理由："而汉王之将独韩信可属大事，当一面。"②

遍览史籍可知，此乃张良首度开口力挺韩信。显然，这是一向廉隅细谨且规言矩步的张良，析微察异、聆音察理、疑今察古之举。面对项羽的虎狼之师，刘邦兵团却是无计可施、无力还手，而见风使舵的联军各头目又在此时纷纷易帜，塞王司马欣和翟王董翳对于刘邦的信任度、依赖度与忠诚度也大打折扣，竟与齐、赵、魏一并举起降楚反旗。霎时间，情势急如星火，战况危如累卵。故此，张良的荐贤之举无疑是一纸偏方、一粒神丹、一剂猛药。

临危受命的韩信，此刻却是镇定自若，气定神闲，谋定后战，这就是传说中的大将风度、大家风范、大才槃槃吧。远在齐地的他，在

---

① 〔汉〕司马迁撰，韩兆琦译注：《史记》一，中华书局 2010 年版，第 878 页。
② 〔汉〕司马迁撰，韩兆琦译注：《史记》五，中华书局 2010 年版，第 4122 页。

对战局展开一番精密剖析后，一整套周详的作战计划便在心中蔚然成形，随即便派人向刘邦捎话，请求驰援。

"愿益兵三万人，臣请以北举燕、赵，东击齐，南绝楚之粮道，西与大王会于荥阳。"[①] 看那刘邦，毫不迟疑地接纳了韩信的突击战法，迅即便为他补充了三万人马，并不惜将自个儿化身为诱饵，吸引住项羽通红的眼球，牵扯住楚军的优势兵力，且促使敌方须在正面战场上倾力应对。而韩信则巧妙抢抓这一难得战机，大举拓展北方战场，大力扩充汉军兵马，并在悄无声息中调整军队阵形，以迂回、合围、包抄之法猝然进击毫无防备的楚军。后经井陉一战，韩信挥戈退日、出奇制胜，故名声大噪。

依照张良的"下邑画策"，韩信不辱使命、不负厚望，联手九江王黥布、魏国相彭越三路进发，终将刘邦亲率的汉军从水深火热中硬生生地拽了出来。至此，刘邦方才拨云见日，昏镜重磨。

自汉元年（前206年）八月率领刘邦额外资助的三万兵马出征以来，韩信仅仅用了八个月的时间，便纵横决荡、东征西讨、南棹北辕，为刘邦收复、平定、圈占、增拓了大半个中国的领地，麾下军士也激增至五十六万，较刚刚出战时翻了四番还要多。而彼时的韩信，也不过才是一位二十四岁的毛头小伙儿。天才耶？奇才耶？鬼才耶？难怪萧何赞服"至如信者，国士无双"[②]，刘邦亦云"自以为得信晚"[③]。即使韩信其后不幸沦落为谪官逐臣，且被吕雉以所谓的"谋反"之罪

① 〔汉〕班固撰：《汉书》卷三十四，中华书局2007年版，第376页。
② 〔汉〕司马迁撰，韩兆琦译注：《史记》七，中华书局2010年版，第5754页。
③ 〔汉〕司马迁撰，韩兆琦译注：《史记》七，中华书局2010年版，第5758页。

诱召至长乐宫钟室，用尖俏的竹签将他的凤毛麟角捣了个稀碎，平叛归来的刘邦也还是"见信死，且喜且怜之"①。虽说表面上不乏掺杂着表演的成分，但对于韩信的八斗之才、丘山之功，刘邦定是感佩并交。

明人于谦曾在平定汉王朱高煦谋反中立功，一度得到明宣宗朱瞻基的器重。后在宦海波潮中几经浮沉，屡遭诬陷，最终也未能逃脱因"谋逆"之罪蒙冤被诛。于谦原本极为推崇张良的功成身退、大隐于市，孰料毕生竟与韩信气运多有相似。或许此等命理和运道的雷同，早在他途经韩信安卧处时信手写就的诗作中，就已落下了伏笔：

> 蹑足危机肇子房，将军不解避锋铓。
>
> 成功自合归真主，守土何须乞假王。
>
> 汉祖规模应豁达，蒯生筹策岂忠良。
>
> 荒坟埋骨山腰路，驻马令人一叹伤。②

三

西汉一朝，可谓"韩生高才跨一世"③，因那韩信乃是同时跻身两大顶级榜单的唯一鸿才。且看这第一大榜单，则是由汉高祖刘邦御口钦定，其与张良、萧何齐名"汉初三杰"，宋人陈普为此诗赞不尽：

---

① 〔汉〕司马迁撰，韩兆琦译注：《史记》七，中华书局 2010 年版，第 5821 页。
② 〔明〕于谦：《过韩信冢》。
③ 〔宋〕黄庭坚：《韩信》。

"三人断尽楚关梁，一诎雄吞十七王。"① 而这第二大榜单么，却是屡经朝野上下口耳相传，其与彭越、黥布并称"汉初三雄"②，晋人陆机也曾颂叹不迭："矫矫三雄，至于垓下。"③

客观而论，刘邦的用人之道别具开明开放、不拘一格、披沙拣金的德举，他竟会在不知晓、不了解和不认同韩信之时，仅凭老伙计萧何的劝谏，便置身边多年执鞭坠镫的猛将悍卒之非议于不顾，干脆利落地设下高坛，襄助昔日的敌军执戟郎中韩信平步青云，蹿升为汉军主帅，此等胆魄绝非常人所有。刘邦之所以作此决断，首先是亮明了对萧何老兄推崇备至与坚定支持的立场；其次也是病急乱投医，面对剽猾的对手，自家军中一时半会儿还真是难以拉出善战的骁将去迎击。既然冷不丁地蹦出个人选，且有举荐担保之人，焉能不试上一试？

刘邦真个是给了萧何一个天大的面子，竭力托举韩信坐上了远超个人预期的高位。然则，面对一个无名小卒，刘邦难免心存疑虑，还是要亲自面试一下这位军界新锐。于是，他便将众惑迷津随口抛给了韩信："萧相一而再、再而三地在寡人面前盛赞极荐你，将军究竟有何锦囊妙计能够点拨、教化和启发于我呢？"韩信迅即听懂了刘邦的宿夕之忧，未及寒暄便反问汉王："目下我军亟须东进，项王是否为强敌？"汉王颔首。韩信追问："大王可否作个自我评估，若与项王相比，在勇武、强悍、仁厚、兵力方面，敌我双方谁更胜一筹？"汉王

---

① 〔宋〕陈普：《咏史上·萧何》。

② 亦称汉初三大名将、西汉三雄。

③ 张葆全主编，樊运宽等译注：《昭明文选全本新绎》卷第四十七，文化发展出版社 2022 年版，第 524 页。

沉思良久，黯然作答："不如项王。"韩信即刻深施一礼，以表对汉王之见的由衷赞同。

这段问答的语调、语气与语义，也是似曾相识。而在其时，君臣问答的情境与情节亦曾同样浮现。

　　良曰："料大王士卒足以当项王乎？"沛公默然，曰："固不如也。且为之奈何？"①

大敌当前，危如朝露。小心翼翼的张良与忧心忡忡的刘邦询谋谘度："大王预估我军实力能否与项军相提并论，且可将其抵挡于关外？"刘邦沉思默想，坦诚应答："我方军力原本就不如项军呀，当下又该如何是好？"这一幕发生在汉元年（前206年）十二月。两年后，在汉军深陷荥阳之困时，张良"借箸代筹"，"八问"刘邦，同样也是得到了刘邦的诚挚回应。

张良与韩信出于社稷之重，敢与君主直面不足，直陈利害，直抒胸臆，此乃常人难有的真金不镀、肝胆相向、冰魂雪魄。即使在当面颂扬刘邦才略时，二人也似有心灵感应，不约而同地运用了"天授"二字，不仅神功圣化敏妙自然，而且问答的基点、立意和口吻如出一辙，足以表明二人确乎胸有悬镜，识微见远，矫矫不群。可这位向来一步一鬼、巧言如簧的汉王，每每在临危受难之际，却勇于向部将不遮不掩地自揭家丑、承认现实，这倒是展现了他难得的恢廓大度、襟

---

　　① 〔汉〕司马迁撰，韩兆琦译注：《史记》一，中华书局2010年版，第706页。

怀洒落、开朗明理呀。

四

汉四年（前203年）十一月，韩信以秋风扫落叶之势，将齐国打了个人仰马翻、弃甲曳兵，从地理上强硬铲平了敌庭的独立地盘，从心理上强势掳获了敌区的军心民望。霎时间，在齐一地，韩信的声威如江翻海倒、龙鸣狮吼，韩信的形象若拔地参天、干云蔽日，韩信的地位似磐石之安、秉轴持钧。

注目彼时的战略格局，楚、汉、齐三军实力已是旗鼓相当，项羽、刘邦、韩信三方势力亦可分庭抗礼，故在楚汉博弈的这盘大棋中，齐地的实际控制人韩信至为关键。史家司马迁为此假借他人之口，反复强调韩信其时地位的必要性、紧要性与显要性："当今二王之事，权在足下。足下右投则汉王胜，左投则项王胜。"① "当今两主之命悬于足下。足下为汉则汉胜，与楚则楚胜。"②

尽管项羽派来的说客武涉和自家的谋士蒯通，变着花样、绞尽脑汁、巧言令色地劝进韩信，但是温善的良心一直在提示着他且左右着他：为人切要言信行直、履信思顺，绝不可寡信轻诺、背信弃义。殊不知，双亲大人生前可是在我韩信的名字中，结结实实、堂堂正正地楔进了一个硕大的"信"字呀。以此窥知，在韩信的心底，一直深深驻扎着对刘邦的知遇之恩、再造之恩与反哺之恩。

---

① 〔汉〕司马迁撰，韩兆琦译注：《史记》七，中华书局2010年版，第5797页。
② 〔汉〕司马迁撰，韩兆琦译注：《史记》七，中华书局2010年版，第6689页。

韩信对于武涉和蒯通两位谏士的回应，本义趋同，深闭固拒。韩将军以切身感知与主观臆断，果决地回绝了二人的苦口婆心、执袂规劝：

"想当年，我韩信在侍奉项王时，官衔不过是个郎中，职能不过就是持戟。我所言他充耳不闻，我献策他视如敝屣，如此这般，我才负气弃楚从汉。汉王对我恩重如山、情同手足，不仅授予我上将军之印信，赐予我数万兵马，而且还脱下身上的锦衣让给我穿，将美味让给我吃，将座驾让给我乘，言听计从，极尽尊荣，所以我韩信才能混到今天这个样子。我深知，坐人家车子的人一定要敢于分担人家的祸患，穿人家衣裳的人一定要心里想着人家的忧愁，食人家美味的人一定要为人家的事业效忠卖命。汉王对我如此信待、宠重与殊擢，我安能为了一己私利而辜恩负义呢？如若背叛，则必有无妄之灾呀，故至死也不会有二心。"

韩信的这番挚醇表白，如若真能原原本本地传至刘邦的耳朵里，想必汉高祖也会感深肺腑、老泪纵横。自家的这位爱将，虽说骨子里有种"气死小辣椒、不让独头蒜"的冲劲儿、呛劲儿、拧劲儿，甚至还时常闪现出格之举，但论秉性确乎有情有义、重情重义，委实令人称道。

然则，历史往往没有如果，只有结果；岁月常常难容同情，频现无情。韩信若是采纳了武涉与蒯通的诚谏，历史剧本注定会改写，抑或楚、汉、齐的"三国演义"早早就上演了，而那四百年后的魏、蜀、吴"三国争锋"，不过就是个翻版或盗版而已。

尽管韩信看守着红线、坚守着底线，但是平齐的阵阵喜悦总在调皮地撩拨着自己，不时要向汉王卖个乖、讨个好、邀个功。所以，他也是头脑一热，就不知天高地厚地激情上书，申请代理齐王一职了。孰料，此举竟是结结实实地犯了一个超低级错误。其实，齐国被攻占后，偌大的地盘还真是急需一个主持日常军务、政务、事务的头领，韩信当为不二人选，且已亲自操盘。彼时的他也只是需要一个正当的名分罢了。然则，对于时机的遴选委实有误，亢奋之中，他全然忘却了心中明主其时还在荥阳成皋一带被围困得山穷水尽，动弹不得，更难以体会烦躁中的汉王在收到奏表后的心情——那种不可言状的闹腾、翻腾和沸腾。故明人王夫之以此断定，韩信日后之所以横遭"云梦之俘，未央之斩"，皆"伏于请王齐之日"①。

在刘邦与韩信极有可能隔空反目之际，幸亏还有张良的清醒与提醒。应当说，张良的凛然劝谏与断然叫停，有效规避了汉军高层在命悬一线之时爆发内讧撕裂、剑拔弩张的揪心局面，严密防范了项羽一方坐山观虎斗、坐享渔翁利。

精于算计的刘邦自然是做了个顺水人情，既是你张良的谏议，那就请先生亲自出马吧，火速赶往齐地，敞亮宣布韩信为新的齐王。不过，刘邦也有自个儿的小心思，他暗示张良，千万可别忘喽，返程时一定要给本王顺手带回韩信的精锐之师，以速溃楚军，救我于水火之中。至于其他说不清、道不明的糊涂账，还是留待以后再一一盘算和清算吧。

对于刘邦委派自己出使的深意，张良了然于怀，目下也只有他才

① 〔明〕王夫之著，尤学工、翟士航、王澎译注：《读通鉴论》卷二，中华书局 2020 年版，第 45 页。

能深入虎穴、垂饵虎口了。他自知此行齐地凶险遍布，但既为汉王使者，就要担负起特殊使命。从荥阳至临淄，尽管直线距离算不上遥远，但因两地之间夹杂着楚军营盘，故须绕道涉险远行。况且两军角力正在胶着之际，刘邦身边也难以派出强大的卫队护送，即使能够随同一阵人马，也势必会触引楚军的警觉与狙击。所以，前往韩信阵营，张良既要轻车简从、敛声息语，又要星夜兼程、快马加鞭，以免节外生枝、再生变数。

册封仪式简朴而又庄重。面对韩信兵团，张良底气十足地宣示了刘邦符檄。韩信终于如愿以偿，一本正经地加冕齐王，以此立身扬名，这也是韩信自入盟汉军以来第二次作为主角，威风八面地出席如此大规模、大阵仗、大反响的晋阶典礼。常言道，人凭志气虎凭威。在汉军阵营，除韩信之外，尚无一位将领能在战乱年代大张旗鼓、兴师动众地尊享此等殊荣。

置身于颂声载道的音浪中，韩信的自尊心、好强心、功利心、虚荣心得到了极大满足，却独独找不回了伴随自己多年的那颗平常心。谋士蒯通远望着昭威耀武的韩信，只得触目兴叹，焦唇干舌，暗自垂泪。当驾尘旷风的张良匆匆踏入大营的那一刻起，他即已料到，就在不远之将来，韩信定会有嗟悔亡及的那一天。宋人钱若水用洗练的诗作稽古振今，也为韩信的戎马生涯注解了得隽之句。

筑坛拜处恩虽厚，蹑足封时虑已深。

隆准若知同鸟喙，将军应有五湖心。①

五

眼瞅着汉室日益兴盛、江山愈发稳固，而紧随刘邦拼着老命打天下的一帮功臣老臣，兴奋劲儿还没过就被冷水浇头，如坠冰窖，渐遭雪藏，只得在心不甘情不愿中接纳靠边站、冷眼看、任风吹、泪空流的现实命运，好似功劳越大，受伤越重，下场越惨。韩信更是不幸首当其冲。

穿行于大汉军旅与仕途，韩信从治粟都尉擢升为统率汉军的大将军，从横戈跃马的主帅晋阶为主政一方的诸侯，从恃强争霸的齐王移位为项羽生前才享有的楚王，而后又以莫须有的事由候地被贬至只有闲职虚名的淮阴侯，就这般，韩信历经了过山车般的快感，也经历了高空坠落般的痛感。

赋闲在家的韩信，只能在幽禁的时光中郁郁踱步。落寞塞满了双眸，寂寥披满了双肩，绝望布满了双手。搜肠刮肚的他，实在没能深挖自究出犯上的罪过。难道是全身的武略让君主忌惮？难道是功高如山有震主之嫌？难道是平时不拘小节而遭人暗算？两千余年后，倒是清人袁保恒为淮阴侯破解了历史谜团："高帝眼中只两雄，淮阴国士与重瞳。项王已死将军在，能否无嫌到考终。"② 且问，这位诗家袁保恒乃何许人也？套言不叙，只说他有个舍侄名曰袁世凯。以此窥究，

---

① 〔宋〕钱若水：《题韩信庙》。
② 〔清〕袁保恒：《过韩侯岭题壁》。

在政治嗅觉、胸襟与远见上，侄辈的水准若是比起叔父来，还真个有云泥之差呀。

令韩信茫然不解的是，死心塌地地追随汉王的他，即使从无反心、忠诚可鉴，满腹经纶、战功彪炳，最终却还是落魄到如今这般田地，竟与当年以织薄曲为生的周勃、贩缯为业的灌婴、屠狗为事的樊哙这帮底层贱民同列，甚而尚不及他们光鲜得势。与其为伍，吾之耻辱！真乃天道不公，明珠蒙尘。

韩信的不平之鸣，不时飘荡于六脉九府、八街九陌。然则，他的省思、抱怨与责问却难寻倾诉对象，只有静默的时间耐心吸纳着他的呢喃与哀叹，就连树上的乌鸦都厌烦了他的喋喋不休，恣意动用凄厉的叫声，不停地打断与压制着他那有声无声、有形无形、有心无心的辩解。

韩信怀揣着怊惆、怨愤、幽结，困兽般地在官场边缘踽踽独行。刚刚被汉廷任命为巨鹿郡守的陈豨，乃是韩信昔日潜心提携的门徒。履新之际，陈豨由衷感念恩师的栽培，躬身前来辞别。一见亲信，韩信喘息的心火瞬间爆燃，二人以不醉不休的仪式感慨岁月的阴晴不定。孰料，韩信饮间的一段诳语，竟在三年后被陈豨以反汉的极端方式兑现了。可是，次日酒醒的韩信，猛击脑袋也难以忆起自己豪迈放出的虚妄酒话。事已至此，亦已焉哉。他给爱将开了个天大的玩笑，也给自身埋下了沉冤的祸根。

张良主动叩响了门可罗雀的淮阴侯府第。还是他最能了解、理解和善解韩信，掂得出这位功臣彼时承受的所有揶揄与委屈。可自己目下也已远离官场，头顶闲职，手执闲差。不过，此等闲在乃是张良刻意为之，与韩大将军具有本质之别。

一拍即合，双剑合璧。张良与韩信的智慧黏结，开启了史上首次大规模的兵书修整之先河。"张良所学，太公《六韬》《三略》是也。韩信所学，穰苴、孙武是也。然大体不出'三门''四种'而已。"①硕学、识见、伟略、实战与性情的交融荟萃，成就了一部军事经典和一段学术佳话。

"汉兴，张良、韩信序次兵法，凡百八十二家，删取要用，定著三十五家。"② 此乃班固对于张良与韩信合力整理兵法的最早记载。二人匠心联袂，精研细磨，百里挑一，在一百八十二家兵法中，只遴选了三十五家，精编成书《兵法三篇》。这是一部始自春秋战国截至大汉立国的军事理论集成，其中囊括了孙武、孙膑、白起等诸多兵家翘楚的实战技法，堪称绝世的军事典籍。

虽然这部宏著被有意无意或善意恶意地封存，如今早已难觅真迹，但依据残简断章，世人或多或少还能窥探出零星讯息。兵法分为用将、用地、用计等三大篇章，收纳了有章有法、有点有面、有用有效的海量战法，且对行军、列阵、肃纪等诸方面发凡举例、阐幽探赜。

张良联手韩信将历代涌流的军事理念作了精辟的定义、定型与定格，再辅之以今人的俗解，其系统性、深刻性、理论性、实操性、引领性、独到性堪为一绝。诚然，举亲不避嫌，荐能不忘友，张良还特

---

① 〔宋〕阮逸：《唐太宗与李靖问对》。一作《李卫公问对》，该著简称《唐李问对》《李靖问对》《问对》。作者存疑，一说为唐将李靖。

② 〔汉〕司马迁撰，韩兆琦译注：《史记》九，中华书局 2010 年版，第7750 页，注释⑦。

意将合著者韩信的实战打法，原原本本地辑入了这部巍巍兵书。

不幸的是，韩信之兵法三章与著者一样命运多舛。在韩信横遭厄运后，反倒是屠戮者将其奉为稀世珍宝。刘邦对其是爱不释手，枕典席文，但又唯恐此书散落朝野，助长有心者为大汉江山埋藏隐患，便暗示以禁书之名隐匿，仅允皇室贵胄小范围传播研学。而吕后更是过分，为了吕氏能够一统山河，直接单传给自家嫡系亲眷。失算的是，由于吕氏家人大多胸无点墨、孤妄愚勇，实在辜负了这位女王的殷殷属望，在吕后呜呼哀哉后便全族覆灭。吕氏在痛失江山主宰权的同时，也使一部旷古兵书在血腥的政权撕扯中灰飞烟灭，罪莫大焉，罪不容诛。尽管后人多有勠力，但仍难复原。汉武帝时期的军政杨仆、汉成帝时期的任宏疾走于朝野，为广泛搜集拾取这部散佚的军事大著付诸了毕生才智，但结果依然不尽如人意，难复原貌。

"权谋者，以正守国，以奇用兵，先计而后战，兼形势，包阴阳，用技巧也。"[1] 班固曾对权谋作过一番阐释与框范。应当说，权谋也是所有兵书着墨的主题词、关键词、中心词，更是天下将帅通用的迷魂术、杀威棒、撒手锏。

一生戎马、精于战法的韩信，虽在沙场之上屡试屡验、屡战屡捷，仕途却忽明忽暗、忽上忽下、忽热忽冷，终致三十六岁便英年落难，被夷灭三族。世人曾经如此综括韩信平生：漂母保了他的命，萧何续了他的命，吕雉要了他的命，真可谓"成败一萧何，生死两妇人"。

再观张良，乍一看似无汗马之劳，居轴处中，但能娴熟地领驭权

---

[1] 〔汉〕班固撰：《汉书》卷三十，中华书局2007年版，第343页。

谋，疏浚理义，福慧双修，诠释了淡然与超然。其中的精奥妙谛，千余年来令人久思难悟，即便有人刻意效仿，也是取法于上、仅得其中。有唐一朝，史家朱敬则的故里永城曾属亳州辖地，若以此推算，他与张良彼时亦为乡友。朱大人在位时也曾由衷感喟并赞誉这位乡贤："神人无功，达人无迹。张子房元机孤映，清识独流。践若发机，应同急箭；优游澹泊，神交太虚，非诸人所及也。"①

---

① 〔唐〕朱敬则：《隋高祖论》。

第十三章　良平：旷世哲匠不比肩

一

南朝刘宋时期的笺注家裴松之曾经下过这样的断言："然汉之谋臣，良、平而已。"① 虽说留侯张良从不与人比较、角较和计较，可史界和世俗却总爱将他与曲逆侯陈平放在同一尺度来掂量，甚至还特意从二人名讳中择选一字加以重组，杜撰了一个新词儿"良平"，赋以超能、大智、卓越之意。

在人学体系和史学评跋中，张良与陈平确有诸多共容、共通与共同之处。首先，两位贤士姿颜俊美，清新俊逸，面若冠玉，温文尔雅，即使采用现今精致的审美观来鉴衡，也是个顶个、实打实、一等一的帅哥靓仔。其次，再从客观上博究，此二人皆以谋见长，凡事均能谋之以先、见之以远、立之以高、求之以是，为夯实汉室基础苦心孤诣、殚精竭虑，可谓名声籍甚、功高望重。

① 〔晋〕陈寿撰，〔南朝·宋〕裴松之注：《三国志》卷十，中华书局 2006 年版，第 202 页。

但若细细揣摩，二者又在本质上迥然相异。还是先从性格上窥察，张良外柔内刚，温良恭俭，屈己待人。而陈平则不然，八面圆通，见风使舵，为人处世彼亦一是非、此亦一是非。再从身世上烛察，张良虽是没落的韩国王室出身，但举手投足间的贵族气息、风雅气节，乃是从骨子里散溢而出，无法复制和移植。而陈平这位来自阳武户牖乡的"傻大个儿"，自小家道贫寒，衣食无着。由于不屑于成为田间耕夫，他整日无所事事，要靠哥嫂及四邻的接济才能颤颤巍巍地活下去，所以受尽了乡邻讥讽。

人活一口气，佛争一炷香。对于陈平而言，生命就是靠着这口气在夸张地伸延，仕途也是随着这炷香在缥缈中蜿蜒。倘若近前嗅闻，不难发现，陈平揣着的这口气不外乎赌气、争气、骨气、志气，陈平焚着的这炷香则便是书香、暗香、高香、国香。

既然出身卑微，就难免在最困顿、最迷茫、最无助时做出一些糗事。有时为了抢占立足之地，哪怕是巴掌大的地儿，也会不顾一切、不择手段、不胜其烦地去拼争。人生的酸辣苦甜咸、喜怒悲愁欢，陈平遍尝了百般滋味，所有关节与卡点，他皆曾亲身打通、疏通和变通过。此等体验的过程艰涩而痛苦，风险系数也极高，除非无奈与无聊，不会有人愿意以命相抵、以身试之。

这不，正当陈平刚刚有起色之时，就迅即遭遇了猛烈抨击、撞击与攻击。一帮重臣向刘邦打小报告，言辞刻薄，极尽污辱。

领头告状者为周勃和灌婴，皆属刘邦的沛县嫡系。众臣言之凿凿，不容分辩，痛斥陈平徒有其表，德不配位，确为典型的"伪君子"。此人不仅一言不合、稍有不顺即会叛主，且还盗嫂受金，实乃不忠不义不耻之人，怎堪重用？

老伙计们的公然举报，不得不让刘邦疑窦丛生。他旋即找来当初引荐陈平入汉的魏无知求证，可这位魏公那满身的书生气、满嘴的大道理，远远未能消除刘邦心头的重重疑云。于是乎，刘邦索性就将陈平直接喊来，当面锣、对面鼓地加以盘问。

刘邦劈头盖脸地向陈平发出一通质询：先前你曾在魏王咎帐前行事，因诸事不顺而转身投奔了楚营项羽，后又因未获赏识，才与寡人同朝共事。在这么短的时间内，你竟能三易其主，守信之人安能这般三心二意？

其实，硬是将污名强扣在陈平的头上，不知刘邦亏不亏心。盖因翻起家史来，他倒是名实相符，当之无愧。"汉帝本系，出自唐帝。降及于周，在秦作刘。涉魏而东，遂为丰公。"① 这段言语之所以颇具"含真量"，只因出自楚元王刘交的四世孙刘向之口，其时他为汉元帝时期专司皇族事务的宗正。从中不难读懂，刘氏乃唐帝后裔，祖上在秦国时以刘为姓，之后举迁魏国，刘邦的祖父还曾被魏王加冕丰公。而后，魏被秦吞，楚则乘机霸占了刘邦家族安居的丰邑。孰料，楚也仅比魏多活了两年，惨遭秦噬，于是刘家再度入秦。如此这般，本为秦人的刘邦，又为魏人，后为楚人，再为秦人，实在耐人寻味。

闻听今上的怨怼与苛责，陈平自知已遭人忌，而彼时的他却面不改色，行若无事，心如明镜。他明白，只有让这位满腹狐疑的君主知真相、明真相、识真相，才会冰释疑虑。不过，话又说回来，面前

---

① 〔汉〕班固撰：《汉书》卷一下，中华书局 2007 年版，第 20 页。

的这位主公倘若真是一位偏听偏信、昏庸无能之辈，诚心侍奉又有何用？

"臣事魏王，魏王不能用臣说，故去事项王。项王不能信人，其所任爱，非诸项即妻之昆弟，虽有奇士不能用，平乃去楚。闻汉王之能用人，故归大王。臣裸身来，不受金无以为资。诚臣计画有可采者，愿大王用之；使无可用者，金具在，请封输官，得请骸骨。"[1] 陈平的回应不卑不亢，理直气壮：当初微臣服侍魏王咎时，虽被封为"太仆"，但他从未采纳在下忠谏，故微臣才跑进了楚营跟随项王，成为"信武君"。孰料项羽刚愎自用，对任何人都缺乏信任，唯独倚重项氏族人及其妻弟，外姓人士即便才气冲天、忠贯白日，他也断断不会将你放在眼里、搁在心中。后因吾友殷王司马卬弃楚而跪降陛下，项王竟然迁怒于微臣，故在下方才负气而走。汉王爱才、识才、用才享誉天下，所以微臣才北渡黄河，抵至修武，甘心拜于圣上麾下。可初来乍到，身无分文，若不接受外来的微薄钱物补给，微臣实难生存呀。日后，如若微臣计策有用有效，汉王再任用微臣也不迟。假若感觉微臣实在无能，陛下随手便可将在下扫地出门。所收银两微臣也已妥善保管，随时可上交国库，听从圣上调用。

至于是否"盗嫂"，陈平未予辩解。是故意忽略，还是刻意闪躲？不得而知。鉴于此乃私生活，史界与看客也不便细究。即便属实，也是家事一桩，极有可能是你情我愿，应属道德范畴，与个人才学的厚薄更不搭界。

---

① 〔汉〕司马迁撰，韩兆琦译注：《史记》五，中华书局 2010 年版，第 4169 页。

听罢一番"陈"辞，刘邦赧颜汗下，悔不当初。是呀，人家本是痴心赤胆地追随于我，反倒被我泼了一身污水。向来能屈能伸的刘邦顿时满脸堆笑，向陈平诚恳致歉，并赏重金，封为护军中尉，专司监管诸将。自此之后，再无一位将领敢在刘邦面前针对陈平而搬弄是非、飞短流长。

说来也怪，陈平与周勃这对官场冤家，在刘邦崩殂之后反倒成了至交。二人在朝中的地位一相一将、一文一武，不可多得、不可移易。两位重臣虽说大权在握，置身逆流，却时刻铭记汉十二年（前195年）三月中旬，刘邦在白马之盟中所立下的政治遗嘱"非刘氏王者，天下共击之"①。在吕后暴卒后，此二人闪电般联手，将篡权的吕氏一族火速全歼，于公元前180年，力扶代王刘恒去"代"转正，加冕汉文帝，让脱轨十五年的汉室重归正道，开启了崇尚"以德化民"的"文景之治"，开创了以"无为而治"为主调且长达四十一年之久的珍罕盛世。

念周勃诛吕功高，陈平主动让出了右丞相之位，甘为左丞相。在辅国理政中，周勃深感力有不逮，便自觉自愿地将右丞相一职礼还陈平。而在陈平油尽灯枯后，周勃又奉帝命复职右丞相。在位之时，陈周二人紧要关头以大局为重、宽大为怀，且有自知之明、互赏之心，还真是成就了一段政坛佳话。

----

① 〔汉〕司马迁撰，韩兆琦译注：《史记》二，中华书局2010年版，第933页。

二

在加盟刘邦阵营后，陈平在谋略贡献上似乎并不输于张良。尤其是在汉廷高筑后，张良主动选择做了一名旁观者、局外人、林下士和黄庭客，归山幽隐，孤守澄明，不再理会朝政。而陈平自然不会轻易舍弃这份费尽心机挣来的功名，为了官场苟活，一度以和事佬的扮相示人，于随波逐流中伺机弄潮。虽说沦为朝廷"墙头草"，但终成政坛"不倒翁"、官场"不老松"，这大抵也是他在兴汉废楚中功劳够大却口碑欠佳的根由吧。

> 张良、陈平，皆汉祖谋臣，良之为人，非平可比也。平尝曰："我多阴谋，道家之所禁。吾世即废矣，以吾多阴祸也。"①

经宋人洪迈主观鉴定，论及人设、人品与人格，陈平远落张良之后。而若以韬略辨轻重，张良多阳谋，陈平则多阴谋。清人丁耀亢也在《天史》中毫不掩饰个人看法："良之术多正，平之术多谲。"裴松之认为，大汉最杰出的谋臣非张良和陈平莫属，但"张子房青云之士，诚非陈平之伦"②。你看看，又将二人一下子划出了层级。刘邦甚

---

① 〔宋〕洪迈著，张仲裁译注：《容斋随笔》卷二，中华书局2021年版，第65页。
② 〔晋〕陈寿撰，〔南朝·宋〕裴松之注：《三国志》卷十，中华书局2006年版，第202页。

至在弥留之际还曾亲口论定，"陈平智有余，然难以独任。"① 倒是曹操对于陈平的评价较为中肯："负污辱之名，有见笑之耻，卒能成就王业，声着千载。"②

世间关于自家的声誉褒贬，陈平当然心知肚明，但摆出了山包海容、虚己受人的姿态。敬畏之心从未泯灭的他，自认犯了道家禁忌，且不惜以断子绝孙之咒语为名声救赎、为后裔积德。人性中固有的猥弱、积弱与孱弱，或是陈平未能跻身于汉高祖钦定的"汉初三杰"之最大软肋吧。

想那秦二世三年（前207年）九月的峣关一战，秦军守将已甘心跪降沛公，可张良却反其道而行之，执意奉劝其时的刘季勿留后患，须在秦军残部防备懈怠之时杀个回马枪，一举全歼。沛公舍己从人，虚衿承纳了张良劝谏，从而为刘季兵团浩荡入关扫清了路障。试问，张良之计应当划为阳谋的范畴，还是列入阴谋的邪道呢？

其实，陈平的内心还始终密藏着一道最深的梗，也是一处最疼的痛。那是在汉二年（前205年）三四月间，陈平初入汉营之时，为以良谏展现才识、上表诚意，而力主刘季趁项羽伐齐之际，匆促联手塞王司马欣、翟王董翳、河南王申阳、魏王豹、韩王信、殷王司马卬、赵相陈馀等多路诸侯，临时组成五十六万大军，洛阳出战，兵分三路，东征袭楚，合力攻打陈平曾经效忠的地盘，也是项羽的老巢——彭城。开场是异常顺利，孰料后因刘季的轻敌放纵，收场却极度惨烈。尽管

① 〔汉〕司马迁撰，韩兆琦译注：《史记》一，中华书局2010年版，第906页。
② 〔三国〕曹操：《举贤勿拘品行令》。

彭城之战不幸成为刘季平生污点，但他却从未因此怪罪与指责过陈平，反倒在彭城惨败后将陈平擢升为副将，不仅续用，而且重用。然则，主公愈是如此，陈平愈发愧疚，毕竟这场战争是他一力撺掇的呀。

《史记》对于入编人物极为挑剔与苛刻。终汉一朝，尽管将星名宿洋洋大观，仅有张良、萧何、曹参、陈平、周勃五人具备荣列"世家"的资格，而其中以纯粹的谋士身份登榜者，也就只有张良和陈平了。

在兴汉的奔徙中，刘季全凭独有的超前、超能、超然大脑所支配。若说张良是左脑，陈平即为右脑，二者缺一不可，否则就会大脑缺氧，行动不便。在汉王的认知里，"腹心良、平"①，故爱如珍宝，情同手足，但在心中也把握着一种分寸。面对张良，他是由衷敬重，故一向以"子房"称之，从未造次。二人虽说厮抬厮敬，但有时敬的成分过重了，也难免尊而不亲，或多或少会产生一些心理距离，盖因张良实乃谦谦君子，不思、不染且不屑于那些苟且之事。可对于刘季来说，委实有点左右两难，使心憋气。自个儿不时萌生点龌龊之念，却在张良面前难以启齿，只得在闲暇之余偷偷去找陈平解闷了。

南宋范浚在《香溪集》中言："汉高祖以陈平为腹心，或计秘，世莫得闻。"由此可知，对于陈平，刘季那是打心眼里看重。此二人时常私下里密谈一些外人难以打探的事务，其中当然少不了政务、兵务、民务、俗务，但也不乏一堆不可告人的贱务。故此，刘季常常感觉，有时与陈平在一起可能更要得开、谈得拢、合得来，尤其是在一

①〔汉〕班固撰：《汉书》卷一百下，中华书局 2007 年版，第 1074 页。

些暗昧之事上气味相投。范浚材高知深，且也开口见心。耕读之余，他不禁在《香溪集》中道破天机："今庙堂之上，沈机秘画，必如汉高之与陈平，魏武之与荀攸；则何攻之不克？何战之不胜？何敌之不摧？何寇之不灭哉！"

三

公元前206年的凛冬，项王帐下的都尉陈平，在新丰鸿门那场著名的饭局上远远瞥见了刘季。这一眼望去可不打紧，他深为沛公磅礴的架势、率真的谈吐与不凡的气宇所折服，内心陡然派生出了一种难以名状的念头。

也是在这个诡异的场合，陈平结识了久仰的张良。宴会前后，斗智间隙，二人私聊的机会稍多。陈平的故里阳武，恰为张良历险且成名之地。正是张良当年的奋起一椎，才令嬴政失色，促使暴秦基业由此松动。两个人以此入题，言言相副，句句投机，相互留下了深刻而友善的印象。

虽在鸿门宴上一时规避了坑堑、挣脱了魔爪，但刘季返回营盘后依然被作为楚军从属软禁于原地。项王运用一种无形的枷锁，死死套牢了心急火燎、蠢蠢欲动的沛公。万般无奈中，刘季只得求教张良，寻求脱身之策。而彼时的张良也正在苦思冥想，力图尽快找到一个爆破点，以让刘季之师迅速挣脱泥淖。

乍然间，张良想到了曾有一面之交的陈平——这位项王身边虽未得志尚能进言的谋臣。尽管张良目光如炬、心细如发，但在此时，想必他也没能完全参透陈平的重重心机。

面对张良的求助，陈平既喜出望外，又如获至宝。喜的是，虽说自己目下还是人微言轻，但才识、功用、价值、潜能，似已被张良敏锐察觉。然则，"宝"为何物呢？这可是陈平永远不能公开的机密——他祈望此番助力一切顺遂，盖因若能如愿，必可为将来的自己另辟一条后路、生路与正路。

是真心救助刘季，还是窃喜寻到了明主？陈平一时也是说不清、道不明。反正，一种强劲的精神动能在支配着他、催促着他、驱使着他，一定要穷尽脑汁襄助沛公快快脱困、速速解围。

于是乎，陈平暗暗出手了，频频出招了，渐渐出线了。

"亚父"范增乃是项羽唯一信任的身边谋士，实为项王的锦囊智库。陈平率先启用了"调虎离山"之计，机巧地动员项王以军令支开范增，远行公干。而后，他又妙用"化整为零"之策，以诸侯群聚咸阳导致粮草匮乏、成本过高为由，微谏项王驱遣各路诸侯从速返辔各自阵营。鉴于范增临行前特嘱项王务必要将刘邦扼据身边的现实困境，陈平与张良合议运用了"声东击西"之术，暗示沛公以归乡省亲的理由向项王告假。果如所料，刘季乞假被项羽当场驳回。陈平随机上奏，蛊惑项王一边扣留刘季家眷作人质，一边责令刘季速率一帮老弱残兵、泥猪瓦狗前去攻打汉中，逼其自毁长城、自生自灭。项羽果然挡不住这一系列高密度的"连环计"，甘心中招，依计而行。张良与陈平的首度思想合体、意志合力，极尽美满地完成了第一次合作。

其实，陈平的此等计策也是似曾相识。回想当年，张良在追随韩王成时曾被项羽软禁于彭城。为了暗里佑护"政治知己"沛公，张良在与项羽密切接触时也时常见缝插针、借机献计，且被悉数采纳。这组计谋的出发点、受力点、主攻点，恰好与陈平的套路叠加重合，不谋同辞，无形之中为楚军布下了高岸成谷、深谷为陵的迷魂大局，终致项羽不知头脑、恓惶无措，雪上加霜、祸不单行。

有了首次默契合作，陈平与张良彼此印象很好。然则，在之后弃楚奔汉之际，陈平并未选择请托张良向刘季捎话引荐的捷径，而是特意绕了条弯路，央求一位无名小卒魏无知充当中介，这就委实令人费解了。或许陈平还不够深层次认知张良的人品，唯恐自己刚从火坑中费力爬出，再度陷入文人相轻的窠臼，谨防在暗中倾轧中坠入深渊。但从二人之后数度联袂中则可一望而知，心机过重的陈平，彼时的确是多虑、多疑和多事了。

四

时光很快也很慢，日子不急也不缓。

汉三年（前 204 年）五月，刘季兵团被威猛的项王之师困守荥阳已有年余。对于双方而言，此番持久战皆喻示着精力、财力和军力上的巨额消耗。

在灾难随时可能空降的日子里，张良、陈平等一帮铁杆重臣，须臾不离、终始不渝，左提右挈、患难与共，委实令刘季感奋不已。汉军没有泄气，只有血气；没有邪气，只有志气；群策群力，生死相依，伺机突围。而张良彼时却独处一隅，默不作声，此刻的他并非束手无策、作壁上观，而是一直焦思苦虑。他要在熟思审处中，悟到一个更

206

快、更准、更狠的打法，以此强力消弭项王头顶萦绕的那股傲气、戾气与杀气。从不发虚妄之言的他，自感此时火候未到、时机不佳，只得选择了三缄其口。

忽一日，陈平犹似在灵感奇思中倏然采到了灵丹妙药，自认为可以火速治疗汉军病疾，便急慌慌向刘邦耳语一番。原来，陈平的神秘思绪与奇诡谏言，立意是"金蝉脱壳"，创意是"瞒天过海"，主意是"李代桃僵"。

听罢言来，刘季张了张口，又闭了闭口；眨了眨眼，又眯了眯眼；举了举手，又摆了摆手；点了点头，又摇了摇头。因而可知，汉王的心海一时浪潮翻腾，拿不定主意，也下不了决心。

此等虚张声势的阵仗，楚营是否能够真正地蒙蔽蒙圈，甘于上当？此番赴汤蹈火的动静，汉军是否能够有人敢于挺身拦挡，舍命救主？刘季掂量再三，举棋不定，踌躇未决。

"事已急矣，请为王诳楚，王可以间出。"① 哦，居然有人主动请缨了？是哪位壮士通身是胆？是哪位爱将丹诚相许？刘季急切地瞪大了双眸：呦，想不到是纪信呀，寡人形神高仿者。

乍听纪信之名，似有耳闻，却又颇为生疏。他的出现只是在鸿门宴后护随沛公仓皇回营时一闪而过，像一只飞鸟划过夜空，寂然无声。

遭逢战乱的勇士，为表达忠义总爱将名字中嵌入一个"信"字。前有秦将李信，在讨伐燕、齐之战中战功不小，只可惜湮没在了芜杂的秦国战史中；后有淮阴侯韩信、韩王信和这位甘愿以命救主的义士

① 〔汉〕司马迁撰，韩兆琦译注：《史记》一，中华书局2010年版，第745页。

纪信。万般巧合的是，在时空交错中，三位豪杰竟然不约而同地集聚在了汉王麾下，令人扼腕的是，崇尚信义的"三剑客"，最终皆以悲剧而谢幕。

而在东汉末年的三国竞雄时代，一帮舞枪弄棒的壮士，却热衷于在自家名氏中楔入一个"德"字。蜀主刘备字玄德，魏王曹操字孟德，莽汉张飞字翼德，谋士程昱字仲德，曹魏狂士杨修字德祖，蜀汉将领马忠字德信，江东名将程普字德谋，刘表部属韩嵩字德高。还有，勇刺董卓的越骑校尉伍孚字德瑜，卧龙诸葛亮、凤雏庞统之伯乐"水镜先生"司马徽字德操，为护卫魏明帝曹叡而欲独身搏虎的尚书孙礼字德达，曹魏大臣胡质字文德，以及被关羽斩杀的曹魏名将庞德，等等。最为悲催的当属西凉大将韩德，父子五人竟在一日之内被常山赵子龙枪挑于马下，命殒黄沙。

不论是重"信"，还是厚"德"，无怪乎敞亮地向公众自我表白：审求的是信以为本、德才兼备，敬奉的是信守不渝、德厚流光。然则，信誓旦旦的结局，往往却是德薄望轻。

笔锋不可走偏，还是要重返急张拘诸的汉王大营。纪信的自告奋勇，委实让刘季吃惊不小，但亦喜不自禁。他实在没能料到，平时与自个儿难辨真伪的纪信，也是这般矢忠不二、死生不二，真个是感人心脾、动人心魄呀。

时局的扑朔迷离容不得半点迟疑了，就连张良也一时提不出反对的理由，只得与陈平、樊哙等人一起，自彭城之战后二度护驾刘季尴尬遁奔。太史公追忆了这段驰魂夺魄的片段：

于是汉王夜出女子荥阳东门被甲二千人，楚兵四面击之。纪信乘黄屋车，傅左纛，曰："城中食尽，汉王降。"楚军皆呼万岁。汉王亦与数十骑从城西门出，走成皋。①

项王发起的一轮又一轮猛攻，与刘季兵团的紊乱心跳极度合拍。荥阳城已如鱼游釜底，岌岌可危，朝不保夕。依陈平之计，刘季再一次卷缩了汉王气势，躬身向项王急就了一封言辞恳切的诈降书，打起感情牌，说尽违心话，博得同情心，并相约于荥阳的东门投诚。不知项王真的是情商阈值偏低，神经闪现错乱，还是过于自大自负，坚信自己的逸群之才足可让递过投名状的刘季大哥输得心服口服，他居然再次对刘季的恳求笃信不移，且如约前往。

虽说项王又一次将刘季的虚情假意视作真心实意照单全收了，陈平还是放心不下，他要使出惊天地、泣鬼神的大招，将楚军的所有力量诱结于东门。盖因如此，方有更安全的缝隙可钻。

于是，一道堪称惊艳、绝世的景观，在夜色中的荥阳东门华丽上演了。两千位美女邅步成列，鱼贯涌入。面对突如其来的视觉盛宴，刚刚开进东门外广场接令纳降的楚军，顿时傻了眼、走了神，动了念、乱了套。久在沙场的将士们早已绷到了生理极限，精神上饥渴交攻、急不可耐，流涎争睹群芳竞妍。看来，这荥阳一带盛产美女，自东门绽放的娇娥一个比一个水灵，一排比一排俏丽，一拨比一拨勾魂。监守于南、北、西三门的楚军，很快便听闻东门空降的"福利"，心乱

---

① 〔汉〕司马迁撰，韩兆琦译注：《史记》一，中华书局2010年版，第745页。

如麻，坐立不宁。暴烈的好奇心、猎艳心、从众心，牵引着他们决离职守，一路狂奔至东门"观礼"美女"阅兵式"，唯恐错过这一千载难逢的"眼"遇。霎时间，东门一侧逐队成群、万头攒动，众口嚣嚣、沸反盈天。

主角上场了。在美女大戏让楚营将士过足了眼瘾之后，一辆左车衡上竖立着大纛旗的黄屋车，在汉兵的簇拥下缓缓驶出。全副武装的卫兵们扯着喉咙反复呼喊："城中无粮，汉王投降；城中无粮，汉王投降……"楚军闻听群情振奋，山呼万岁，自感荥阳大捷，战争即刻便会告一段落，马上就可回家团聚、坐享清福喽。

孰料，"汉将假帝为真帝"①。陡然间，亢奋的项王脸色突变，表情凝固，满面的不屑瞬间演化为不解。他惊悚察觉，车里端坐的并非熟悉而又痛恨的"兄弟"，顿感自己又被惯于失信的刘季戏弄、戏耍和戏嘲了。

"刘季老儿藏身何处？"项羽的厉声斥问，犹如炸雷般的声音与不规则的颤音夹杂、混合而成。听得出来，这是一种暴怒后的抱怨之声，也是一类受骗后的哀号之声。

充当刘季"赝品"的纪信坦然自若，面无表情，脱口应答："汉王早已安然出城了。"气急败坏的项羽遂将满腔怒火转化为熊熊烈火，在冲天赤焰中成全了纪信的忠义、仁德与名节。

而此时的刘季趁着东门的狂欢、狂噪与狂诞，早已扮作黔首模样，从西门突围而出，一溜烟儿地蹿奔至新的据点成皋。此次汉王侥幸逃

---

① 〔宋〕华岳：《读汉史〈阅纪信韩信传〉》。

命的成本，除了纪信的慷慨赴义外，还有汉楚两军搏杀后的血流成河，以及两千位荥阳美妇的蒙羞受辱。

逆境求生，竟拿红颜含垢开路；绝处逢生，却以众芳摇落押注。陈平的弄喧捣鬼虽属蔑伦悖理，但此等套路还真的不是他的原创与独创，史册中确乎有迹可循，而且始作俑者竟是一王一圣。

春秋齐人孙武世誉"兵圣"，吴王阖庐赏其才识，主动邀约，希求以妇为卒，操练兵马。孙武未及思索便满口应允，一眨眼，靓衫艳裹的百八十位宫女轻盈登场，任其受命整编集训。为博得吴王开心，孙武眼里也有活儿，特意委任阖庐的两位宠妾分任队长。孰料，一众宫女只是把军令视若儿戏，把军训当作游戏。嘻嘻哈哈，上令不行；哼哼哈哈，下令不通。势成骑虎的孙武，目睹军纪废弛、威仪不肃，场面近乎失控，便不顾吴王的横拦竖挡，以猫鼠同眠、疏忽职守之名，一怒之下要了美女队长的两条微命，军纪由此为之一振，井然有序，令行如流。孙武的治军之道靠的是严刑峻法、辣手摧花、铁面无情，但此等明验大效，却让吴王阖庐懊悔莫及，他的本意仅是当场掂量掂量孙武的兵术究竟有几斤几两，谁承想偷鸡不着蚀把米，自个儿的两个心肝宝贝儿竟眼睁睁、活生生、泪汪汪地成了祭品。

更令人百思不得其解的是，尽管纪信用性命为汉王救了急、解了围、赎了身，可在事后却未得到刘季的追赏与赐封。即使在大汉建国后，抑或为了顾及龙颜，也很少有人再度提及这段揪心往事，犹似在楚汉决斗中从未发生过一样，实在令人透骨酸心、哽噎难平。

民间由此也不禁反思，纪信的舍身是否值得？这厮的担当是否失当？倒是善良的后生们念及纪信大德，自唐代之后，黎庶自发兴建起数座肃穆的庙宇，让这位曾经的忠臣义士安享平和的人间香火。看来，这还真要感谢"绝代女皇"武则天的亲密爱人唐高宗李治，正是他在麟德二年（665 年）追封了纪信为"骠骑大将军"，方才有了纪信之后的英名鹊起、威名永存。

五

谈及陈平，备受诟病之处颇多。尤其是在对待韩信遭贬一事上，他与张良的态度与尺度大相径庭，看法与做法背道而驰，由此也暴露出了他之所以不为人称道的硬伤。

陈平与韩信本来同在楚营共事，他的职级要比韩信高出许多。彼时，韩信不过才是个执戟郎中，而他却已坐上了都尉之位。项羽居大帐，可怜的韩信只有肃立帐外且顶着烈阳、冒着寒风听命的份儿。而陈平因身为帐内侍从，拥有随时可向项王进言的资质与便利。想那不可一世的项羽，虽说天生吉相，目为重瞳，但也未能看透帐外与帐内的这两位部属，将来竟会变身为自己的死敌，而且还会毫不留情地掳去他的霸蛮、锐气与精魂，甚至于肉身。若是真的生有前后眼的话，项羽定会不惜老本儿地亮出官职、优待、情义的杀手锏，威逼利诱此二人留在身边当差。若生不妥、不利、不测之事，也好先下手为强，随心所欲地就能要了他们的卿卿性命。然则，世间妙药千万种，唯独没有后悔药。

在臣服刘季后，韩信凭借个人出众的军事才能，很快便官拜大将军，近乎是在一夜之间便握有了沙场上的指挥权、调动权、生杀权、定夺权、统御权，就这般以迅雷不及掩耳之势，硬生生、气呼呼、直挺挺地站在了项羽的对立面。而陈平在追随汉王后，也是顺时顺势、顺风顺水、顺心顺意，依靠着自身奇绝的出谋划策，在极短的时间内就钻进了刘邦的心窝，成为不可或缺的大员。按常理，陈平与韩信应当顾及旧情，互保帮衬、互济提携才是。

当远在齐地的韩信"齐乞真王作假王"①，公然索要"假齐王"且引发汉王暴怒时，恰是张良与陈平急中生智，现场快速冷却了刘季的一腔怒火，使其急转为旷大之度、休休有容，并高调赐予韩信真正的齐王，从而瞬间避免了一场情义的背叛、利益的撕扯与战火的喷射。

这桩美事乃是受时局所迫不得已而为之，绝非刘季本意，故在他的心中结下了梁子。尤其是汉廷隆起后，在刘季的眼里，这个梁子就涉及自个儿的面子与里子，关乎国祚的根子与路子。身为汉高祖，他必须利用合适的时机下个绊子、扎个笼子，让韩信醒醒脑子、收收性子，直至让他倒了旗子、没了影子。

陈平一眼便洞穿了主公沉郁的心思，而张良自然也是耳聪目明，可是他实在不愿看到汉室肇建就迎来血流漂杵、血雨腥风，只得漠然处之、漠然观之。

史上著名的"伪游云梦"，也是陈平进献给汉高祖解忧的金点子，更是鬼点子、歪点子，若换个恶俗的叫法，即为馊主意、骚主意。陈平得意的力作杰作，却是为二度同僚的"旷世名将"韩信挖了一个深坑与黑洞。在坑边，韩信迟疑顾望；在洞旁，韩信虚庭一步。而后，

---

① 〔宋〕华岳：《读汉史〈阋纪信韩信传〉》。

百虑攒心的他竟义无反顾地纵身一跃，便再无回声和念想了。巨大的坑，黢黑的洞，吞噬了韩信的英华、怨咽，还有令王者常年忌惮的虎威与功名。

这事儿发生在汉六年（前201年），有人向汉高祖上书，状告楚王韩信心存谋逆之心。事件幕后是否有人指使，告发者是何方神圣，史书未予采信，世人不得而知。于是，更名为刘邦的汉高祖便向军中主将寻求应对之策，而得到的回应却只有"即刻发兵诛之"的粗暴答案，刘邦久思不语。小范围廷议后，刘邦便匆匆喊来陈平密商。陈平自然不敢轻易触及这一时下最敏感的话题，在从刘邦口中大致了解了众将之见后，方才缓缓打开话匣。

一再确认朝中群臣和韩信本人尚未知晓此事后，陈平开始反诘刘邦："陛下之精兵与楚军相比，谁能更胜一筹？"刘邦坦然作答："自然是楚兵更强。"陈平又问："陛下之将领哪一位的军事才能可在韩信之上？"刘邦如实回应："无人可比。"陈平随之一皱眉、一耸肩、一摊手，无奈发声："此乃摆在我们面前的实情呀！现今，陛下之汉军尚不如楚军精锐，将领之武略又在韩信之下，而我军却要尽锐出战，擒拿韩信，这不是在变相提醒他速与陛下决战吗？微臣我确实为陛下的安危深感忧虑呀。"

刘邦明了，这个陈平又在卖关子、吊胃口、玩心跳了，也料定他早已计上心来，便急吼吼催其速呈。而陈平泰然自若地奏禀："古代天子多有巡视天下、召令诸侯的惯常之举，南方有一地名曰云梦，陛下可以'巡游云梦'为由，在陈地召集诸侯共商兴汉之策。陈地坐落于楚国西部边陲，想那韩信听闻陛下例行巡游，不会有所警觉，必定会躬身赴约，礼节性地拜见陛下。而在此时若趁机擒之，不过是一壮汉的举手之劳。"听罢此言，刘邦频频颔首，屡屡称道，连连点赞。

于是，计策按步施行，刘邦起驾出巡。

其时，奉行"止戈为武、尚武崇德"的韩信，潜意识中似已察觉汉高祖的举动意欲何为。多年在疆场血泊中浸泡的他，早已孕育出敏捷的悟性与嗅觉，那些军事奇谋的萌生与发酵，不光靠天资的赏赐、灵感的迸涌，还有自身过人的胆魄和机智、过硬的功底与秘术。

遗憾的是，韩信还是在两个关节点上失算。其一，他做梦也难以料到，这项计策是由"本是同根生"的陈平所精心筹划；其二，他天真地认为，手提汉军宿敌钟离眛之首级作为见面礼，即可换来刘邦宽恕。"上令武士缚信，载后车。"① 刘邦未费一刀一枪，不伤一兵一卒，就将神通广大的韩信轻而易举地收入囊中。

　　上曰："人告公反。"遂械系信。至雒阳，赦信罪，以为淮阴侯。②

面对韩信的凛然质诘，刘邦以"有人告你谋反"的浮薄之由应付。可怜韩信被绳缚背绑，重刑加身，押至洛阳。好在抵达京师之后，刘邦似有良心发现，竟赦免了韩信的过往之罪，但官爵撸至淮阴侯。这其中，究竟有无张良在汉高祖面前善言相劝，方使韩信暂躲一劫，史书上未能留痕。但一向以慎为键的张良，之后竟敢不恤人言、不从

---

① 〔汉〕司马迁撰，韩兆琦译注：《史记》七，中华书局 2010 年版，第 5813 页。
② 〔汉〕司马迁撰，韩兆琦译注：《史记》七，中华书局 2010 年版，第 5813 页。

人言，主动移船就岸，与韩信联袂整编兵书，此等违常之举，让人难免产生遐想，张良与刘邦似曾达成了某种默契。

为拯救韩信于水火，尽管张良使尽曲线救义之法，相忍为国，力解倒悬，但时运不济的淮阴侯还是难逃一劫，终遭吕后痛下杀手。王夫之为此感慨："云梦之俘，未央之斩，伏于请王齐之日，而几动于登坛之数语。"① 可谓言之有理、曲尽人情。

对于韩信梦碎沫泣的谢幕，无论陈平怎么诡辩，皆是难辞其咎。虽是皇命在上、奉令而为，但起初毕竟是由他设的局、下的套，方有请君入瓮、瓮中捉鳖。他委实做了一回恶意的"邦"凶，而非善意的帮扶呀。也难怪清人王鸣盛在《十七史商榷》中跳脚咆哮，直接开骂："陈平，小人也。汉得天下皆韩信功，一旦有告反者，间左萤语，略无证据，平不以此时弥其隙，乃唱伪云梦之邪说，使信无故见黜。其后为吕后所杀，直平杀之耳。"

唐人司马贞采用明锐的史家之笔，在《史记索隐》中为陈平作了幅立体画像，可谓笔墨横姿，形神兼备，至矣尽矣。由圆滑、圆润、圆融所构成的陈平一生，跃然纸上：

> 曲逆穷巷，门多长者。宰肉先均，佐丧后罢。魏楚更用，腹心难假。弃印封金，刺船露裸。间行归汉，委质麾下。荥阳计全，平城围解。推陵让勃，哀多益寡。应变合权，克定宗社。

---

① 〔明〕王夫之著，尤学工、翟士航、王澎译注：《读通鉴论》卷二，中华书局 2020 年版，第 45 页。

如若陈平在世，不知读后会作何感想。是赞叹不置，还是无所可否？是夷然不屑，还是无名火起？是哭笑不得，还是无动于衷？想那陈平毕竟身居相位，应是早就能够承受世间涌流的冷讥热嘲了吧。

第十四章　良佐：相爱相杀空余恨

一

虽置身于不同阵营，且年龄悬殊二十有七，但若按昔日辈分来论，张良应尊范增为师长。而若按现今的地界划分，张良与范增已然成了道地乡友。

范增，何许人也？"居鄛人范增，年七十，素居家，好奇计。"①

太史公仅仅为后人披露了一条粗略线索。"鄛人七十漫多奇"②，范增乃居鄛人士，向来隐居于家，尤善运计铺谋，只到古稀之年方才出山。而彼时的张良，也是刚过不惑之年，四十有三。鄛即巢，居巢则是现今巢湖一地的古称，位居皖中，已被安徽的省府合肥视为难得宝地，紧紧揽入煦濡而宽和的耿怀。张良的老家则远在城父，蛰居皖北一隅。战国争雄之时，范增为楚国贤士，张良则是韩国贵胄，路途遥遥，素无往来。若非楚汉厮搏，此二人抑或永为异姓陌路。历史有

① 〔汉〕司马迁撰，韩兆琦译注：《史记》一，中华书局 2010 年版，第 680 页。
② 〔宋〕王安石：《范增二首》其二。

时偏爱捉弄，二千多年后，岁月也经不住世间的兜兜转转，竟然又将二者乡梓重组于淮水南北。这下好了，张良和范增彻底成为名副其实的江淮弟兄。

无论立足于哪重维度去衡量，不管着眼于哪种体系去评析，张良和范增皆为楚汉争霸之际身份最高、身价最重、身手最好的谋臣。看来，江淮一带钟灵毓秀之说，绝非妄言，自古便有沃土厚植。

虽在二千年后缔结为了乡里乡亲，但在当世却是各为其主。张良和范增侍奉的主公非为一君，且有根本利益的冲突，故二人也就身不由己地站在了对立面，唱起了对手戏，加入了对抗赛，成了当然的怨敌，这与项羽和韩信的身世也大致相仿。韩信乃是泗水郡下相县人，下相即为现今的江苏宿迁。而韩信则是泗水郡淮阴县人，淮阴也就是当今的江苏淮安。熟谙历史者明晓，宿迁与淮安本为一地，只是在公元1996年时方才分立炉灶。如今看来，韩信与项羽这对生死冤家，不仅一直同属一个省份，还曾一度同处一方辖域，也是一种打断骨头连着筋的老乡关系。至于当年沛公身边的一大帮穷弟兄、铁哥们儿，皆是出自沛郡丰邑，即为今天的丰县，在地域上更是与项羽、韩信同为苏北老乡了。

然则，地理上趋近，并不等于心理上趋同、情理上趋和。在泱泱史海中，为利而离、为益生异的人，为权动拳、为情自磬的事，实乃屡见不鲜、层出不穷、见怪不怪了。

张良首度与范增谋面时，还是刚刚被沛公随性任命的一员厩将。公元前208年，他随刘季一干人等投奔炙手可热的项家军。而在此时，一直龙蛰蠖屈的范增，眼望跌宕时局，坐不安席，心如猫挠，便因机

219

而变、应时而动、夺门而出，一头扎进了项军大营，膝行于主帅项梁帐下。虽与项帅此前并无金兰之交，但范增鹤骨霜髯、叉手万言的风姿与才思，深得项梁的信任和赏识，二人很快便结下了轻风高谊。

范者，本有风范、典范、垂范之义；增者，亦含增重、增辉、增值之喻。项梁意图通过夯实垫高"范增"——这一吉幸祥瑞之名的地位，为项家军的声威加持。范增自然是知恩于心、感恩于行，他迫不及待地向项梁呈献的第一件法宝，就让项梁扬眉抵掌、激赏不已。

范增以诚相谏：陈胜之败乃是意料之中，也是理所应当。暴秦荡灭六国，想我大楚最为无辜。当初楚怀王受骗入秦未归，楚人至今仍在深切思之。故楚南公所言极是，即使楚国最终仅存三户人家，诛秦灭秦者也必定是我大楚。而当下陈胜起事，不立楚后为王，却自占山头，注定难得人心。项帅此次在江东力举义旗，旧楚将士之所以蜂拥而至，主动臣服，究其主因乃是项氏一族为楚国世代忠良。若想将反秦大旗举得住、举得高、举得久，必须盛邀旧楚后嗣即刻出山，扶其重归王者宝座。

范增的郑重其辞与理胜其辞，一下子就点中了项梁长期淤滞的心穴。自起事以来，他也始终在苦苦寻求一个受力点、共鸣点、爆破点，企图复楚大梦早日成真。项梁二话没说，即依范增主意，火速派人四处寻找散落民间的楚王后裔，以让项家军师出有名、出头有日、劳而有功。

二

很快，正在穷崖绝谷中放羊的落魄小子熊心，便进入了楚兵视野。"楚怀王嫡裔"的皇家标签，促使他的命运再度陡然反转。自封为"武信君"的项梁如获至宝，一把将熊心按在了高高的王位上，并将祖传的"楚怀王"封号强加于他的头顶。

昨日还是牧羊人，今朝已入帝王家；昨日还是流浪儿，今朝已可坐天下。此等身份的切换，倍速过高、过快、过猛，让身在都城盱台（今江苏省盱眙县）的熊心有些眩晕，有些狂喜，也有些惶恐。盖因对于这种过山车般的命运，他自感有点力所不及，把持不住。事实也正如他之所料，本就是作为招牌被抬出的他，根柢未深，头重脚轻，丰墙峭址，注定是一尊任人把玩的傀儡。何况之后遇到的这位对手，完全没有项梁那么有涵养、有教养、有学养，全然是一个无所忌惮、嗜杀成性、泽吻磨牙的主儿，这更使他屁股下的王位如系之苇苕、沙上建塔，时时处于西歪东倒、风雨飘摇的危境。

然则，熊心多多少少还是有点野心的。他抵拒成为一件唯唯诺诺的玩物、一坨龌龊的废物，誓做一位堂堂正正的人物。坐得高了，想得多了，看得远了，就会在不经意间霸气侧漏。可以想见，一个脑无深思之智、手无缚鸡之力、肩无扛柴之骨的羸弱义帝，与一位胸有苍茫之志、腹有不轨之心、身有屠龙之术的豪横壮汉相博弈的结局。结局自然是残局，败局当然归输家。正值壮年的熊心，最终还是被迫远走湖湘之地，只得以命殒郴城穷泉傍的代价，自我收拾了这盘死局。

这一天，距他上位尚不足四年时光。

如此这般推导，反倒是范增变相地害苦、害惨和害死了熊心。若非有此一场天降横祸，他依然是一位天天躺在沟涧旁晒太阳、嚼草根、哼小曲的穷光蛋。穷是穷了点儿，可是身边的羊儿能够听其号令、任其使唤，地上的草儿能够随其践踏、任其宰割，天上的云儿能够由其独赏、任其想象。羊倌大小也是个官儿呀，相较于宫廷之上正襟危坐的所谓王者，羊倌的自由度、统御力、优越感一丁点儿也不比他低，倒是风险度、反冲力、恐惑感要比他少了一大截儿啊。

其实，范增的如意算盘打得也不是那么精准。他委实未曾料到，项梁在托起熊心上位后不久，便在定陶醋战中壮烈殉国。"武信君"的封号如流星般划过，未留有霞光，仅残存血光。项梁的溘逝，让范增痛惜了许久，也为项家军的漫漫途程覆上了一层厚厚阴霾。更令范增失算的是，口口声声尊称自己"亚父"的项羽，总是刚愎狭隘、阳奉阴违，恶意悖离战略大计，一再疏淡、排斥、诛杀熊心，逐步陷入了世讨的险境，屡让范增顿足捶胸，大为光火，懊恼不已。

平心而论，熊心由楚怀王进阶为义帝，的确是由项羽加推。此举究竟是出于何种考量，不得而知。或是项羽故意助其正名，使熊心从名分上真正成为帝王；也有可能是项羽虚晃一枪，蓄意放出烟幕弹，打探一下熊心的真实想法。无论作何推演，此二人的性格委实合不来。熊心不愿低下头、弯下腰、蹲下身，看着项羽的脸色行事。而这位项羽呢，更是高高在上，打心眼里就瞧不上这位浑身膻味的放羊娃，若非继承了皇族基因，他怎敢在众将面前高视阔步地向我项氏发号施令！日渐月染，项羽将熊心的笨手笨脚、指手画脚，看作是碍手碍脚、束手缚脚，直至最后搓手顿脚、抬手动脚。

项羽暗中向熊心连施黑手，孰料却给刘季留下了口实，捧上了良机。且看那汉王，对此借题发挥、小题大做，不惜重金造势铺排，隔空而又高调地为熊心举办了一场奢华的悼念。伴随着刘季滂沱泪雨与肆意嚎啕的渲染，也让项羽"大逆无道、弑君不臣"的污名传递到了天下的角角落落。这一回，狂魔、恶霸、奸党的项王形象，算是彻底坐实了；而仁慈、济世、明君的汉王美名，却被喊得震天响。最要害的是，刘季竟以此为拐点，立时挺起胸膛，公然扯起的大旗也由"反秦"堂而皇之地变换为"伐楚"，全力拉拢各方诸侯，正式开启了楚汉争霸的征程。汉营的一系列纵情表演，是否由张良主导、刘季主演，尚难推论。反正，这出大戏塑造得这般丝丝入扣、出神入化、引人入胜，定有高参在幕后编排调度。试想，平日里能够近身于汉王的高参又有几人呢？

作为行军累赘，项羽将熊心狂甩于千里之外。此等贸然举动，委实让范增大呼意外，也大失所望。盖因在他的眼里，熊心绝非无关紧要的朝堂包袱，而是至关重要的政治抱负，更是他在项家军草创期贡献给项梁的"国宝"。而这项羽不知天高地厚，不懂朝野法度，不谙行事节奏，非但未将熊心视之如奇珍，反倒将其弃之如敝履。范增也是一个性情中人，对于项羽的莽撞之举极为不悦、极度反感、极力挽回。只因熊心的倏忽消失，不仅驳了个人情面、否了个人苦谏、损了个人利益，而且也动了自己的根本。然则，向来一根筋、一言堂、一把抓的项羽，年少轻狂，血气方刚，心浮气盛，怎又会在亢奋之时听得见辩解、听得进忠言呢？何况，彼时的范增也是在气头上，话语间字字带刺、句句藏针、声声穿心。

殊不知，后世对于范增当年向项梁的进谏也多有微词。有人就曾揣量，如若不将"放羊小子"熊心牵强地推上王座，完全可以直接将项梁力扶上位。至于范增拎出的陈胜因自立为王而失利之案例，绝对是道伪命题，纯粹是套假动作，恰恰是陈胜打出了"伐无道，诛暴秦"①的义旗，才燃爆了天下勇士的满腔热血。况且，义士们拥立陈胜的初衷是反秦，而绝非复楚，直至陈胜消亡后方才分立山头，也皆以灭秦为根本。反倒是熊心的突然冒出，戒心、疑心、存心的相互搅和，促使他不断地别生枝节，不仅阻挠了楚军步伐，甚至还在一定程度上削弱了项氏在楚军中的领导力、向心力与作用力。尤其是在项梁意外阵亡后，又蹦出了位睚眦必报、锱铢必较的"卿子冠军"宋义，差一点让项家功绩冰消气化、荡然一空。如若不是项羽赫然而怒、一剑绝息，楚军兵权最终是姓项还是姓宋，还真难料定呢。

三

其实，项羽也并非不把范增放在眼里。军政内外，他不仅言必称"亚父"、行必先礼让，而且还扬铃打鼓地封其为"历阳侯"。楚营合议之时，无论大事小情，必请范增在场，否则概不定夺。

然则，这位倚老卖老的"亚父"，又委实没能走进项羽的心里，占据最高的位置。盖因他的那种凌人气势、不羁形态、刚烈秉性恰与

---

① 〔汉〕司马迁撰，韩兆琦译注：《史记》五，中华书局 2010 年版，第 3856 页。

项羽叠置，故总在不经意间冲撞。项羽性格中天生的悖谩与逆常，支使着他总会与范增的意见相左，凡事时常怄着气、拧着来、憋着劲。

对于刘季的小心思，范增可谓见经识经、一望而知，他多次提示项羽及时抑制并掐灭刘季的野心。只可惜，项王过于看重与这个所谓"把兄弟"的情义，不愿玷污自己的英名而将其碾碎。

早在刘季率军抢先入关时，炳若观火的范增就看出了端倪，他实时且反复提醒项羽："沛公居山东时，贪于财货，好美姬。今入关，财物无所取，妇女无所幸，此其志不在小。吾令人望其气，皆为龙虎，成五采，此天子气也。急击勿失。"[1]

应当说，范增的一番解析独具会心，晓以大义，确为有道之士。他以不容辩解的语气力劝项羽：这位沛公早年蜗居山东时，贪财好色，花天酒地，醉生梦死，却在入关后一反常态，清心寡欲，脂膏不润，将飞翼伏，可见其才清志高，实乃奸人之雄，万万不可轻视。老夫已命人卜卦，沛公藏身之处祥云瑞气，晓日和风，确有虎变龙蒸之势，此乃天威赫赫，王者风范呀。故勿贻误良机，须立即起兵动众，讨恶剪暴，以顺诛逆，严防龙兴凤举。

若是站在楚军一方，范增的所思所虑无疑是忠言善谏。只是那项羽向来固不可彻、孤行己见，对于范增唯我独尊的架势、训导教化的口吻渐生厌烦，故范增所言即便字字珠玑、句句在理，他也是视若无睹、置若罔闻，最可气的是，由范增缜密筹划的一场鸿门宴，竟被张良拆解于无形、消泯于风中。尤让老先生徒伤悲的是，作为主帅的项

----

① 〔汉〕司马迁撰，韩兆琦译注：《史记》一，中华书局 2010 年版，第 704 页。

羽居然一直蒙在鼓里，对于小隙沉舟、进退存亡的境地浑然不觉，只顾盲目尊崇、夜郎自大，自己多次明里暗里的提示警示听而不闻、视而不见。想象得出，彼时的范增内心定是在滴血、在流泪，当场便气得七窍生烟、肝胆欲裂。范增也就此断定，一场狂风恶浪、龙驰虎骤即将袭来，胜负输赢，孰能押中？

抑或范增实在是看破了红尘伤透了心，而后在一些紧要关头从未多嘴饶舌，以防再惹不快。拨览历史风云，入关前后乃是项羽奠定声誉和地位的千钧一刻。关中关中，抽去居中的一根顶梁柱便会在转眼间成为关口，而他却偏偏在这个节骨眼上心血来潮，得意忘形，利令智昏，屡屡闯下滔天大祸。坑杀降卒，屠戮咸阳，焚烧宫室，摒弃关中，诛杀谋士……这一幕幕惊世骇俗的人间惨剧，项羽既是导演也是主演，忙前忙后，乐此不疲。而面对这一连串惊悚桥段，范增始终在场，且是一个沉浸式的观众，从头至尾神情淡然，老实本分，缄默不语，全然忘却了自身的"亚父"之尊和"谋臣"之责。也难怪宋人洪迈对此给予了猛烈的口诛笔伐，坦承"世谓范增为人杰，予以为不然"①。

不过，范增也有看不下去、沉不住气、压不住火的时候。公元前204年一开年，楚军捷报连连，一度堵死了汉军粮道。困守于荥阳的刘季饥火烧肠，嗷嗷无告，只得主动向项王示好求和，甘拜下风，并乞求将荥阳以西的土地划为汉军统管。看到刘季道尽涂炭、疾不可为的窘境，项王顿时艴然而笑，大喜若狂，他终于再以战必胜、攻必克

---

① 〔宋〕洪迈著，张仲裁译注：《容斋随笔》卷九，中华书局2021年版，第410页。

的绝对实力，将这位数度背信弃义的家伙教训得服服帖帖，那种存在感、成就感、满足感无以言表。起初在接到刘季诚意求和的信号时，项羽则是鄙夷不屑、嗤之以鼻，但又看到刘季倒戈弃甲、俯首就缚的诚恳态度，他又动了恻隐之心，意欲促和。见此情状，范增食不甘味，芒刺在背，终于放言："汉易与耳，今释弗取，后必悔之。"①

范增厉声警告项王，汉军当下已无招架之功、还手之力，再不扫平，更待何时！如若放弃此次良机，任其扬长而去，而非置其于死地，之后必定覆水难收，悔之晚矣。还好，项羽这一次悉听教诲，即派重兵将荥阳围裹得里三层、外三层。一时间，城池内外水泄不通、风雨不透。

范增的此番话风听来耳熟。楚汉鸿沟缔约后，张良规劝汉王弃约东征的语气，与范增力谏项羽痛下杀手的口气极度雷同。虽说二者发表言论的时间前后相差无几，地点也都是在鸿沟边沿，且主公皆照单全收了直言极谏，但最终所呈现的结果却大相径庭。

作为一位智者、谋士、文臣，先知先觉则是基本功、拿手戏、杀手锏。有一点必须承认，范增的功力非同常人，他的先见之明往往数倍超前于同僚同道。仅就鸿沟之谏而言，范增劝主的言行确实早于张良，难怪民间相传张良为此曾发慨叹："范增智谋三倍于我。"遗憾的是，翻遍了史籍，也未能如愿找到这句原文典出何处，极有可能为好事者杜撰。但在下更愿意相信这种善意传言的真实性，言语之间明显夹带自谦成分，贴合张良的为人风格，也从另一个侧面佐证了范增的

---

① 〔汉〕司马迁撰，韩兆琦译注：《史记》一，中华书局 2010 年版，第 743 页。

超群聪慧。

四

范增与项羽，这一老一少、一文一武、一臣一主的微妙关系，还是被刘季之流钻了空子。

> 汉王患之，乃用陈平计间项王。项王使者来，为太牢具举欲进之。见使者，详惊愕曰："吾以为亚父使者，乃反项王使者。"更持去，以恶食食项王使者。使者归报项王。项王乃疑范增与汉有私，稍夺之权。①

其实，稍有识见者便能一眼洞穿此等阴毒拙劣的离间伎俩，可低级的骗局却偏偏能够蒙蔽项羽的那对重瞳。难道真的是年少项王乳臭未干，昏头昏脑，心地狭窄？少年老成的项羽洞烛其奸、贯微动密，他不过是借坡下驴、卸磨杀驴罢了。可悲可叹的是，在项王的眼里，范增竟是好心做了驴肝肺；而在范增的心里，项王则是春风不入驴耳。二人的政见、立场、脾性，完全是驴唇不对马嘴。

身陷绝境的汉王，对于当下的形势心急如焚。正在万般无奈时，陈平暗呈的离间计登时让他豁然开朗。恰逢其时，项王又派使者前来探访。于是乎，汉王便顺水推舟，与陈平合演了一出并不出彩的"双

---

① 〔汉〕司马迁撰，韩兆琦译注：《史记》一，中华书局 2010 年版，第 743-744 页。

簧"。待楚使拜见后，刘季特嘱汉军大排筵宴。可当酒杯刚刚举起时，汉王却对楚使狠狠地瞅了一眼，盯了一眼，瞪了一眼，让来使一时如丈二和尚，摸不着头脑。忽地，汉王面色一沉，怒目圆睁，厉声喝道：我原本以为你是"亚父"派来的使客，没想到却是项王的说客。随即便令部下将珍馐美味撤下，换之以粗茶糙食慢待。

应当说，刘季放出的这一招够稳、够准、够狠，也够损。"亚父"之称谓本是项羽对于范增的专属，可从敌手刘季的口中吐出，含义就催生了质变，潜台词即为汉王对于范增同样尊崇有加，至于是否暗通款曲，也值得遐想。还有，之前在赴鸿门宴时，为防不测，刘季特意准备了玉璧、玉斗两套赔罪礼品，并在自个儿惊怖遁奔时委托张良一定要当面申明，一套是呈献项王的，而另一套则是敬赠"亚父"的。尽管范增当场怒将玉斗击碎，但此时的项王业已心生芥蒂，暗自思忖：这楚营之中只有我项羽才是真正的老大呀，身边这位老叟的名望与身价，何时已可与我并驾齐驱了呢？

楚使倍感蒙羞，当即起身，不告而别。折返楚营后，他便火急火燎、添油加醋、结结实实地向主子参了一本。范增所谓里通外国的悖逆之举，就此在项王心目中定型、定格且定罪。项王也正好借此为由，以渐进式、边缘化、淬冷法的招数，摧毁了亚父既有的话语分量，裁减了范增的军权比重。目达耳通、心细如发的范增，极度嫌憎项王的鄙俚浅陋，竟会不识局面而被刘季的雕虫小技所蒙骗。久未多言的他终于忍无可忍，当堂咆哮："天下事大定矣，君王自为之。愿赐骸骨归卒伍。"①

范增在怒不可遏中向项王彻底摊牌：天下大势已成定局，老夫已是年迈体衰、力不从心，以后一切军政要务就烦请项王当家做主、自行裁决吧。恳请你将我这把老骨头完璧归赵，老夫倦翼知还，渴盼早日重归布衣，告老还家，叶落归根。项王未及思虑，就爽快地批准了亚父的请求。

范老爷子悻悻而去，悲切地踏上了返乡还"巢"的归程。孰难料，尚未行至彭城，他就因背上毒疮遽然发作而殒命。有才无命、委弃泥涂的范增，就这般因郁郁寡欢、气火攻心，在风泊鸾飘中溘然长逝。但他也以人间蒸发的凄绝方式，为张良等汉营雄才的大显神通，主动腾出了更为宏阔、睿达和舒展的天地。

范增的谋士命运，总让人联想起被齐王田广烹杀的高阳酒徒郦食其，也让在下不时勾连起同样当过齐王的韩信之幕僚蒯通。郦食其恃才放旷，终让汉王榨干了他的最后一滴油水，也被韩信隔空推进了前任齐王垒起的油锅。而这位蒯通则是幸运至极，虽然也因劝说韩信独占山头而险遭汉王的烹刑裁辱，但此等辩士凭借游说权变之术，不仅逃离了厄运，反倒成为日后登上相位的曹参之座上宾，真个是神谋魔道、风云莫测。你说这事整的，上哪儿说理去。

范增的愤悱出局，汉王虽是幕后推手，但他对于这位"亚父"的中道病殁还是深怀同情。范增没了，对手弱了，难度小了，刘季笑了，可是这笑中也带着泪。正是在范增痛别乱世的第二年，项羽所率的楚

---

① 〔汉〕司马迁撰，韩兆琦译注：《史记》一，中华书局 2010 年版，第 744 页。

军就被刘季、韩信、彭越组成的联军打得雨零星散，英年项王只得在寒蝉凄切中，去匆匆追寻亚父的英魂。看来，此次没有归途的远行，他是要好好地向范增当面作出一番悔过致歉了，因为此生再无反转翻盘的机会。试想，在另一个同样纷扰的世界，暴躁的范增还会愿意面见这位昔日暴虐的主公吗？想来二人即便重聚，也只能是四目相对、相顾无言了。

五

老谋深算与能掐会算的范增，却遭遇反攻倒算和划拨清算，落了个凄清景象，张良似在之前一无所知。刘季与陈平合谋痛下黑手时，唯恐出现闪失，故将消息封锁得严严实实，就连张良这等军中高参也被蒙在鼓里。他们抑或过于了解张良的秉性了，对于背后使阴招的卑猥之举，张良定是不以为然、不屑一顾的。如若事前有所感应，想必张良也会东拦西阻、横遮竖挡，力谏另换别策。对手是位高手，博弈才生快意。与范增交手，张良甘于在正面碰撞，蔑视在背后捅刀。

回想当初鸿门宴上，张良静心打量着老僧入定的范增，断定他乃老手宿儒、老于世故，且也探采出了范增的老马嘶风、老罴当道，决意拦截他的老不晓事、老奸巨猾。正是张良的临阵从容、弭患无形，才使呕心沥血的"亚父"气得吐血、玄机妙算的范增接连失算。鸿门一宴，让张良领教了范增的老而弥坚，也使范增领略了张良的英才大略。只可叹，老乡见老乡，剑拔又弩张，二者因政见相左、立场相异而分属两大阵营。然则，两虎相斗、必有一伤，鹬蚌相争、渔翁得利，这或是乱世谋士难以规避的使命与宿命吧。

对于范增的时运不济，太史公并未流露出爱才怜弱之意，甚而还有些吝公惜驴。在自家以青史名义而匠心营建的楼阁台榭中，竟然绝情地未能给"亚父"单辟一个单元，致使范增只能在英雄的时空中来回客串。倒是宋人苏轼在目睹范增的最终遭际后，颇为愤愤不平。他以犀利的笔锋洞察了范增和项羽之间，那套利用与被利用、伤害与被伤害、抛弃与被抛弃的魔法和怪圈。

东坡居士执意认为，范增理应更早一点远离项王，在项羽手刃宋义之时就当断然离去，否则或早或晚必生祸端。他屡劝项王灭掉刘季，而项羽这个别筋头、愣头货、十三点却充耳不闻，终酿苦酒。想那项羽猝然变脸，要了"卿子冠军"的卿卿性命，其实就是释放了迟早弑帝的强烈信号。他宰了障眼碍事的义帝，也就是对范增心存疑窦的源起，盖因义帝这尊天外来物乃是范增一手炮制而成。只可叹，一向睿智的范增却因侥幸作怪，还是晚走了一步，终致与项羽不欢而散、各奔东西。

超然而明理的苏轼，毫不吝啬褒扬荐誉。对于范增的地位与影响，他是高处落墨；对于项羽的命运与下场，他则一锤定音："增，高帝之所畏也，增不去，项羽不亡。呜呼，增亦人杰也哉！"[①]

范增确是汉王的心头大患，他的沦没乃是楚军的重大损失，却成汉军的特大利好。若始终能有范增左辅右弼，燮理阴阳，项羽就不会丢了江山、失了美人、赔了性命。宋人苏轼由此赞叹，范增不愧为人

---

① 〔宋〕苏轼著，崇贤书院释译：《图解苏轼集》策论类，黄山书社 2021 年版，第 272 页。

中龙凤。虽同在一朝，又较苏轼出道晚了八十余年，且是在东坡仙逝二十多年后方才降世，但洪迈并未盲从于前辈的史论。对于范增是否应为“人杰”的评判，苏、洪二人却始终各执一端。

可以想见，同样以“谋”而生的张良，在得知范增铩羽暴鳞、中道殂落后的心绪不宁。他在慨惜永别了一位真正可以视为高手的敌手时，也在惊恐汉营的不择生冷、败德辱行，一股寒凛、悲怆、凄惶之感在心头奔突。本就规言矩步、临深履薄的他，之后则更为谨终如始、秉节持重，直至功遂身退、归隐林泉。

明人黄克晦虽为布衣，但硕学通儒，诗书画皆能为，平生放情丘壑。某日，在旅经范增乡土时，他睹物兴悲、文思喷涌，以清朴诗文凝眺了范增亲历的那些事与是、实与势、史与识。

风雨过居鄛，野水流活活。
亚父故时居，苍莽烟中阔。
项氏起江东，力过万人绝。
幕下虽无人，君岂负三杰。
鸿门会且归，玉斗碎如雪。
天授人何为，徒劳三示玦。
茫茫天地间，王霸几衰歇。
何事往来人，为君重呜咽。①

① 〔明〕黄克晦：《经居鄛范增故里》。

倘若张良在世，不知可否从诗行中识认范增的急于事功，壮志未酬，蹉跎仕路？假使范增还世，不知是否会另栖高枝，志得意满，大器晚成？若是真的能让范增重返楚汉相呛的现场，他那弄性尚气、烈火轰雷的性格，恐怕一时半会儿也难以改变。看来，在顺天应时、知机识变、立身行事上，他还真是要弯下腰身，向张良这位年少乡友屈尊敬贤、移樽就教、执经叩问呀。

第十五章 良干：掌上垓下锁乌江

一

公元前 206 年的隆冬，岁暮天寒，雪虐风饕。刘季和项羽的心理温度，也与当下的雪窖冰天相应景。转瞬间，楚汉讧争已是四年有余，却偏偏打了个平手，敌我双方端的是八两半斤、伯仲难分。

鸿沟——这块蛰居荥阳的地界，成为两位王者再度交手、较量与叫板的竞技场。

彼时的刘季，因疲劳战而滋生的焦灼、焦躁神色，愈发浓重。自与众弟兄起事以来，尤其是与项军角力四年多来，这大大小小的战事已历经百余场，日日心惊胆慑、枕戈待旦，月月披坚执锐、志枭逆虏，岁岁深渊薄冰、抱火卧薪。然则，威胜、功誉、大悦、福德——这些平生所愿却与自个儿玩起了"躲猫猫"，总是若即若离、若隐若现，看得见又抓不着，猜不透也摸不到。一眼望去，这日子过得是既看不到头，又能看到头呀。

项羽心口的滋味同样苦涩。尽管亲率的楚军杀敌无数，沙场称雄，未尝败绩，但目前的战势却已对楚方极为不利。看那昔日部下、今朝敌帅韩信，仅用四个多月的时间就将赵、代、燕、齐四国俘擒于手，而自家的主力部队此时又被据守荥阳与成皋一带的汉军所牵制。最忧惮的是，楚军后方不时遭遇汉将彭越的频频骚扰，使补给线的供送屡现"肠梗阻"，且随时可能中断，楚军已经深陷人困马乏的疲态与辎重不济的窘态。正值冬寒，看到目下将士们因给养不足仍身着夏秋薄衫，且被寒风摧残得瑟瑟发抖的情状，项羽呕心抽肠。看来，这仗实在不能再无休止地打下去了，双方亟须一个体面的了断。

于是，鸿沟便化身为双方折冲樽俎、讨价还价、握手言和的谈判桌。历经多番唇枪舌剑，终于找到了一个最大公约数：以鸿沟为界，中分天下，东楚西汉，互不相犯，立约为证。在和约签署的那一刻，刘季与项羽拱手致礼，相拥作别。

鸿者，原为大雁之意也。在青史字缝中孑孓独行，竟倏然发现，"鸿"字似与刘季结有不解之缘。从鸿门到鸿沟，刘季的命运可谓蝉蜕龙变。想那鸿门之时，刘季即使率先入关，拔得头功，但因羽翼轻薄，尚难擎功自居。在赴项羽设下的饭局之际，依然屈节卑体、低首下气，乖乖地拱手让出自个儿拼着老命夺来的地盘。而如今置身鸿沟，虽说仍有沟沟坎坎，但他已然具备了与项羽分庭抗礼的腰杆、瓜剖豆分的底气。更让他不敢料想的是，"鸿沟"乃是他的最后一道屏障，迈过去即会鸿运当头、鸿鹄高飞。而这"鸿"字似又与项羽相生相克，鸿门宴上错失良机，鸿沟分界痛失领地。最伤惜的是，原本鸿骞凤立的他，离开鸿沟后便如坠鸿洞，遭遇鸿波滔天，顿若鸿翼倾折、鸿嗷凄咽。

且说那项羽当即便履约践诺，拔营东归。思家心切的他，早已火烧火燎、急不可待，径直向别离许久的彭城快马加鞭。项羽决意在故地重整旗鼓、重整山河，只有坐镇彭城，他才能找回虎视鹰扬、长戟高门的良好感觉，才能赋予自身无尽的自信和自足。诚然，其中也不乏无度的自满与自负。

对于这桩交易，刘季也是心满意足。征战数年来，这一次自个儿总算坐拥了一块合情合理、合规合法、合机合意的地盘。虽说勃勃野心尚未满足，但目下手中握有的权力、脚下占有的土地，足以支撑刘氏家族和难兄难弟们逍遥一世、快活一生了。正当刘季粗声粗气地向将士们吆喝着解甲投戈、一路向西之际，张良一把拽上陈平，联手拦住了汉王的去路。

张良与陈平二人所思所虑同频共振、高度契合，并乘机向无心恋战的刘季进言：目下大半个天下已被我汉军掌控，且诸侯们多已归降，士气正盛。而楚军此时已是兵疲粮绝、山穷水尽，这恰恰是剿项亡楚的最佳时机呀。当下理应把握战势、弃约东伐，乘敌不备、一举灭楚。若此次不擒项羽，任其东归，无异于放虎归山、养虎为患。

看到两位谋臣的坚定神情与决绝心志，玲珑剔透的刘季顿如拨云见日、醍醐灌顶，霎时重燃激情、重拾信心，即刻敕令速速依计而行。对于张良和陈平的直觉研判，刘季向来笃信不疑。此等信任，不仅仅源自日积月累的相处相知，更多的是潜意识中的默契与赏服。

不得不承认，楚军的战斗力的确刚强勇猛。面对刘季陡然间的撕毁和约、撕破脸皮，十万楚军在主将钟离眜和利几的率领下沉着应战，很快便在固陵、陈县一带（今河南省周口市淮阳区一带），将四十万汉军打了个落花流水，楚军战史由此再添以少胜多、以弱胜强的成功战例。令刘季百思不解的是，之前虽已与韩信、彭越约定合力抗楚，但这二位不知何因迟迟按兵不动，致使汉军底气不足、腰杆不硬、应对不力，在剽悍的楚军面前心惊胆寒，屡屡败下阵来。

面对久攻不下的战况，躲于战壕的刘季烦躁不已、愁眉不展，口中调集了世间罕有的粗鄙之语，不停地责骂、唾骂、咒骂韩信和彭越的失信之举。情绪稍有安稳，他又急向张良低声求解："诸侯不从约，为之奈何！"①

张良早已从刘季的神情中目测出了高烧征候。看来，此时的汉王急需一服猛药，方能退烧见效，平复心绪。

对于时局的望闻问切，张良总能一针见血：请陛下放心，楚军行将覆亡乃是板上钉钉的事情。至于韩信和彭越未能如约应战，深层次的原因当是陛下先前的承诺未能足额兑现。此二人虽已受封为王，却无专属疆域，说到底不过是个空头衔而已，且韩信还是自己讨要得来的封号。这二位可不是仅用空头支票就能套现的主儿，此一回未能前来驰援，其根由应在于此。陛下此时若能慷慨地与之平分天下，两位将军应会立即奉命引兵疾至，击败楚军自然不费吹灰之力。否则，最终成败确乎存有较大变数呀。

集大智慧与小聪明于一身的刘季，往往在紧要关头能够精准掂量出孰轻孰重。他不仅透彻领会了张良的战攻要义，而且还抱有"舍不得孩子套不住狼"的赌徒心理。在凝神聆听张良的一番条分缕析后，

---

① 〔汉〕司马迁撰，韩兆琦译注：《史记》一，中华书局 2010 年版，第 763 页。

他已对楚军腹背受敌、捉襟见肘、进退维艰的困境洞若观火，便当即颁诏，将陈地以东至沿海的地盘赐予齐王韩信，将睢阳以北至谷城的地盘划给梁王彭越名下。

利益即是利器，时机便是战机。不出所料，识相的韩信与彭越，很快便有了积极反应，急匆匆率兵赶来与刘季会师，并对楚军形成合围之势。两位虎将彼时还难以预测，此次出兵的心猿意马、暗中盘算与坐地起价，将为他们不远的将来惹下难以翻盘的祸端。

靳强、丁义、灵常等将率领的汉军，一举突破了固陵的楚军防线，随后便集中火力攻打陈县，并将楚军击溃于陈县城下。且慢，此处现身的灵常大人，不是项羽的重臣吗？曾官至楚国令尹呀。令尹一职手握军政大权，大抵相当于楚相。不错，他虽身居高位，却在固陵投诚了汉军，可见刘季之师军威之盛。此一役可谓险象环生、惊耳骇目，且反转不停……

置身战场前沿，张良深惟重虑。灌婴、靳歙、樊哙、蛊达、夏侯婴、周勃、柴武以及刚刚降顺的灵常等一干猛将的悉数会合，韩信、彭越和黥布所率大军向楚营的步步进逼，致使刘季的底气越来越足、拳头越来越硬、脊梁越来越挺。大战在即，箭已满弓，一场惨烈的厮杀又将在陈县城下开打。

对于刘季来说，这是凯歌前的序曲。而对于项羽而言，此乃挽歌前的悲鸣。

二

偏偏就在急如星火之际，一连串的坏消息接连传至楚营，犹如一挂挂鞭炮次第炸响，使本就脾气暴躁、性格刚烈的霸王，情绪愈发失控。

此前，霸王将重兵放心地交给了心中爱将、楚国大司马龙且，令他速援齐国，力敌韩信、曹参、灌婴所部。因龙且之前与汉将黥布交手时曾经占过上风，这也恣意助长了他的盲目自大，所以根本没把敌军主帅——那位昔日在楚营帐外听命的执戟郎中韩信放在眼里。自负与大意的代价，便是潍水之战的一败如水。自己一命呜呼且不计，二十万楚军竟在滔天巨浪中被活活淹死。

还有，项羽本意亲率楚军南下奔赴九江国，孰料统领南方前线的楚国大司马周殷眼见败势凸显，临阵变节，转投了刘季。而黥布彼时在九江一带攻城略地，势头正劲，也使楚军后方出现了重度震荡，所辖城池处处告急，近乎全线溃败。"刘贾军从寿春并行，屠城父，至垓下。"① 楚军意欲南下的必经之地，即张良老家城父以及昔日楚都寿春，此时也已被汉将刘贾铁腕霸据，楚军的南征计划只得就此打消。而汉将靳歙也在楚军后方兴风作浪，抢走了大片楚国领土，东至缯、郯、下邳，南至蕲、竹邑，均已悉数归汉。

在潍水之战中大获全胜的韩信和灌婴，未及休整便又迅速调集兵

---

① 〔汉〕司马迁撰，韩兆琦译注：《史记》一，中华书局 2010 年版，第 763 页。

力，率先抢占了项羽的梦中归宿彭城，致使霸王还巢梦碎，无奈中急令项声、薛公和郯公临时抽调前后方所余兵力收复淮北失地。而此时正处在兴头上的灌婴，乘胜迎敌，所向披靡，又在下邳大破项声、郯公，且斫斩了薛公首级。

随着楚军铁骑在平阳被汉军击败，楚军主力已是荡然无存。此时，楚之柱国项佗也已沦为战俘，留、薛、沛、鄪、萧、相等地逐一归顺。面对汉军接连强攻苦、谯二县，留给守城的楚军亚将周兰之选项，也只有俯首就擒了。

后方被搅乱，后路被切断，后劲被熄火。一时失去方向的楚军，犹如惊弓之鸟、热锅蚂蚁、无头苍蝇，只得硬着头皮向自感有利的地形骇窜。在陈下之战中大为失利、大伤元气的项羽，急率残部鞭抽战马、一路狂奔，数度掉转马头、移东掩西。上苍为霸王预留的最佳营地，抑或只有垓下僻野，才是天然的藏身据点。

大棋局渐次形成，终极战行将上演。此番对垒非同往常，攸关楚汉双方的势与失、胜与生、王与亡。

项羽率军遁逃的举动，显然是被刘季大军的破竹之势惊吓出来的。此项仓促而草率的决定，却为楚军的未来铺设了穷途末路。龙且军团、项声军团、曹咎军团的接连损失以及周殷军团的意外流失，致使项羽在短时间内痛失了左膀右臂。自"亚父"范增负气出走、中途暴亡后，霸王的身边再无上等谋士献策，果真让他智勇双"蜷"、失道寡助了。无可选择而又不得不作出选择，心存侥幸而又没有侥幸可言。彼时的楚军已是人无粮、马无草、军无心，只得首选误打误撞型，也是连滚带爬式的行军战术。霸王于慌乱中的一通拍板，直接促成楚军面对的阵势更为强大，面临的局势更加危急。不知不觉间，他们正在陷入由四路汉军合拢而成的包围圈。

汉军的第一路大军则由汉王刘季亲自挂帅，从荥阳出发，自西向东，攻击楚军。第二路大军是由梁王彭越率领，自东郡出发，向南击打楚军。第三路大军便由齐王韩信率部，自齐地出发，进攻彭城，端了项羽老窝。第四路大军且由淮南王黥布率领，自南向北，攻打寿春，以断楚军南下退路。

"项王军壁垓下，兵少食尽，汉军及诸侯兵围之数重。"① 垓下——这片偏居淮北郊野的无名之地，即将因为一场鏖战、一段悲壮而名存青史，也将因为一桩离别、一曲楚调而催人起敬。

惊魂未定之际，霸王便令部下抓紧清点人马。十万！项羽接收到的这个数字，与敌方的六十万兵力相差甚远。横下心来，以一当十，殊死一搏，楚军还能再造当年彭城之战以少胜多的神话吗？还会续写当前固陵之战以弱胜强的经典吗？尽管楚军残部的自信心喊得震天响，可是项羽这一次却是焦眉愁眼、寒心消志，全无怙才骄物、奋武扬威之势了。

再大的困难也要克服，再强的对手也要面对，再坏的结果也要承受。就这般，项羽率领最后一支楚军，以赌博的心态击搏挽裂、负隅顽抗，企图力挽颓势、扭转战局。

不妨目随太史公的如椽之笔，遥睹和饱嗅一下这场大战的漫天烽烟吧。

---

① 〔汉〕司马迁撰，韩兆琦译注：《史记》一，中华书局 2010 年版，第 766 页。

五年，高祖与诸侯兵共击楚军，与项羽决胜垓下。淮阴侯将三十万自当之，孔将军居左，费将军居右，皇帝在后，绛侯、柴将军在皇帝后。项羽之卒可十万。淮阴先合，不利，却；孔将军、费将军纵，楚兵不利，淮阴侯复乘之，大败垓下。[①]

这一战，楚军交锋的对手真个是今非昔比、所向无前了，而且意志坚如铁、信念硬如钢、驰驱疾如电。楚军首先要与韩信率领的三十万汉军正面冲撞，或受霸王视死若生的精神所鼓动，楚军残部在刀山火海中困兽犹斗、猪突豨勇，竟然击退了韩信兵团。孰料，尚未来得及为小胜欢呼，就被埋伏于两翼的孔将军孔聚、费将军陈贺率领的两股力量左右夹击，而适才败退的韩信所部霎时间又杀了个回马枪。此等阵法明显带有"韩氏风格"，与韩信之前在背水一战中击败成安君陈馀、在潍水大战中力压楚将龙且的手眼身法步大同小异。只不过前两次的博弈，韩信玩的是活水，而这一次用的是人海。

此时，后方由刘季统领压阵的三十万汉军，正在场外随时待命，周勃将军、柴将军陈武率领的大军则在外围严防死守，梁王彭越、淮南王黥布、前楚大司马周殷等一帮强将，也在最后一道防线上候场接应。这里出场的柴将军，也是叛将韩王信的克星。正是柴将军以讨逆之名，要了已入匈奴阵营的韩王信之性命。

霸王部属虽然誓言铮铮、斗志尚存，且勠力突围，怎奈南、北、

---

① 〔汉〕司马迁撰，韩兆琦译注：《史记》一，中华书局 2010 年版，第 871 页。

西三面受敌，已被乌泱泱的汉军重重包围，寡不敌众，动弹不得。情势危急，形势所迫，楚军不得不放弃徒劳无益的抗争、舍弃以少胜多的幻想，在月黑风高中全线溃退。

向来以"常胜将军""天下无敌"自诩的项羽，这一回却以个人的屈辱饱蘸将士的血浆，亲笔写下了楚汉大战的终结篇。

三

夜幕垂临，泼风骤起。

尖厉的风声犹如汉军的冲锋号，亦如楚军的追魂炮。是啸鸣，还是呻吟？是悦耳，还是刺耳？双方感受注定不同。

战事已到最吃紧的关头。与汉军将士一样，张良也是日夜忘食，夜不能寐。他披上冬衣，在西北风的簇拥下悄然攀上鸡鸣山。在此，他要与四处请来的一百零八位匠人一起，纯手工制作一件特型装备。工匠以坚韧的青竹编作骨架，将驴皮切为细条拧作绳子，用精熟的薄黄牛皮辅以蒙面。经过七个昼夜的匠心赶制，一只硕大而坚固的风筝赫然成型。细细打量与计量，风筝直径约有十丈，共计动用了三十六根毛竹、四十八张驴皮和七十二张牛皮。风筝线乃是用丝帛精捻细搓了四十九股后方才凝结而成，风筝之下缀一箩筐，筐外用加厚牛皮严实包裹，以具御寒防箭之功效。

诸事安置停当，张良便手持一管洞箫，缓步迈入筐中，毅然端坐，抚箫吟奏。风筝借助寒夜风力腾然升空，一曲思乡楚歌顿趁深沉夜色，漫天彻地，叩心泣血……

天寒夜长，风气萧索。其时，哀怨悲凉的箫音与唱词裹挟着朔风，环绕的山峦合成了一台天然的低音炮，风声、曲调和重低音的协奏，加之布满四周的汉军齐声合唱，使一首接一首的楚歌，可谓愁然乡魂、潜然伤魂、遽然摄魂、黯然销魂。后人测度，这种曲调自此便驻留该地，且经口口相传，日渐演化为"拉魂腔"，也成为淮河两岸鸾吟凤唱的泗州戏之源流。率性而歌的泗州戏，每每在唱腔落音处，总有一种长长的拖腔兜底，曲调如楚歌般悠扬凄婉，委实勾魂与养魂。

思乡的愁绪，生命的恐惧，凄切的冰籁，使本就腹中空空、身着薄衫、心灰意冷的楚军更为触景生情，自发地伴着天上飞来的箫音放声应和，恋家情结、厌战情绪急速蔓延。原本固若金汤的楚军，顷刻间便鸟惊鱼溃、军心涣散，沙场上那种固有的洞察力、判断力、执行力、爆发力、杀伤力、意志力、承受力，顿时折损大半。

张良的军事思想博大浑阔，诸多离奇与新奇的招数、诡奇与精奇的套路，令人想不到、说不清，也学不来，更做不了。《灵璧志略》有载："城东南约一里许有品箫台。"[1] 传为汉军围攻霸王以及张良箫声散楚之地。现如今，张良曾经身披夜色登上的鸡鸣山，也被后人改易为子房山。这座早已被历史风干的旧迹，虽说远离了战争的叫嚣，但似乎仍在四季轮回中向尘世念叨着那段神奇的存在。

明人沈采思接千载，在剧作《千金记》里大量注入了个人情愫和合理想象，在笔歌墨舞中复原且渲染了这段历史场景。

沈采觉得晚年的张良应善调笛，盖因铁笛往往是鹤鸣之士的钟爱

---

[1] 〔清〕贡震纂修：《灵璧志略》，清乾隆二十五年（1760年）此君草堂刻本。

之物。此说虽是评述乐器习奏之特质，似也暗藏凄恻音色之杀机。若是虑及垓下之危境，想那张良动用的应是低回哀婉、直抵人心的箫音。笛声也好，箫音也罢，反正感物伤怀的沈采已是深陷其中、意惹情牵，且在怆然补笔中又生悲戚与哀矜。

帐外如潮的楚歌推搡着呼啸的寒风，来不及禀报便莽撞地闯进了楚军大营。正与心上人虞姬缠绵的项羽，闻之顿感毛骨悚然、寒毛发竖，大声惊呼："汉皆已得楚乎？是何楚人之多也？"① 难道汉军这么快就将楚地攻占了吗？怎么会有这么多楚人聚此吼叫？霸王的厉声责问无人应答，只有帐外的风声歌声与帐内的寒意悲意相互唱和。

事已至此，悔之何及。霸王索性强端酒觞，执剑而起……

力拔山兮气盖世，时不利兮骓不逝。

骓不逝兮可奈何，虞兮虞兮奈若何！②

在史家惯常的笔下与认知中，"刘项原来不读书"。项羽不过是莽夫屠夫、武夫暗夫、鄙夫拙夫，与那刘季一样目不识书，肤浅末学。但从霸王在如此悲境中即兴吟唱的诗文《垓下歌》来看，他同样也是文思敏速，文如春华，绝非等闲之辈和粗陋之人。

伤时感事的虞姬，从项羽温暖而又冰凝的怀抱中缓缓抽离，眼噙热泪随歌起舞。有意无意间，虞姬拔出霸王佩剑，以剑作拍，现场赋词，边舞边歌，真切而完美地绽放出了一位玉女、才女、淑女的真

---

① 〔汉〕司马迁撰，韩兆琦译注：《史记》一，中华书局 2010 年版，第 766 页。
② 〔汉〕司马迁撰，韩兆琦译注：《史记》一，中华书局 2010 年版，第 766 页。

性情。

> 汉兵已略地，四方楚歌声。
>
> 大王意气尽，贱妾何聊生。①

正当项羽浸没于心爱之人的婆娑舞姿和曼妙歌声时，忽地，丽音戛然而止，倩影怆然而逝。虞姬以珠沉玉殒、蕙折兰摧的极端方式，诠释了自己与霸王的连枝共冢、盟山誓海。这位貌似柔弱的红颜，却在兵锋前线以金声玉色、高风峻节，推翻了世间对她的所有误读与讥评。却原来，她不但坐享美女之名，亦秉持烈女之节。

眼前乍现的一幕，令霸王大惊失色，伤心欲绝。久经沙场且刀口舔血的他，对于绝情、杀戮、血腥从不陌生，批量的鲜活生命曾经沦为他的磨剑石，他也从未眨巴一下眼、服过一次软。可在今夜却变生意外，至爱之人竟用他的剑铗，面对面地了却了如花美眷。唉，自己向来以叱咤疆场而夸诩，未能及时出手营救世上最爱的人，眼睁睁地看着她珠沉玉碎，活生生地见证她瘗玉埋香。可想而知，项羽彼时的心绪已是低沉、低迷、低潮到了极点。

显而易见，"霸王别姬"乃是一出苦情戏，也是一场悲情戏，更是一折绝情戏，戏码显然是在"老江湖"刘季的杀威棒、烟幕弹、连环炮中籥演。然则，茫茫史海亦会映现海市蜃楼，循环模式时常自动打开。只是令刘季难以预料的是，类同"霸王别姬"的戏目，竟会在

① 〔汉〕司马迁撰，韩兆琦译注：《史记》一，中华书局 2010 年版，第 767 页，注释⑦，《正义》引《楚汉春秋》所载虞姬和歌云，殆出于后人依托。

三百九十一年后的自家族裔中重演——

且看东汉末年，实乃多事之秋，沧海横流，风起云飞。素有等夷之志的并州牧董卓，向来势欲熏心、穷凶极恶，故一直钻天觅缝、磨砺以须。这位西凉军阀盗名暗世，乱政祸国，倚势挟权，公然对汉灵帝的一隅之说强行移花接木、断章取义，且以此为由，策废少帝刘辩为弘农王，改立刘协为献帝。刘辩与刘协本为异母兄弟，其父灵帝刘宏乃是汉高祖的十五世孙。在大魔头董卓老儿的捆打挝揉下，可怜的刘辩不但惶惶让出才坐了一百多天的龙椅，而且还乖乖交出了十八岁的性命。饮恨临命之时，刘辩与爱妻唐姬洒泪宴别，上演了一幕"少帝别姬"。彼时的刘辩，端的是悲愁垂涕、声泪俱发。

面对娇娇贤妻，少帝痛不堪忍，舒吭一鸣：世道浇漓，天理何在，我刘辩竟会皇运遇劫，遭此沦辱。拱让江山居然也换不来安稳，可恨的是那乱臣贼子不仅贬朕为王，还要截断寡人气命。爱妃呀，朕将与你离鸾别凤，远赴冥漠之乡了，还能再为朕取瑟而歌、婆娑起舞么？倏忽之间，幽闺弱质却奋袂而起、饮泣哀吟：

> 皇天崩兮后土颓。身为帝兮命夭摧。
> 死生路异兮从此乖，奈我茕独兮心中哀！①

虽身为帝王，却命不由己。唐姬为夫君的有志无时、有才无命、有屈无伸而抑郁不平，也为痛失夫君后行将坠入的大夜弥天、遥夜沉

---

① 〔南朝·宋〕范晔撰：《后汉书》卷十下，中华书局 2007 年版，第 132 页。

沉、晦夜残年而纡郁难释，可谓一字一泪，一泪一血。就这般，刘辩在与鸿妻、尘凡、权尊、皇基的恋恋不舍中，被迫饮鸩而亡。然则，永诀之时，刘辩却有一事放心不下，叮咛告诫唐姬切须"自爱"，言下之意，勿忘你乃贵夫人的身份，万万不可下嫁于廷吏黔首呀。事到如今，这位曾经的汉主心心念念的还是男欢女爱、儿女情长。如此胸襟，如何装得下万里江山；此等世眼，焉能望得见万古江河。

论及史上知名度，刘辩与项羽相比可谓差若天渊。盖由于此，这段"少帝别姬"鲜为人知。不过，"霸王别姬"也好，"少帝别姬"也罢，若揆情度理，两则"别姬"虽皆为时势所迫，但自戕主角迥乎不同，一为外柔内刚的烈女，一为外强中干的弱主；一为火中生莲的逸举，一为情非得已的行举。

目下颓势虽难阻挡，但生来任性的项羽，还是决意孤注一掷、赌上一把。矢尽援绝，势穷力竭，如之奈何？想必霸王也只能死马当作活马医了，即便希望渺若烟云，他也要使尽洪荒之力擒于手中。

四

东方将白，晨光熹微。刘季尚未来得及洗漱，就接到了军情急报，项羽已于昨夜亲率八百锐士，"胆寒垓下，一鞭东窜休矣"[1]。

在风雨不透的地网天罗中，项羽竟能划破重重夜幕金蝉脱壳、极

---

[1] 〔宋〕汪宗臣：《醉江月·题乌江项羽庙》。

限逃生？事前，张良是否与刘季密谋，移用"围师必阙"①的兵法而布局，故意留出一个缺口让项羽的侥幸心理暂时得以满足呢，以便花费最小的成本和最低的代价全歼残楚？在众将面前，尤善作秀的刘季，的确是急赤白脸地向灌婴下达了死命令：即率五千精骑火速追击，务必力擒项羽，活要见人，死要见尸。

项羽率众魂不守舍、慌不择路地向东南方向窜逃，而在抢渡淮河后竟又误入阴陵旷野。此时的霸王方才觉察，身边只剩下百余随从，不仅跑丢了众多精兵，而且还迷失了方向，一种不祥之感顿袭全身。好在路遇一田野村夫及时向左引路，方才重新定位了遁奔坐标。孰料，此人所言却是弥天大谎，他向纵横决荡、傲睨一世的霸王指引的乃是一条不归路。这位田父野叟是无厘头还是恶作剧，是汉军假扮还是本色出演？历史又一次向世人打了个哑谜。

依照村夫所指，霸王残部很快便身陷沼泽，寸步难行，致使楚军兵力再遭耗散。项羽定睛一瞅，只有二十八位随从还能派上用场。而灌婴彼时率领的五千追兵也愈发逼近，时局可谓间不容发、险象环生、鱼游沸鼎。

"吾起兵至今八岁矣，身七十余战，所当者破，所击者服，未尝败北，遂霸有天下。然今卒困于此，此天之亡我，非战之罪也。今日固决死，愿为诸君快战，必三胜之，为诸君溃围，斩将，刈旗。令诸君知天亡我，非战之罪也。"②即使是哀叹与抱怨，霸王也要道出一种

---

① 〔春秋末期〕孙武著，普颖华、华名良主编：《孙子兵法》军争篇，中国物资出版社 1994 年版，第 86 页。

② 〔汉〕司马迁撰，韩兆琦译注：《史记》一，中华书局 2010 年版，第 768 页。

体面说法：想我起兵已有八年，亲历了七十余场恶仗、硬仗和大仗。谁敢与我为敌，我便迅即将其击垮；我之利剑所向，必是降者跪服。正是我踏破山河，矢无虚发，百战百胜，方才享有"西楚霸王"之誉呀。可叹我如今却遭人暗算，困于此地，这定是老天要收回我之命数，绝非因我失策、失才、失手所致。罢了，即使今日战死沙场，我也愿为诸位将士再作一次示范。诸位且看，这一回我定能"三连胜"，为尔等杀出重围，克敌砍旗，也好以此力证，此役失利实乃天意，本与我在沙场之上的领导力、辨别力、判断力、应变力、抑制力、反冲力、爆发力、威慑力、攻击力和杀伤力毫不相干呀。

面对一帮残兵败将，项羽作出的强聒辩解，无外乎自说自话、自我解嘲、自欺欺人，听来又好气又好笑。由他亲率的十万兵马浩荡而来，却在冲天狼烟与凄厉箫声中溃崩而去。短短数日，死的死，伤的伤，逃的逃，降的降。在四面楚歌、八公草木中，在四分五落、八花九裂中，楚军已是日暮途穷，渐次成了"儳军""搐军""黜军"，而"垓下之围"似也演化为"骇吓之围"。在霸王一个人的战史中，这是他唯一一次所吃的败仗，却铁定成为他人生最终的败局，且难有挽回之机，更无回天之力。

在残部面前，不是权时救急；于危亡关头，竟未急兔反噬。彼时的项羽在作甚呢？却原来在忙着为个人的面子找补，一再将责任推卸和归咎于上苍，接连用无谓的傲慢为自身所谓的高明而正名。错不可恕，罪莫大焉。今人回望，若将项羽过往的克伐怨欲，与当下的荒唐相联结的话，他的境遇委实令人难生同情，仅感悲情；难生痛惜，只有痛斥。就连太史公也实在看不下去了，胸中块垒，不吐不快：

自矜功伐，奋其私智而不师古，谓霸王之业，欲以力征经营天下，五年卒亡其国，身死东城，尚不觉寤，而不自责，过矣。乃引"天亡我，非用兵之罪也"，岂不谬哉！①

对于项羽，太史公也是哀其不幸、怒其不争。笔下愤激的文字显然充溢着质问、考问、诘问的语气：你项羽一向以自我为中心，目中无人、目无法度，好为人师、好大喜功，自以为是、自鸣得意，穷凶极恶、穷兵黩武。这下好了，五年之内你终将楚国亲手葬送。大势已去矣！这都死到临头了，你仍不扪心自问、躬身自省、愧疚自责，反倒施以徒劳的诡辩，竟然大言不惭地将败局归结为天意，一味规避个人的黑白不分、是非不明、善恶不辨，真是太过荒唐、荒诞、荒谬了呀！

不过，在一场大戏行将落幕之时，历史还是为项羽设计了最后一次逞强称能的戏份。他稍稍提了提气，定了定神，挺了挺身，便令随从面朝四方，速列四队。而在此时，汉军追兵蜂拥而至，且层层压缩、收缩和紧缩着包围圈。遽然间，项羽大喝一声："弟兄们，我再为你们力斩一敌。"他以一种近乎表演的神态向部属炫技，汉将人头随之应声落地。已如亡命之徒的霸王，迅即便山呼海啸地向汉军冲杀，边突围边密令四队骑士山下集结。汉军一时也被项羽猛虎下山的阵势吓呆了，潜意识中怯惧霸王的本能反应，驱使他们下意识地步步后退。

---

① 〔汉〕司马迁撰，韩兆琦译注：《史记》一，中华书局 2010 年版，第 777 页。

汉军头领杨喜更是丢人现眼，项羽的一个怒目、一声断喝、一道剑气，就吓得他魂惊胆落、人仰马翻，竟在屁滚尿流中撤退数里。

汉军的恐慌万状为项羽留出了难得的喘息之机，终与残部如约集结。而回过神来的汉军，此时再度围攻上来，项羽不得不重又披挂上阵，左推右挡，左冲右突。在这场混战中，汉军因指挥不当，损兵折将，共有一名都尉和百余位士兵在糊里糊涂中跑上了黄泉路。而楚军呢，却只有二人倒下。

"何如？"① 不无得意的项羽向残部邀功。败军仍在瞪着眼、攥着拳、扯着嗓为霸王捧场，"如大王言！"② 在给足了项羽面子的同时，也将每个人最后的愚忠撅给了这尊行将破碎的偶像。

滔滔乌江见证了一代枭雄的窘境，也掏空了项羽面见江东父老的勇气。他不甘以败将之身与故地重逢，仅愿携忠烈名节踏进历史烟云。不过，老天确实赏识这位豪杰的胆略，即使在他刀折矢尽、鼓衰力竭之时，还特派乌江亭长前来救驾。

亭长？又是亭长！对于此等称谓与职位，项羽早已心存芥蒂，更是击排冒没、深恶痛诋，却又畏之如虎。想我堂堂一位"西楚霸王"，横刀跃马，狂扫千军，威动海内，孰料竟能阴沟里翻船，最终败给了一个无信的亭长小儿。目下怎又突现了一位亭长？这是天造的罗网、地设的陷阱，还是人为的圈套？难道此生我项羽注定与亭长怀有爱恨情仇，这是一笔宿债、一位宿敌，还是一条宿命？

项羽的思虑并非多余，往事的繁杂，世事的鬼魅，军事的溃败，

---

① 〔汉〕司马迁撰，韩兆琦译注：《史记》一，中华书局 2010 年版，第 769 页。
② 〔汉〕司马迁撰，韩兆琦译注：《史记》一，中华书局 2010 年版，第 769 页。

不得不让粮尽援绝、锐挫望绝、山穷水绝的他，将一个个噩梦倏然串连。

乌江亭长好言相劝：将军呀，江东虽是寸土尺地，但也坐拥千里沃野、数万民众，您同样可以成为富有天下的君王。目下虽当风秉烛，但尚有转圜空间。江水湍急，浊浪排空，而此处唯有在下驾有一舟，汉军即便抵此也难渡江，将军还是快快上船吧……

清人王苏感喟于乌江亭长持危扶颠的气概，曾为此发出"江东虽小尚足王，一语气已吞萧张"[1]的浩叹。然则，这位亭长的善意营救，已难以暖化项羽那缕形如槁木、心如死灰的极寒魂魄。

也有好事者将项羽不肯过江东的罪责推给了张良。正史虽失载，但在稗官野史、市井野谈中尚存零星依据。其实，说是罪责，倒不如说是夸大和神化了张良的足智多谋。行文至此，不妨再现一下这段坊间传闻。

当霸王狼奔至乌江之畔时悚然发现，江边竟聚集着一堆乌压压、黑黝黝、暗森森的蚂蚁，正急火火地用躯体书写着五个遒劲大字"项籍殁于此"，籍乃其名，而羽乃其字。诡异的是，语义恰恰与霸王"上天亡我"的臆断相吻合。小小蚂蚁皆能揣摩天意、执行天命，故事主角更要顺天而为、奉天行事呀！故此，霸王以"天之亡我，我何渡为"[2]的哀鸣嗷嗷，回应乌江亭长渐已远去的欸乃橹声。

故事听来，委实怪诞不经。这不堪一击的区区乌蚁，安能有替天行道之大义？不过，民间版本还真的作出了合理解释。据传，张良也

①〔清〕王苏：《乌江》。
②〔汉〕司马迁撰，韩兆琦译注：《史记》一，中华书局2010年版，第771页。

是投其所好，先以蜂蜜为墨，提前在江滩打好"项籍殁于此"的底稿后，才请嗜甜如命的蚂蚁兄弟集体出场，附着其上，铺满字间。这群蚂蚁不仅大快朵颐了一把，还以蚁穴溃堤之势，顺手摧垮了一位青年枭雄的精神大坝。

乌江无言，它无法向世人对证"蚁"闻轶事的真伪；乌江呜咽，它却亲眼见证了旷世英豪伏节死义的悲壮。

五

在疾抵乌江时，项羽并非没有细细思量。过江倒不是问题，面子上过不去却是个大问题。不过，即使顺利渡江，若想重整旗鼓、重起炉灶、重温旧梦，更是一个大大的问题。

死要面子的项羽，彼时念及的是随他一同渡江西进的八千将士魂失天外，顾及的是江东父老是否对他昔日的暴戾恣睢进行追责问责，怨及的是个人战神形象的猝然崩塌。最难把握的是，早在项氏举兵起事并浩荡西进时，江东局势即已悄然变化，而今情势，捉摸不定。

当诸侯反秦的正义之战刚刚打响时，越王勾践的后人闽越王无诸和越东海王摇，就已将现今的湘赣闽以及浙南、鄂东南等地紧揽怀中。由于项羽迟迟未将王位册封，致使东越人态度明朗而强硬，坚决"不附楚"，孰料却为刘季奉送了可乘之机。汉五年（前202年）时，刘季便大方而高调地赐封无诸为闽越王。由此，江东之地大多烙上了刘氏标签。故在楚汉较量胶着之时，东越人坚定地为刘季兵团呐喊助威。

无论作何演义，项羽皆可称之为志士仁人。只可惜，有时心怀的却是妇人之仁、仁而不忍，终致白白丧失了战机、生生荒废了山河。为了答谢乌江亭长的临危襄助，他将五年来随其东征西讨且钟爱有加的乌骓宝马礼赠予他，并在躬身永诀后，即令所有残余将士下马迎敌，死磕到底。

追击的汉军如饿虎扑食、狼奔豕突，个个青面獠牙、血脉偾张。盖因汉王此前已将"赏千金、邑万户"的大奖昭告全军，霸王首级故成众矢之的，群起而夺之。重赏之下必有勇夫，汉兵个个好似注射了兴奋剂，拼着老命地攘臂一呼，不眨眼睛地砍杀一通。

此时的项羽反倒冷静和镇静了许多，这应是直面死亡已由畏惧过渡到了蔑视的神情。百余位汉军锐士的汩汩鲜血，粘着暴发的憧憬、破灭的野心、人间的不舍，流入乌江，汇入史海。

混战之中，项羽无意间巡睃到敌人中的一位熟人。然则，这位被他直接点将的吕马童却是不敢直视，只顾哆哆嗦嗦地向上司王翳指认"此项王也"①。项羽轻蔑地望了一眼汉军，拔剑四顾，声震屋瓦："吾闻汉购我头千金，邑万户，吾为若德。"② 随之仰天狂笑，拔剑自刎，向汉军将士现场兑现了"吾为若德"的期诺。时年三十岁的项羽彼时正值"而立之年"，却用嗜血的青春漂染成了"而'栗'之年"。

霸王首级自然是被王翳所得，盖因他是围剿项羽的汉军头领。头领当然就应享有"头功"喽，这也是数千年来亘古不变的规则。为了抢夺霸王残躯，其余将士则是现场反目，兵戈相向，几十位汉兵竟为此白白送上了小命。最终，在这场争"项"大战中，郎中骑杨喜、骑

---

① 〔汉〕司马迁撰，韩兆琦译注：《史记》一，中华书局 2010 年版，第 772 页。
② 〔汉〕司马迁撰，韩兆琦译注：《史记》一，中华书局 2010 年版，第 772 页。

司马吕马童、郎中吕胜和杨武胜出，各自抢到了项羽的一段残肢。相互拼接，恰好凑成了霸王生前的威武。

刘季果未食言，即刻践诺：封王翳为杜衍侯，封吕马童为中水侯，封杨武为吴防侯，封吕胜为涅阳侯，封杨喜为赤泉侯。这位杨喜是因抢得了霸王的"大腿"而得以重赏，自己封侯暴富诚然"喜"不自禁，可他还为后世子孙带来了不尽的"喜"讯，代代育有名士重臣。杨喜的曾孙杨敞因怀珠抱玉，不仅成为太史公的女婿，还坐上了西汉相位。其十二世孙杨修则扬名三国，官至丞相主簿，只因聪明过了头，才让曹丞相动了杀心。最为瞠目的是，他的二十世孙杨坚竟然开创了大隋一朝，尽管仅仅坐享了三十八年的国运，如暴秦一般二世而亡，但也算圆了一场"帝王梦"。杨喜一脉"仕"不可当、封侯拜相、开疆拓土，难道真的是因为他在关键时刻死死抱住了霸王的"大腿"？对于此等敏感话题，即使杨喜在世，想必也只会顾左右而言他，绝不敢正面触碰，更不会率性作答吧。

霸王暴毙，瞬间解除了汉军的警备，也快速打开了刘季胸中禁锢多年的心锁。这一切，皆在张良的掌控之中。从荥阳对峙到鸿沟和谈，从公然违约到固陵交手，从陈下之战到垓下之围，从四面楚歌到十面埋伏，从霸王别姬到乌江自刭，从西楚团灭到大汉开国，从项羽倒台到刘季称帝，这场楚汉相争的压轴戏与大轴戏，可谓环环相扣、扣人心弦、丝丝入扣、扣壶长吟。

项羽倥偬且短促的一生，"自矜功伐，奋其私智而不师古，谓霸王之业，欲以力征经营天下"①，这厮自夸功高，自恃其才，且不知师法古人，一味盲信仅凭武力即可平天下。

霸王的魂飞湮灭，似又来得过于突兀，令世人一时猝不及防，怅然若失，扼腕叹息。

项羽的将星陨落，以一己命光遽然驱散了楚汉争霸的盲风怪云，果决阻拦了更多楚人前仆后继的徒然殉国。可是，这种豪犷的诀别，却又意外挑开了一个新王朝的宫廷割裂与隐形角斗。与沙场相较，更令人悲恐、悲怆与悲咽。

超然自引、离世遁上的张良，过得清澈，活得透彻。他将"观棋不语"的态度早早悬于门前，也将宫廷是非的论争统统拒于门外。其实，朝阙的明枪暗箭，君臣的明争暗斗，一如决战垓下时他对楚亡汉兴所作的精确预判。看来，时势的起承转合，他是烂若披掌；时局的推拉摇移，他也是如运诸掌。

---

① 〔汉〕司马迁撰，韩兆琦译注：《史记》一，中华书局 2010 年版，第 777 页。

第十六章　良能：文通武达一脉传

一

如若没有强秦野心的膨胀与作祟，在齐、楚、燕、韩、赵、魏等战国群雄间，虽时有擦枪走火，但也无伤大体，算得上邻里和睦、相安无事。

尽管张良所在的韩国地盘褊狭、体格消瘦，其他诸国仍自觉遵循外交惯例，以礼待之，以利趋之。张良一家世代效忠韩国，祖父姬开地乃三朝宰相，贤父姬平两度荣居相位，也不幸沦作末代韩相。姬氏五世相韩，初心不改，虽远不怠，为了韩国和韩王，张良先辈奔波于朝野，打理着朝政。无论国与家，日子倒还过得政清人和，安常履顺。

楚国的体量要比韩国雄壮得多，故楚王要比韩王神气许多。项氏家族以武起家，依武报国，流血的疆场成了项家安身立命的根据地，也成了项氏傲立朝野的发迹地。项燕乃护楚名将，为续江山气脉，竟被秦将王翦逼至山穷水绝，最终只得引颈殉国。其长子项荣英年早逝，幸留子嗣，名籍，字羽。次子项梁誓报家仇国恨，聚拢各方侠士，在会稽扯起了义旗，勇过江东攻城拔寨，眼看胜利在望，孰料却在定陶恶战中遭遇秦将章邯包剿。项梁用生命的余额耗散了秦军余威。而一直跟从项梁的舍侄项羽，魁梧奇伟，英勇彪悍，弓马娴熟，善用剑戟，膂力过人，可谓新一代项氏拔尖英才。在接过项家军大旗后，其杀敌致果，战功彪炳，最终却因匮乏管人治人、统御统承之术，而误入了祖父后尘，自戕于乌江岸边。

张良一脉与项氏一族有着诸多相似、相近和相同之处。两大家族皆为国祚柱础，只不过一从文一善武；也都是满门贵胄，只不过一名相一宿将。出人意表的是，史料中竟还暗藏着一条线索——两大家族原属同一姬姓。张良一脉的姬姓渊源开篇即已触及，余言不赘。

张良的更名缘由尽人皆知，那是为了躲避始皇二十九年（前218年）秦廷追究他刺杀嬴政的大罪，才在下邳不得已涂抹了姬姓，自此便由姬公子蜕变为张良，实属应急之需、无奈之举。

按理说，作为两国重臣，张良之父韩相姬平，应当与"楚阳侯"项燕有过交集。即使二者未曾有机会照过面、搭过讪、交过心，相互间想必也会有所耳闻，毕竟各自身居高位，皆属名门望族。在历史摆下的英雄擂台上，两大家族竟然相继被推上了冤家路狭、不共戴天的境地。

二

当张良的嬴秀身影首度出现在楚营时，主帅项梁并未将他作为沛公帐下的无名小卒来对待，反而还高看一眼、厚爱三分，这其中夹杂着多重因由。想当年，张良家族在韩国位居极品、位望通显，而项梁虽身为权贵族裔，可父辈位阶并未在楚国置顶，故对张良父党在韩国的高位定作仰视。还有，张良在亡国破家后竟以一己之力椎击嬴政，羞辱暴秦，令天下侠士莫不折服，而同样仇秦的项梁必对博浪沙义举早有耳闻。更何况，在项梁的心目中，张良的形表与神质，也是加分不少。

对于范增创议，项梁则爽利纳谏，积极拥立熊心为新一代楚怀王。盖由于此，张良窥破了项梁复楚的志愿与雄图，一股暖烫烫的复韩热流开始在心底折返升腾、滚滚滔滔。在他的潜意识中，项梁乃是宽大为怀、义无反顾之人，且对自己的印象尚可，便顺势向这位义军头领和盘托出了心中执念。

"君已立楚后，而韩诸公子横阳君成贤，可立为王，益树党。"①张良劝谏项梁的话语直言不讳，没有弯弯绕绕，也无溜须拍马，而是以时局之势、用人之道来力争项梁的掣持。他向项梁坦陈：项帅既已拥立楚王后嗣，那韩公子横阳君韩成也是才高八斗，亦具备立为新韩王的资质。在当前良驹稀缺之时，我军理应速与多方联手、联姻与联动，以丰满羽翼、壮我实力呀。

诚如所料，项梁听罢言来，非但未呈不悦之色，反倒对张良的举荐啧啧称赏，令其赶紧将韩成找来，即刻加冕为新韩王，并火线任命张良为韩司徒。其时的司徒之职级、职权与职能，与相位大抵相当。故此，张良旋即被升为韩相，这便是乱世中时刻存有的变数与悬念。

---

① 〔汉〕司马迁撰，韩兆琦译注：《史记》五，中华书局 2010 年版，第 4112 页。

兴冲冲的张良，再次恢复了淋漓元气。面对新的主公与憧憬，他仿若重返了往昔的宗庙社稷。故土难离，故人已逝，从前已成过往，眼前亦是迷茫。他誓与新主一道，匡扶韩室，回天再造，治国齐家。于是，韩司徒张良引牵韩王成，怀揣凌霄之志，携率千余人马，一路厮杀，向西挺进。几经争夺，才算从秦地中撕裂了一个口子，收复了旧韩所属的几座不大不小的城池。强秦的气数未尽，面对旧韩临时拼凑的兵团，训练有素的秦军没费吹灰之力，便将韩军打得鱼溃鸟散、弃甲曳兵。好在沛公刘季一向钦敬张良的怀珠抱玉、念及二人的情深潭水，及时驰援相助，方才解了燃眉之急。然则，韩军的战斗力实在过于羸弱，致使本已收复的城池一再失守。直面断垣残壁、疮痍满目、赤地千里的现实，张良急于求成的复韩梦想，大面积沦作游思妄想。的确，世间许多时与事，勉力但不可勉强，速成更易于速朽。

且不论终局如何，激劝张良重燃梦想的第一人便是项梁。正是这位深明大义、知人善任的楚军主帅，在与张良结识不久，就不计个人名利，不图现时回报，出兵、出钱、出力，解囊资助张良向复韩弘业大举进发。可是，话若从两面说，这位项帅究竟是在以一种豁达心胸向张良释放善意呢，还是在以别样姿态攫取资本呢？

果然，有人就曾高声质疑项梁的人品，甚至厉声斥谴他违天逆理、狼子兽心。若论缘起，还要回放到项梁刚刚起事之时。

陈胜不堪忍受暴秦苛政，于秦二世胡亥上任当年的七月，便纠集一帮不怕死、不要命的穷哥们儿，在大泽乡揭竿而起。两个月后的江南会稽，一位忧国忧民的郡守，同样也在心神不定、坐卧不安。经过一番苦苦的挣扎与挣脱后，主政一方的秦吏决意动用个人的权势、谋略与胆气，放手一搏，拯救苍生于水火。这位良心未泯的秦国郡守名曰殷通，人如其名，做人殷勤，行事通透。

殷郡守一直将蛰居会稽的项梁视为知己，故将隐秘的心思坦诚相告：现如今，长江以西的民众群情激奋，纷纷高举义旗，这是上苍亡秦的节奏呀。常言道，做事抢先一步即可先发制人，滞后一步就要受人摆布。我欲起兵反秦，诚邀项兄出山，携扶桓楚统领军队。

客观而言，身为当地的最高长官，殷通能够对待项梁如此赏识与信任，既表明了他慧眼识真才，也凸显了项梁确有过人之处，这当是项梁之幸、项家之幸、诛秦之幸。说话间，项梁屈身拱手，回应殷通：郡守的看重，在下铭感不忘，定会全力效忠。可桓楚现于草泽之中四处逃亡，行踪不定，人迹全无。他究竟藏身何处，乃世间之谜呀。不过，犬侄羽儿或对此略知一二。

于是，项梁借故出门，当面暗嘱项羽持剑待命，相机行事。毫无戒备的殷通，亦恐天机外泄，急呼项梁归位再议。项梁乘机以试探的口吻向殷通请示：犬侄羽儿此时恰在门外静候，可否命他前来，由郡守当面训示，令他火速招来桓楚，早举义旗，以防夜长梦多。郡守当即应允，项羽便身佩利剑奉命而入。

乍见英气逼人的项羽，殷通略怔了一下，既而称赏不已。三人寒暄一阵，相聊甚欢，其乐融融。忽地，项梁向项羽抛了个眼神，突发奇言怪语："时机已到，更待何时！"遽然间，刚刚还满面喜色的项羽倏尔便满脸杀气，可怜的殷通还未愣过神来，就被项羽切下了血淋淋的人头。再看那项梁，快步上前，飞驰如电，一把将殷通首级擎于手中，并将郡守官印挂在身上。大笑出门去，昭告天下人——他反了！

今人看来，项梁的此番鲁莽，委实有点过火、过激与过头，故才饱受忘恩负义、背信弃义的诟病。若按常理，他本应带着舍侄追随郡守共擎义旗、共襄盛举，何况殷通对他还有知遇之恩，且已向他坦露举事之意。殷通的创想与项梁的狂想恰好正面相撞了，如若不将郡守歼灭，他项梁永远只能是配角一枚，项氏为王的野心则难以成全。

三

"楚左尹项伯者，项羽季父也，素善留侯张良。"① 何谓左尹？令尹乃楚之行政长官，而左尹则是其助手，盖因执掌军权，多由王室贵族担纲。楚国左尹项伯，是个憨实的厚道人。项羽的这位最小叔父，对于当年自己亡命下邳时，张良不计个人安危而施手援助的恩德始终念念不忘。他的这点守善基因似与项氏血脉有些排异，但由此也可看出，项伯确乎怀有知恩、感恩、报恩之心，与其二哥项梁相论，还真是两股道上跑的车——走的不是一条路。

新丰鸿门，楚军安营。闻听贤侄项羽向诸将放言："旦日飨士卒，为击破沛公军。"② 项伯顿觉心似猫抓，惶恐不已。他听懂了话外音，舍侄这回真的是下了狠心、下定决心，要于明早兴兵攻伐霸上，一网尽扫，以绝后患。彼时的项伯担心的并非刘季之胜负，而是忧虑暂随刘季的恩公张良之祸福。正是这种休戚与共的兄弟情义，驱使着他必须衔枚疾走，连夜赶至汉营，且将这一情报急速密告挚友，强劝张良

---

① 〔汉〕司马迁撰，韩兆琦译注：《史记》一，中华书局 2010 年版，第 706 页。
② 〔汉〕司马迁撰，韩兆琦译注：《史记》一，中华书局 2010 年版，第 704 页。

万不可随刘季去白白送死。他甘愿佑助恩公登时趁借夜黑风高而远走高飞，避害就利，从长计议。

看到好友急切、热切与恳切的神色，张良心涌暖流，却也心如止水。他明告项伯：愚兄我本是代表韩王丰佐沛公而来，此时沛公突遇险情，如若我临危逃遁，岂不是有违初衷、有悖道义？故此，项兄提供的这条加急情报与特级警报，我又怎能藏着、掖着、瞒着呢，须速禀沛公呀。

接报后，刘季生生吓了一身冷汗，口中不住责悔，怪只怪自个儿抢先入关且擅闯秦宫，方才触怒了那枭徒项羽，他急向张良讨要应变之策。即使在此显要当口，生性多疑的刘季还不忘发出"君安与项伯有故"① 的追问，小心探测着张良和项伯之间情义的真伪与厚薄。

"秦时与臣游，项伯杀人，臣活之。今事有急，故幸来告良。"② 张良以极简的阐释消解了刘季的狐疑：早在秦末，我俩便有往来。彼时，项伯杀人逃命，正是微臣支助他逃过了死劫。在目下千钧一发之时，他能冒险前来密告，实属不幸中的万幸。看来，这个朋友子房我也是交对了，交值了，也交定了。机敏的张良自然不会让刘季留有丝毫的遐想与邪念，趁势便将项伯领进营帐。

此时的项伯有点不尴不尬，个人本意乃是私下前来营救恩公，不承想张良与刘季之间竟已结下如此敦实牢固的君臣之义，委实让他左右为难、进退两难，只得硬着头皮拜会敌首。尤善察言观色的刘季，一眼便看出了项伯的拘谨与无奈，便以美酒敬献长兄的谦恭之礼，以

① 〔汉〕司马迁撰，韩兆琦译注：《史记》一，中华书局 2010 年版，第 706 页。
② 〔汉〕司马迁撰，韩兆琦译注：《史记》一，中华书局 2010 年版，第 706 页。

预订儿女姻缘的亲家之情，释放着自个儿怀揣的善意与诚意，冰释了项伯心存的顾虑与疑虑。

刘季的演技不仅体现在形态上的惟妙惟肖，关键呈现在表达上的活灵活现。他向项伯施展起拿手的说亲道热、说白道黑、说是道非的表演功力：

想我刘季率军入关后，秋毫无犯，只是将官民的人丁户籍登记造册，将各类仓库加以封存，可这正是为了恭候项羽将军早日驾临呀。之所以派出强将把守关口，也是为了严防流寇盗贼乘虚而入，遏制生变。我和将士们时刻翘首以盼项帅率军而来，统领大局，哪能、哪敢、哪会存有谋逆之心呀？恳请老兄转告项将军，我刘季绝非那种见利忘义、寡情少义、割恩断义之人。

目睹刘季的利口喋喋、言辞凿凿、信誓旦旦，项伯心中高筑的防护墙，瞬间便在分风劈流的话风中塌方。他反复叮嘱刘张二人务必于明日一早赶往楚营，当面向项羽释疑致歉，消除祸端。在收取慨诺后，放心的项伯旋即跨上战马，霎时消失在阴森的寒夜。

项伯以心口相应、表里如一的言行，力证了自己是个老实人、明白人、敞亮人。的确，他既未食言，也未负义。在跑回楚营后，未及喘上一口气，便闪现在舍侄面前。

"沛公不先破关中，公岂敢入乎？今人有大功而击之，不义也。不如因善遇之。"[1] 项伯将刘季的郑重其辞、析辩诡辞和甘言巧辞，原原本本地向舍侄复述了一遍。只不过，他特意将个人的语气、口气与

---

[1] 〔汉〕司马迁撰，韩兆琦译注：《史记》一，中华书局 2010 年版，第 707 页。

骨气杂糅其中，以使劝和说辞更具感染力、引导力和征服力。虽说面对的是自家侄儿，他也未敢存有丝毫大意与侥幸，盖因小侄子的一个蠕动、一阵骚动，抑或一场冲动，皆会波及恩公和刚刚认下的亲家公之未来前程，乃至一家老小的身家性命。

很显然，项伯自我包装成了一副"救世主"的模样。之所以夜入敌营，他本是为了项氏弘业早日达成而涉险侦探，也是站在维护舍侄最大利益的角度才慨然发声，故在劝谏项羽时义正词严——

如若不是沛公斩将刈旗，急流勇进，率先攻破并把守关中，我军怎会一路走来如入无人之境，且能顺溜溜霸据此地？而今对方立下了赫赫战功，使我军避免了将士流血、粮草消损，假若项家反其道而行之，妨功害能，趁火打劫，不但有悖天道常理，也会受到天下人叱骂，更与项氏一族的家风、家教与家道相忤逆呀。事已至此，倒不如做个顺水人情，以礼相待、以口问心，静观其变、不欲其乱。

听到叔父的分条析理，项羽似有所动。一时间，他对小叔为家业所想、为事业所急、为弘业所虑的举动心存感慰，且以颔首低眉、默不作答的慎缄，回应叔父的劝谏。也正是有了项伯提前打的这支"预防针"，项羽方才终止了恶狠狠的攻伐计划，且在次日的鸿门宴上未受范增、项庄之流的干扰与左右，始终抱有不以为意、平心静气的姿态，也使刘季侥幸逃过了一劫。否则，即使危境中的张良傲雪凌霜、乘风破浪，险地里的樊哙胆粗气壮、装傻卖萌，恐若真遇项羽的狼吞虎咽、豺狐之心，似也只能无计可施、束手就擒了。

四

还是想再唠叨唠叨这位项伯。

虽在弟兄七个中排行垫底，本是项羽最小的叔父，缘何又以"伯"字为名呢？"伯"可是排位第一的雅号呀，譬如刘季之长兄即名曰刘伯。难道说，项伯的心里也长满了"有朝一日当老大"的野草？

项伯是个独立、矛盾的复合体，但并非是个多面体。世人不应将他简单地表面化、概念化、脸谱化，更不能刻薄地斥其"楚奸""国贼"。忆当初，他也是为了报恩而意外地掉入被友情、军情与恩情搅浑的深潭，而后又被恩公的立场、气场和主场所折服，个人的价值观、是非观与荣辱观随之蜕变，竟与恩公完全融为一体。以此可见，在项伯的精神世界里，张良具有极其崇高的威望、极其圣洁的样貌。

对于准亲家刘季来说，项伯可是还有营救尊翁刘煓之功的呀。在楚汉大军广武对峙之时，项羽为逼刘季俯首系颈、拱手而降，不得已使出了杀手锏，将之前暗中绑架的刘煓老爷子从大牢里拖了出来。他特意命人赶制了一块高脚砧板，将白发千丈的刘煓置于其上，胁恐刘季快快弃甲投戈、面缚归命。而内心正被焦灼炙烤的刘季，表面上依然伪装出玩世不恭、隔岸观火的神情，并不时用伤言扎语戏弄项羽。本来只是将刘煓老翁作为一张要挟的废牌甩出，不承想却遭刘季嘲谤。刹那间，骑虎难下的霸王艴然不悦、怒不可遏，杀心顿起、杀气腾腾。

"天下事未可知，且为天下者不顾家，虽杀之无益，只益祸耳。"①
项羽的耳畔传来了小叔项伯的苦苦劝诫：羽儿三思呀，千万不可莽撞
和造次。天下之事尚不可测，未来走向实难料定。何况对于一位胸怀
大志者而言，心中只会顾及国家，少有念及小家。即使此时动怒，要
了那刘煓老儿的一条性命，刘季好像也是无动于衷，怕是我们从中也
捞不到什么好处，反而只会加深仇恨、徒增祸患，致使我项家陷于被
动与不义的境地呀。冲冠眦裂的霸王，此刻被项伯的尖言冷语重重一
怼，顿时降压、降火和降噪了许多。头脑中渐渐派生的镇静，驱使他
把行将脱口而出的指令，又吞回腹中。

行文于此，不妨近距离地结识一下刘季的老父亲，沾一沾这位老
爷子的仙气、福气和贵气。老翁刘煓，江湖人称"刘太公"。刘煓与
发妻王含始育有三子一女，长子刘伯不幸早逝，后被追尊为武哀侯、
武哀王；次子名喜，字仲，曾被立为代王。正是这位代王刘仲生的刘
濞，成为日后"七国之乱"的主操盘手，引爆了一场叔侄大内讧。身
为侄儿辈的刘濞，竟向叔父刘季打下的江山悍然寻衅；身为叔父辈的
刘濞，又对侄儿汉景帝刘启手中的皇权公然抢夺，最终落了个不孝不
慈的恶名。刘煓的爱女芳名失载，若以排行应称刘叔，史籍仅披露了
其被追尊为宣夫人、昭哀后。此叔自然非彼叔，本是老三之意。刘季
则在刘煓的子女中位居老幺，实为老四，即位后更名刘邦。

遗憾的是，刘煓的结发妻王氏因福分太浅，在儿女尚未成事之时
便撒手而去。为让子女本该享受的母爱不断档，刘煓随即续弦，又与

① 〔汉〕司马迁撰，韩兆琦译注：《史记》一，中华书局 2010 年版，第 751 页。

李氏结成良缘，这才有了"楚元王"刘交的问世。至此，刘季的老幺之位失守。然则，此说亦是疑似之间，盖因太史公在《史记·楚元王世家》中所言"楚元王刘交者，高祖之同母少弟也，字游"①，而史家班固在《汉书·楚元王传》中却说"楚元王交字游，高祖同父少弟也"②。刘季与刘交虽为兄弟，但史界却一说同母、一说同父，各执一词，议论纷纷。看来，同胞共气居然也成了一桩悬案。

刘煓这位老爷子，典型的父以子贵、父为子荣。遥想当年，他原本是位土得掉渣儿的布衣寒民，素常间，时时为了生计犯愁，天天围着锅台打转，可谓早作夜息、昼慨宵悲。最让老爷子心烦意乱的是，这三子刘季真个是不走样地传承了自个儿游手好闲的基因，整日不稼不穑，玩日愒月，无所事事，常常惹他悬着心、吊着胆、怄着气。

尽管刘季让他的前半生在兵荒马乱中流离转徙，漂泊不定，甚至数度命悬一线、百死一生，可又偏偏是这位惹是生非不消停的三子，让自己时来运转、洪福齐天，竟然成为继嬴政家父秦庄襄王子楚之后的又一位"太上皇"。他平生虽未当过一天的皇帝，却在有生之年一屁股就坐上了"太上皇"的宝座，也算在史上创了个"'老子'天下第一"的纪录吧。

细思极奇，这位老爷子完整地享用了早年命苦、晚年命大、老年命好的命数。可悲可叹的是，带给他命运反转的三子刘季居然在他谢世两年后便随他而去……

刘太公能够安享晚年的富贵显荣，应当为项伯记上一个头等功。

---

① 〔汉〕司马迁撰，韩兆琦译注：《史记》五，中华书局 2010 年版，第 3954 页。
② 〔汉〕班固撰：《汉书》卷三十六，中华书局 2007 年版，第 394 页。

若非项伯在两军对垒时的振臂一呼，及时为行将就木的刘煓续命，或许这位老太公的生命就此戛然而止，日后的衣轻乘肥、膏粱锦绣、钟鸣鼎食，一切的一切都会是黄粱一梦。

"汉元年正月，沛公为汉王，王巴蜀。汉王赐良金百镒，珠二斗，良具以献项伯。汉王亦因令良厚遗项伯，使请汉中地。项王乃许之，遂得汉中地。"[①] 沛公摇身一变成了汉王，手中握有了巴、蜀之地，心中自然有了更足的底气。时为公元前 206 年的正月，史称汉元年。兴奋至极的刘季，当即便赏赐勋臣张良黄金百镒、珍珠二斗。而从不贪恋钱财的张良，随手就将这些金银珠宝统统转赠给了项伯。

觉得地盘还不够宽敞的刘季，深感项伯仍有巨大的利用价值有待开掘，就央请张良再以他的名义，将更多的大礼、厚礼与重礼送至项伯门下，劝其适时力谏霸王将汉中之地也能划拨到汉王的权力账簿。既是叔父之意，项羽就不假思索地随口应允了，刘季的贪婪之心就此再次得以满足。项伯之所以再度出手相助，绝非因他贪亲财黑、利欲熏心，而是他与张良的手足之情还在持续发酵。至于那些金银财宝，不过就是一类情感载体罢了。自家侄儿此时已统管三军、富埒天子，尊崇孝义的项羽怎会在财富上亏待他这位世间至亲？应当说，项伯不差钱，差的是对世事敏锐的洞察力、思辨力与处置力。

时光清浅，漫溯流年。若立于历史高度和家史维度观察，项伯的处世态度至少保证了项氏家族在汉一朝的血脉存活、尊严存续。大汉创建后，尽管刘季绝口不再提儿女结亲之事，但仍不忘感念项伯昔日

---

① 〔汉〕司马迁撰，韩兆琦译注：《史记》五，中华书局 2010 年版，第 4119 页。

襄助，特别赐予国姓刘，封为"射阳侯"，享有独家封地，且明令不得追究项氏家族的原罪。只可叹，项伯在汉惠帝三年（前192年）驾鹤仙去后，其长子项睢因是戴罪之身未能继位，而次子项猷虽承接了官爵，却又因存有叛逆之心、谋反之举而被诛灭三族。若非项氏宗亲刘舍日后深受汉景帝宠拔且坐上相位，那项氏一脉便果真难逃寂如死灰、形同枯木的命运了。

对于项伯的择善而行、行则思义，诗人徐钧倒是没顾忌那么多，他直白地以项伯之名为题赋诗一首，极大地肯定了项伯在楚汉争衡中立下的非凡之功。

霸上孤军势莫支，鸿门一剑事尤危。

射阳不与留侯旧，楚汉兴亡未可知。[1]

五

纵目项氏家族，与张良交情最深者，无疑是项伯；而与张良交锋最多者，莫过于项羽。

虽说现实中的项羽拔山盖世、勇冠三军、无可匹敌，但他生来飞扬浮躁、剽疾轻悍、操切从事，很难有耐心听得进他人的逆耳忠谏。即使略有采纳，若稍有闪失，便会风雷火炮、疾言厉色、暴虐无道地追究谏者之责，轻者皮肉伤损，重者身首异处。说来也怪，当这位心

---

① 〔宋〕徐钧：《项伯》。

浮气盛的千胜将军，每每在与张良面对面时，却好似脾气敛了许多，性格平和了许多，胸襟侈阔了许多。如若换作他人不间断地扰乱军情、搅弄风云，即使长有三头六臂，想必也早就被他收拾得七零八落了。

张良以司徒之职佐佑韩王成，试图完成光复故国之使命，此乃项梁生前决断，项羽也是奈何不得。况且，他也不愿冒天下之大不韪，擅自篡改叔父的遗愿。然则，粗中有细的项羽还是耍了个心计，先邀韩王成和张良做客彭城议军，待商讨充分和时机成熟后再赴封国主事。一时间，韩王成与张良不得已暂栖彭城，在霸王帐下屈就。为鼎助刘季，张良也是暗里使劲，借着临时的近臣身份之便利，为项羽出了不少倒逆计策，孰料件件皆被采纳，且回回不出意外地坠入张良事先挖好的深坑，继而让那刘季屡屡得逞，抢抓了难得时机，保存并壮大了军力。

一向弄性尚气的项羽，注定搂不住火。对于时时受制、处处被动的内因，他自是了然于心，这一系列铺排的幕后推手唯张良而无他。然则，霸王却未动张良一根毫毛，而是将满腔的怒火烧向了韩王成。末了，还是以韩王成血肉狼藉的腥秽惨况，终结了彼此恩怨。虽说仇是报了，但项羽的暴举实在是得不偿失，且亏了血本，盖因这阵狂飙彻底扫除了张良对于霸王残存的念想与同情，毅然决然地将心与身、智与志，一股脑儿地裸呈给了刘季。

鸿门一宴，群雄一聚，戾气一团。在张良的伶俐周旋下，刘季见好就收，知难而退，最终只留下张良收拾一盘残局。主宾虽已中途离席、溜之大吉，但组局的主角仍在死缠烂打，耀武扬威。面对横眉冷对的项羽和一帮嗷嗷叫的喽啰，尤其是那位张牙舞爪、不知深浅的赵赳武夫项庄，张良从容应对，沉着过招，居然博得了霸王少见的静默旁观，不惴不怒。这其中，虽隐含着项伯的循循善诱，但在军帐之内，范增的叫嚣，项庄的炫武，杀气的升腾，难免让项羽承受着心理重压。在太史公的笔下，屠、烹、烧、残、灭等惊悚字眼，向来是为项羽定制的专属词汇，而霸王此番却以固有的自负和罕有的冷静，叫停了魑魅魍魉的咄咄逼人，不但让范增的苦心竭力沦为破家竭产，且还反助张良一方低调胜出，毫发无伤，脱离苦海。

扪心而问，究竟这是张良欠了项羽一个沉甸甸的人情，还是项羽欠了张良一条活生生的性命呢？承载的情债也好，背负的命债也罢，想那垓下之围，看那乌江之刎，皆以别样而决绝的方式作了一次性偿还。

平心而论，张良与项羽皆是有血性、有活性、有心性之人。然则，此二人的快性、慧性、帅性，通过线性、弹性、个性的传导变异，又催生绽放了不同的秉性、意性、神性。张良素以灵性、柔性、禅性为人称道，项羽则以蛮性、烈性、魔性惹人讥评。

借用现今的视域与理念探源溯流，在与项家的相遇相处中，张良始终是将其当作一个重特大"项"目来看待、对待和善待的。从选项到立项，从事项到专项，从用项到进项，张良悉力施展长项、强项，刻意规避缺项、弱项，以望其项背的谦恭、代为说项的隐忍，终取霸王的项上人头，夺得伐楚诛楚的项领之功。

烽烟漫卷，报国心切。在扰攘的历史风云中，张良与项氏家族各从其志、各谋其政、各为其主，以踔绝之能打底，以踵事增华调和，养就了一摞摞雄宕而斑斓的勋章、曲章和诗章。

第十七章 良贵：周旋不逆会其极

一

虽说降生在魏国单父（今山东省单县）小城，可吕娥姁自小便是粉妆玉琢，婉转蛾眉，性情乖顺。其父吕文名不虚得，传为齐国始祖吕尚之裔孙，在当地乃是公认的文采风流、文圆质方、文情并茂之士，享有文章经济、文献之家的美誉，且尤擅以人的五官、气色、指纹来判定吉凶祸福，故被乡里乡亲赞为相术奇士。彼时乡间因视野逼仄，生民大多信奉这种诡异之法，或可从太史公的笔下时常以相术预测时局且屡屡应验中窥出一二。

吕文，字叔平，世称吕公。在十里八村，也算是一位不大不小、不古不今、不丰不俭的乡野名流。盖因名声在外，加之心眼活泛，人脉广通，吕文累积了相对殷实的家底。虽非万贯家财，但也行乎富贵。最让他快慰的是，膝下的二子三女构成了"七口之家"的和和睦睦，小日子其乐融融。除了袅娜婷婷的次女吕娥姁之外，家中还有雍容闲雅的长女吕长姁，妍姿艳质的小女吕嫛，以及勇猛精进的长子吕泽，磊落飒爽的次子吕释之。

吕文的家中浸润着父严子孝、长惠幼敬的家风。五个孩子懂事听话，不时引来街坊四邻的惊羡目光。尤其是两个小子自幼好观武事，喜欢舞枪弄棒，但也从不招惹事端。三位千金也是葱翠欲滴，知书达理，常常引来英俊少年的借故造访。

一向谨言慎行、谦恭仁厚的吕公，却在不经意间得罪了横行乡里的劣绅，对方的强硬、霸蛮与凶残，令他不寒而栗。面对从天而降的祸事，为了不惹下更大的麻烦，也是为了给孩子们尽量营造一个安宁安定的成长环境，吕公与老伴一合计，索性在忍气吞声中举家外迁，远走他乡。既然惹不起，咱还躲不起吗？

就这般，吕公全家竟在单父一地神不知鬼不觉地人间蒸发了。在苍凉与仓皇中，他拽着妻儿老小奔向昔日好友、现已荣任沛县县令的主政之地。

岁月足证，吕公作出的这个即兴决定，使出的这桩权宜之计，聪明而果决。一种看似委屈的退让，却躲避了悠悠俗世的无穷搅扰；一次凡人之家的东迁，却洞开了高门大族的赫赫之光。这束光虽在茫茫史海中只是电光石火，昙花一现，但对于一个久困于底层的平民家庭而言，也算是三生有幸、老天眷顾了。

千余年后，北宋一朝，可与"眉山三苏"（苏洵、苏轼、苏辙）齐名的精英组合，自然非"蓝田四吕"（吕大忠、吕大防、吕大钧、吕大临）莫属。吕氏四兄弟幼秉庭训，诗礼传家，硕学通儒，且同谐合谋，始创了一部《吕氏乡约》，其认知内核固化为"四相"，即"德业相劝、过失相规、礼俗相交、患难相恤"。若将这部史上最早的

"村规民约"译成大白话，无非导化乡民有福同享、有难同当，与人方便、自己方便。"蓝田四吕"撰拟乡约的立义创意，是否肇因于吕公当年的故里遭际，确乎耐人寻味、发人深省。

虽已官居七品，权倾一方，沛县县令依然念及与吕公当年结下的手足之情。好酒好菜，以礼相待，使刚刚逃离冰渊的吕文一家感受到了滚烫的暖流。媚于俗世的市井小民，看到新的邻人竟是县令的座上宾，便各怀鬼胎地揣上厚薄不一的礼金，纷至沓来，登门道贺。

这位初来乍到的吕公也是不见外，还真的仗着县令好友的权势、声势而造势，以乔迁之名大排宴筵，收金揽银。这么一大摊子的事儿，吕公因人生地不熟而无从下手，县令便唤来最信任的"主吏掾"萧何，代为打理台面上的事务。来者不拒，去者不追，一迎一合，萧何忙得不亦乐乎。这位萧主吏一向办事严谨，有板有眼，为了取悦县令和吕公，他给道喜的宾客立下了一个不成文的规矩，并在现场反复申明"进不满千钱，坐之堂下"①。说句实在话，这条规矩太过势利，竟以贺礼轻重为门槛，以是否"千钱"为标杆，无情地将来宾厘分出了三六九等。各位贵宾，不好意思啦，拿大钱你就请上座，出小钱你只能在堂下踞蹲。此等苛刻行径，不仅让吕公脸上大为增光，而且还让吕家钱缸盆丰钵满。经此一回，吕文是从头到脚、从里到外地感受到了县令老友的深情厚谊，也在内心深处悄然打定了主意，沛县实乃"第二故乡"，定要早早成为永久居民。

"刘季亭长贺钱万——"萧何刻意的吆喝，将忙里忙外的吕公吓

---

① 〔汉〕司马迁撰，韩兆琦译注：《史记》一，中华书局2010年版，第787页。

了一大跳，也引起了他的格外注意。嚯，这个主儿出手如此阔绰，想必大有来头，便夺门相迎。出现在面前的这位中年男子委实让吕公为之一震，心中暗忖：此乃君子不器之大气象也。看来，沛县人不仅好客大方，而且卧虎藏龙。宴会间隙，欣喜不已的吕公不时用赏悦的眼神盛邀高坐的刘季稍留片刻，以便私下深聊。

这位在宴席上纵情显摆、肆意嘬瑟的主儿，乃是萧何私交笃厚的酒友与玩伴，两人之间知根知底，没有一点隐私可言。故此，萧何也就诚意规劝吕公可别太把他当回事儿，都是自家弟兄，吹牛、扯淡、蹭酒是他的家常便饭，此人成不了什么大事。

虽说刘季彼时的"贺钱万"实乃萧何的现场造假，但从日后荣达的刘季做派来看，他确非守财奴、吝啬鬼和铁公鸡，且还称得上轻财好施、一掷巨万。看那楚汉扳腕时，为了恶意拆散项羽与钟离眜这对铁哥们儿，陈平默谏"行反间，间其君臣，以疑其心"，话音还未落，他一甩手"乃出黄金四万斤，与陈平"，以作造谣传谣的经费，让其任意支配。

同样，刘季的孝子贤孙们，也是一个赛过一个端着架子摆阔，一代更比一代打着滚儿霍霍——

文帝刘恒即位后便知恩报恩，重赏诛吕功臣；对待宠臣邓通，他近乎挥金如土，前前后后，不光赐金上亿，还赏了一座铜山，让其独享铸币特权。

景帝刘启对于中郎将郅都的应急处置一时龙心大悦，在"太后闻之，赐都金百斤"① 后仍觉亏欠，"上亦赐金百斤，由此重都"②；在拜窦婴为大将军时，更不惜"赐金千斤"③。

武帝刘彻为酬谢胞姐引荐卫子夫，随手"赐平阳主金千斤"④；而赏起功勋将士来，更叫一个豪奢，"明年，大将军将六将军仍再出击胡，得首虏万九千级。捕斩首虏之士受赐黄金二十余万斤""其明年，大将军、骠骑大出击胡，得首虏八九万级，赏赐五十万金"⑤，仅此两笔，赏金就重达七十余万斤。

…………

吕文眼中的刘季就是一位成色十足的君子，甚至颇具君王之相、君主之气。他暗自断定，若假以时日，刘季必成大器，且大器晚成。诚然，此"器"非"君子不器"之"器"也。

虽已厘清了刘季的锦绣前程，但彼时的吕公为规避犯上之罪，未敢和盘托出自测的卦象。故此，他特意将身价放得很低，来了一番和风细雨般的低声密语：在下年幼时即善于相面，可谓阅人无数，却从未遇见你这等高贵面容，恳请你务必珍重上苍恩赐的这尊福相。膝下现有一爱女吕娥姁，老夫愿从中为媒许配于你，做你的"知冷知热结发妻"，不知意下如何？

刘老三在吹牛显摆之时居然还能撞上"桃花运"，这对于临近不

① 〔汉〕班固撰：《汉书》卷九十，中华书局 2007 年版，第 892 页。
② 〔汉〕班固撰：《汉书》卷九十，中华书局 2007 年版，第 892 页。而在〔汉〕司马迁撰、韩兆琦译注《史记》中却无"上亦赐金百斤"之述。
③ 〔汉〕司马迁撰，韩兆琦译注：《史记》八，中华书局 2010 年版，第 6406 页。
④ 〔汉〕司马迁撰，韩兆琦译注：《史记》五，中华书局 2010 年版，第 3928 页。
⑤ 〔汉〕司马迁撰，韩兆琦译注：《史记》三，中华书局 2010 年版，第 2378 页。

惑之年的他来说，真个是如有天助、后福无量呀。令人费解的是，彼时的刘季尚未蜕变为刘邦，完全是一个身无分文、胸无点墨、心无大志的"三无"牌土痞乡匪，怎么就会偏偏入了吕公法眼了呢？难道这位吕老爷子果真练就了一双能够将这纷纷扰扰看得清清楚楚、明明白白、真真切切的慧眼？无论怎样质疑辨惑，之后快婿刘季的发迹、二女儿吕娥姁的得势、整个吕氏家族的荣光，似乎皆在他吕文的神算之内。此乃太史公有意的幻化、美化与神化，还是事实即应如此？吕文一生文业砚田，不负其名，果真为后世文人留下了文以载道的遐想空间呀。

蹊跷的是，太史公在《史记》中一直将吕公次女称为吕娥姁，至于本名吕雉的由来，则是南朝刘宋学人裴骃在《史记集解》中的附笔——"讳雉"，唐人司马贞随之也在《史记索隐》中附和："讳雉，字娥姁也。"

对于未及桃李之年的吕雉而言，自己的人生篇章意外增添了"老爹作媒嫁刘郎"的一笔。不仅改写了命运，传为了佳话，也成就了千古奇谈。后世甚而有人将她与刘季的非凡之恋，与同一朝代的卓文君发现司马相如、隋唐时期的红拂女发现李靖相提并论。然则，吕雉的生母却拒绝持有此等乐观之念，贤良淑德而又爱女心切的吕媪，对于吕文的冒失举动大为光火，甚至怀疑这死老头子是不是脑袋陷进泥塘里——糊涂到顶了，便怒容满面地加以责问："公始常欲奇此女，与贵人。沛令善公，求之不与，何自妄许与刘季？"[1]

---

[1] 〔汉〕司马迁撰，韩兆琦译注：《史记》一，中华书局 2010 年版，第 788 页。

吕公将爱女吕雉向来视为掌上明珠，常在人前人后自诩为白里透红、与众不同，发誓要给自家千金找个好婆家，就连最要好的朋友且有恩于己的沛县县令恳求迎娶做儿媳，他竟也不留情面地一口回绝。可这一次不知犯了哪门子神经，吕文居然擅作主张，一意孤行，非得让女儿下嫁给一个年长近二十岁且两手空空、相貌平平的愣头青？也难怪老太婆一头雾水、一脸茫然、一腔怒气。

面对糟糠之妻的满脸狐疑与汹汹争呶，吕文只是轻描淡写地回应了一句"此非儿女子所知也"① 来打发。是呀，此等玄妙无穷、玄机莫测、玄之又玄的事儿，焉能是凡庸之辈所能看穿、妇道人家所能参透的呀。

正当刘季欢天喜地、乐不自禁地与吕雉洞房花烛之时，一位姬姓公子却因大难临头而四处奔逃。流离失所的他，此时也正在缜密谋划着一桩惊天壮举，意欲适时放胆施行。这位公子果然义薄云天，次年便在博浪沙向始皇帝嬴政发起了惊世骇俗的挑战。尽管百密一疏，事与愿违，但穿云裂石般地唤醒了天下诛秦的弘誓大愿。

刺秦失利的姬公子只得在重压之下，于刘季和吕雉新筑爱巢的不远处，屏气吞声、销声敛迹地躲避着风头。化名为张良的这位落魄贵族，暗择下邳为栖身之地。就这般，一座苏北小城却大容量地吸纳了所有苦熬难挨的日子，也在穷年累月中蓄积着伏虎降龙、擎天撼地、席卷八荒的灭秦能量。

---

① 〔汉〕司马迁撰，韩兆琦译注：《史记》一，中华书局 2010 年版，第 788 页。

二

　　吕雉与张良正式相见相识之时，大汉江山已现曙色。这位日后步步进阶为皇后、太后的刘夫人，虽已渡过了一次又一次的难关，踏入了衣食不愁、生活无忧的安稳日子，但此时的她还难以臆想，老公拼上老命打下的江山，未来会在她的手心里把玩摩挲了十五个年头，或许这也是上苍对她在老刘家困顿之时的最高回馈吧。然则，事物皆有正反面，吕氏家族的脱缰未来及至覆窟倾巢，也是她任性的恶果。

　　吕雉原本是一位安分守己、相夫教子的贤妇，从未敢自行设计过个人的命运走向。家父之命她欣然接纳，毫无怨言地嫁给了比自己老、比自己丑、比自己穷的"臭男人"刘季。且在成为刘家媳妇后，常受弟兄姒娌们的白眼与排挤。一肚子苦水，一摊子苦头，一揽子苦难，吕雉皆在孤守的昼夜中阒然咽下了。生下的一双儿女，便成为她在苦情中最强的情感依托、最大的精神寄托。

　　史籍有载，刘季在任泗水亭长时，因对妻儿在家中屡遭挤对而放心不下，常告假探亲。某日，吕雉牵拽着儿女在田间拔草，恰遇一位长者打此经过。老翁因口渴难耐，便央求借瓢水解解渴。和善的吕雉不仅以甘泉待之，而且还请他吃了顿便饭。孰料这位长者与吕公一样擅长相面，执意要与好心的吕雉卜上一卦，并欣慨连连："夫人实乃贵妇之命呀。"吕雉窃喜，心头一热，也面恳老先生为儿女预测一下未来。老翁朗声大笑："夫人之所以显贵，其根源是在子女也。"长者言毕，随风而去。此时，刘季刚好与酒友尽兴而归，吕雉便将方才发生的奇异一幕如实告之。亢奋的刘季便一转身、一溜烟地撵上了老翁，刨根问底，一探究竟。长者再度发声："妻孥之相皆与你相连，大富大贵，妙不可言。"刘季竭诚拜谢，款款而谈："他日若真如老先生所言，在下绝不会忘记你的恩情。"在预言成真之时，晋阶为汉高祖的刘邦即便费尽心机，也未能觅到老翁仙踪。

刘吕夫妇邂逅的这位长者，似与张良藏身下邳时偶遇的黄石公一般神秘。只不过，一个是在田间明示，一个是在桥头暗示；一个是直言不讳，一个是讳莫如深；一个是乡野游仙，一个是大觉金仙。此二人的预言却是不谋而合、不出所料，终局亦为皆大欢喜、天从人愿。

为了老父的期冀，为了夫君的宏业，也为了婆家和娘家的笙磬同音、言和意顺，吕雉甘愿变身为一枚不足人道的棋子，在浇风薄俗的棋盘上，任人肆意摆布；也情愿委身成一位不起眼的质子，在江山博弈的沙盘上，任人随意推演。

三

果真成了皇后，吕雉却"常留守，希见上，益疏"①。为此，她的心底委实滋生了几分忐忑与恐慌。刘邦即便在稳坐龙椅后，依然对吕雉尊宠有加，相敬如宾。在他的内心，深感亏欠吕雉之处不知凡几。自两人缔结连理后，家里家外的琐事令吕雉心烦意乱，后又随战势屡遭胁迫、四处逃离，没能过上几天消停的日子。在江河山峦飘扬刘氏

① 〔汉〕司马迁撰，韩兆琦译注：《史记》二，中华书局 2010 年版，第 919 页。

旗号后，刘邦誓让吕雉好好地坐享福泽。在国事家事天下事的处置中，他总会对吕夫人礼让三分。

然而令吕雉寝食难安的是，刘邦时常应用不同的场景，面对文武百官有意无意地发表一通奇谈怪论，或明或暗地阐明一种个人立场：孝惠仁弱"不类我"而"如意类我"①。此等话语，委实让吕雉心惊肉跳，仿若泰山压顶。孝惠即是吕雉的亲生子刘盈，早在汉二年（前205年）六月就被刘邦立为了王太子，汉五年（前202年）二月又改立为皇太子。如意则是刘邦与戚姬所生，日后获封为赵王。看那戚姬，貌若天仙，能歌善舞，颇得刘邦欢心。吕雉原本对于这位戚夫人受宠倒不是过于上心，但若动了、抢了、占了娇儿的太子大位，她可是绝口不会答应，盖因这已触及爱子继天立极的百年大计，亦是关乎吕氏一族轩冕相袭的万世之计。

刘邦欲废太子的念头早已萌生，只是念及朝中众臣吵嚷不断、争论不休，才使他迟疑未决，下不定决心，也下不了狠心。

　　人或谓吕后曰："留侯善画计策，上信用之。"吕后乃使建成侯吕释之劫留侯……②

面对窘境与困境，有人便向吕雉偷偷出了个主意：谋事在人，成事在天。经年以来，留侯张良以谋为本，好谋善断，殚谋戮力，深得圣上信任，不如讨教于他，早寻良策。而彼时的张良早已以望秋先零、

① 〔汉〕司马迁撰，韩兆琦译注：《史记》二，中华书局2010年版，第919页。
② 〔汉〕司马迁撰，韩兆琦译注：《史记》五，中华书局2010年版，第4141页。

柔肤弱体为由归隐山林了。可为了社稷安稳、吕氏前程，吕雉索性不顾一切、孤注一掷了，她向大哥"建成侯"吕泽下达了死命令，务必采取一切可以动用的手段，胁迫张良出山襄助。

吕泽虽身为国舅，但自小使枪弄棒，几无城府，让他与首席谋臣直接对话，委实心里打鼓。好在之前曾与张良有过交道，甚至近乎患难之交。在刘季彭城残败、狼狈狂逃之际，张良不离不弃，时刻伴君左右。幸好吕泽先前打下了下邑这片小小的城域，方才得以暂时栖身，让刘季长舒了一口气。也正是在此地盘整时，张良贡献了不少突围破阵之策，方使汉军在战势中渐渐赢取了主动。

此行寻见张良，吕泽也是大费周折。他命人打探山峦，踏遍竹林，好不容易才推索出张良的容身之处。两人刚刚照面，吕泽就遵照家妹行前吩咐，上来就劈头盖脸地发问："君常为上谋臣，今上欲易太子，君安得高枕而卧乎?"① 多年来，先生深得圣上信任，称得上朝中的老臣、忠臣和重臣了。今上目下天天琢磨着要让太子换人，这可极有可能引发朝野震荡呀。而留侯作为开国元勋，岂能坐视不理、坐观成败? 否则的话，也与先生的名望、声望与威望极不相称呀!

很显然，吕泽试图用江山社稷的安稳裹挟张良，企图以激将之法逼他快快下山解围纾困。

留侯曰："始上数在困急之中，幸用臣策；今天下安定，以爱欲易太子，骨肉之间，虽臣等百余人何益。"②

---

① 〔汉〕司马迁撰，韩兆琦译注：《史记》五，中华书局 2010 年版，第 4141 页。
② 〔汉〕司马迁撰，韩兆琦译注：《史记》五，中华书局 2010 年版，第 4141 页。

淡然如水的张良不为所动，依旧用神色自若回应着吕泽的冲动与焦躁：当年在乱世危难之中，在下有幸能够数度近距离地向皇上进献刍荛之见，且得以采纳。目前，天下安定，江山稳固，国情已与之前大为不同。而今圣上出于个人赏识和社稷之需，意欲做出更换太子的举动，此乃一桩家事。自古家事不足为外人道也，且清官也难以明断。家经难念，家事难平，即便如我等一帮老臣齐上阵，恐怕也很难动摇和更改今上的心思，反而可能会适得其反，逆道而行，敦恳国舅三思。

听罢言来，吕泽深感张良把话说到了点子上，也刨到了根子上。转念一想，此行使命重于泰山，绝不能被张良的三言两语草草打发了，我吕氏家族的命运可是正坐在一个火山口上呀。

"吕泽强要曰：'为我画计'。"① 君不见，太史公在对吕泽的表情刻画上着以浓墨，用了一个"强"字。而之前在述及吕雉叮嘱吕泽务必让张良开口时，则用了一个"劫"字。强者，字面上有强迫、强制、强行之意；而劫者，字义中充斥着劫持、劫夺、劫质之恶。不难读懂，两个字皆暗含形势逼人、寒气逼人、锋芒逼人的言外之意。想那机智敏感的张良，焉能不触目惊心？

经受不住吕泽的软磨硬泡、生拉硬拽与死缠烂打，当然也是不能驳了皇上大舅子的面子，张良只得缓缓道来：此事很难用口舌争辩出是非曲直，只能采取曲线救国之策。今世有四位学富五车的长者，向来被圣上敬重，自建汉之时便有请君入朝、为我所用之意。而这四位

---

① 〔汉〕司马迁撰，韩兆琦译注：《史记》五，中华书局 2010 年版，第 4141 页。

老者颇有个性，因时常听闻今上对于士人的轻蔑，故而云隐深山，刻意疏隔汉廷。然则，圣上却对这老四位心存敬畏，始终念念不忘。国舅若能促请太子修书一封，言辞谦卑，礼贤下士，且不惜重金用豪车相迎，再令善辩者恭请，在下估计他们会知趣成行。"四老"抵达后，务必请其以贵宾之躯伴随太子左右，即使太子上朝也要寸步不离，一定要让圣上亲眼所见，料想此举会对太子有所裨益。

闻听张良的精妙布局，吕泽大喜过望，躬身拜谢后便匆匆下山向家妹邀功去了。回惊作喜的吕媭，迅即遵从张良的主意，急命兄长逐一施行。吕泽费了九牛二虎之力，终将东园公唐秉、夏黄公崔广、绮里季吴实和角里先生周术请进建成侯府内，好吃好喝地侍候着，毕恭毕敬地供奉着，唯恐有半点礼节的闪失而前功尽弃。年高德劭的"商山四皓"，此时可是吕氏家族的命根子、红顶子、福窝子呀，一旦抓不住、套不牢、用不好，必会触发砸场子、出乱子、动刀子的变局。这一点，吕泽深知利害，幕后的吕媭更是心如明镜。

其实，对于张良适时呈献的不拔之策、金石之策、万全之策，刘邦并非不过脑子地全盘吸纳，也有拒谏之时。已经斩获天下的封建帝王，总是不情愿被他人在意念上导引、在意志上操控，哪怕你的主意是百分百的正确，哪怕你的心地是千万分的忠诚。

汉十二年，上从击破布军归，疾益甚，愈欲易太子。留侯谏，不听，因疾不视事。叔孙太傅称说引古今，以死争太子。上详许之，犹欲易之。①

汉十二年（前 195 年），刘邦拖着病体率军亲征，拼尽全力，舞刀跃马，终于把叛将黥布打得满地找牙。经此一役，刘邦愈感人困马乏、心力交瘁。长年打打杀杀落下的病根，似要攒起劲来向他集中发威，病情的日益加重也促使着他须尽快敲定接班人。日日在眼前晃悠的太子虽为嫡出，但他越看越懦弱，越看越愚庸，越看越凡薄，好像未能遗传一丁点儿自个儿的血性。

张良还是看出了刘邦郁积的重重心事，便立于历史与现实之经纬，顺势奏表力陈更换太子的百弊，孰料却遭到刘邦的断然回绝。很少遇到此番情状的张良，看到时局的混杂与冷峻，即以宿恙为由，远离朝政喧嚷，不愿再蹚这潭浑水。

也有不识相、不低头、不让步的忠臣冒死进谏，太子太傅叔孙通即是典型一例。朝堂之上，他旁征博引，借古讽今，试图以铁嘴钢牙加固正在摇晃的太子座席。一直追随刘邦的御史大夫周昌，虽有口吃的毛病，但他实在压不住心火，便直接以断断续续的语调当堂叫板刘邦："臣口不能言，然臣期期知其不可。陛下虽欲废太子，臣期期不奉诏。"② 言下之意，我周昌虽言辞迟钝，但却坚持认为此事绝不可这般处置，如若陛下孤行己见，恕难从命。情绪激动的周昌撂出了狠话，却因表达的卡顿被憋得脸红脖子粗，且将"期"字迭现接出，引起宫

① 〔汉〕司马迁撰，韩兆琦译注：《史记》五，中华书局 2010 年版，第 4147 页。
② 〔汉〕司马迁撰，韩兆琦译注：《史记》七，中华书局 2010 年版，第 5968-5969 页。

廷上的哄堂大笑。看到废嫡立庶的念想大有激起众怒的迹象与趋向，为使僵化局面不再扩延，刘邦只得在大庭广众面前默许了谏臣们的说辞，但依旧内心如磐，铁了心要让太子更调。

刘邦的本意乃是将三子刘如意推上太子大位，以不负儿子这个俗不可耐的名字，真正兑现称心如意、万事如意、吉祥如意的夙愿，且能博得刘如意的生母，也是自家宠姬戚夫人的欢心。然则，事与愿违，宫廷内外本就是名与利的堆垛场、格斗场、屠宰场。戚夫人和爱子之后的命运不仅与"如意"愿景南辕北辙，而且还在宫廷竞斗中彻底地败下阵来，输得极其惨烈，落得何等悲凉。母子二人不仅交出了煌煌尊严，而且枉送了卿卿性命。

倘若推本溯源，这一串串不幸的导火索似由刘邦亲手点燃。不知为何，一向疑神疑鬼、见神见鬼、弄神弄鬼的汉高祖，这一次却在如意之事上大意了，面对后宫从未消停的争风吃醋、争奇斗艳、争长竞短、争权攘利、争强显胜，过于淡忽、淡化和淡然。后世不得不怪罪于他，只顾自己生前的快活，而忘却了"天子亦有归天时"。在将后宫的暗火、心火、战火燃爆后，刘邦未等熄火就草草地撒手人寰了。可是，这爱姬爱子的"如意"算盘该当如何盘算呢？在抽离了刘邦这根横梁之后，形单影只、身单力薄、人单势孤的戚夫人，又怎能将如意算盘打得响、算得精、盘得转呀，到头来只会落了空、遭了罪、要了命。

"商山四皓"的形影不离，使太子刘盈多了几分仙气和帅气，更为显眼的是多了几分底气与硬气。这不，惊艳亮相的机会如约而至。刘邦设下御宴，让一家老小和一帮老臣欢聚一堂，推杯换盏。品尝珍馐玉膳倒在其次，父子、夫妻、君臣间的感情融通，则是高祖的最大诉求。

蓦然间，竟看到须发皆白的四位老者环绕于太子身边，有说有笑，融融泄泄，相得甚欢，刘邦颇感蹊跷，放声质询不请自来者为何人？四位长者神色泰然，躬身施礼，不怯不惧地报上了家门。

> 上乃大惊，曰："吾求公数岁，公辟逃我，今公何自从吾儿游乎？"四人皆曰："陛下轻士善骂，臣等义不受辱，故恐而亡匿。窃闻太子为人仁孝，恭敬爱士，天下莫不延颈欲为太子死者，故臣等来耳。"上曰："烦公幸卒调护太子。"①

闻知"四老"的真实名姓后，刘邦真个是瞠目结舌、惊诧万分，这可是自个儿多年来苦苦寻觅并恳求入伙的高人呀。而人家不羡官衔不差钱，硬是躲进深山老林处，辞富居贫，不愿为伍，至今想来刘邦仍觉心有不忿意难平。此次恰好可以当面问个究竟：其时缘何拒人千里，不肯扶汉？

"四老"正言相告：陛下一向慢待文人，时常满嘴秽言、恶语相向，我等不愿无端遭受凌辱，故以山水为障，避嚣习静。世间皆言太子名如其人、孝悌忠信，人如其名、惠济众生，尤其是对贤人雅士敬重有加，天下有志之士皆是排着长队、伸长脖颈，宁愿一死也要为太子效力、效命和效忠。大汉有此未来明主，幸甚至哉，岂不快哉？故

---

① 〔汉〕司马迁撰，韩兆琦译注：《史记》五，中华书局2010年版，第4147页。

我等闻讯投奔，甘为人臣。

刘邦耐住性子听完了"四老"的大睆高谈，真个是哭笑不得、打骂不得、进退不得。人家虽是字字如针地在贬他这个朽木老子，但句句在理地褒赞太子呀。况且，其心其情也皆为汉室兴盛。此刻，面对四位可亲可敬的长者，刘邦的心态顿由当年的求索不得，演变为当下的求之不得。他放下了帝王的身段，屈尊攀话：那就只好有劳方家们好好调教、呵护、辅佐太子啦。

望着"四老"宴毕离去的背影，刘邦无奈地向身边的戚夫人言之："我欲易之，彼四人辅之，羽翼已成，难动矣。吕后真而主矣。"① 爱妃呀，朕本来决意要将太子拉下马，不承想有这四位高贤高参甘心辅佐于他，看来太子已颇得民心，羽翼丰满，不可撼动，吕雉今后还真是要在你之上了呀。闻听此言，戚夫人万念俱灰，千刀搅腹，顿时哭成了泪人。无计可施的刘邦，此时只好向爱姬发出不合时宜的旨意"为我楚舞，吾为若楚歌"②，企望以生造的歌舞升平化解现场的尴尬与凄楚。

刘邦的歌声辅以戚夫人的舞姿，原本在宫里宫外多有美妙、曼妙、绝妙之誉，而此时此刻，刘邦的声调却荒腔走板，戚姬的舞姿亦生硬刻板。明眼人一眼即可窥出，歌与舞的一起一伏、一招一式、一笑一颦，实乃是两张皮、两股道、两条心呀。

---

① 〔汉〕司马迁撰，韩兆琦译注：《史记》五，中华书局 2010 年版，第 4148 页。
② 〔汉〕司马迁撰，韩兆琦译注：《史记》五，中华书局 2010 年版，第 4148 页。

四

历经一番有惊无险的风波，太子之衔抖动了几下又重归原位，吕雉不仅在暗战中占了上风，而且还在刘邦人染沉疴后受以重用。"今上病，属任吕后"①，她成为最终的胜利者与主宰者。事实胜于雄辩，无论是在情场还是在官场，她吕雉虽是一介女流之辈，但绝非任人踩踏的瓢茸儿。"佐高祖定天下，所诛大臣多吕后力"②，她行事果决，善揣圣意，鼎助刘邦铲除荡平了最为隐忧的韩信、彭越、黥布等一干武将功臣的潜在威胁，也在后刘邦时代逐步抬高了个人与家族在朝野上下的威能、威权与威荣。

虽说收拾一些老臣权臣下手够狠，但那吕雉也并非不辨青红皂白、不分远近亲疏。对于张良在太子之争中凸显的大智大义，她一直心存感慰。故此，她打破常规，特将聪慧过人的张良次子张辟彊早早就拽入仕途，在他十五岁的小小年纪时就被戴上了"侍中"的冠冕，成为帝王近臣。同时，吕后又以极为排场的阵势将张良请下山来，以国士国事相裹挟。自此，张良餐霞饮景、行满功成的计划被迫戛然中止，只得在皇命难违中，无奈宣告得道成仙、修行正果的梦想瓦解冰泮。

看到下山入世的张良骨瘦如柴，鸠形鹄面，如不胜衣，吕雉真个是心酸不止、心疼不已、心碎不堪。她不无怜悯且饱含温情地劝告张良：人生也就几十年，何必甘为苦行僧呀。于是，吕雉以强令进膳之

---

① 〔汉〕班固撰：《汉书》卷三十四，中华书局2007年版，第385页。
② 〔汉〕司马迁撰，韩兆琦译注：《史记》二，中华书局2010年版，第921页。

法叫停了张良修炼多时的辟谷导引之术，张良只得委屈从命，功亏一篑，打掉了门牙往肚子里咽。

张良之所以应允再度出山，并非全为吕雉王权的挟持，主因或是他极为叹赏这位女王思虑恂达、善治善能、架海擎天的统御大才，堪为女中丈夫、荆衡杞梓、风华绝代。刘邦生前委实没看走眼，太子刘盈确系凡胎浊骨、凡偶近器，而作为亲生母亲的吕雉同样也是怒其不争，但为了力保家族颜面和社稷安稳，在刘邦不幸升驭后，她只得硬着头皮亲自统驭了。身为汉惠帝的刘盈，在位时有名无实、寸功未建，且羊质虎皮、鼠首偾事，活生生地成了一个废物点心。为让爱子不负众望、光宗耀祖，吕雉不惜扭曲个人品行，索性将宿敌戚姬砍去头手，直接由人精变成了人彘。孰料这位龙椅上的汉惠帝，只是迫不得已地远观了一下，便吓得体若筛糠，面如土色，且自此重病上身，移情酒色。就连太史公也懒得对他的七年执政多看上一眼，最后干脆就视而不见、忽略不计了，并拒绝依照史例费时、费力、费神地为他留名，而直接参照高祖的规格，破例以高后为纪年、以《吕太后本纪》命题，为他多重性格的老娘记下了耀眼而又刺眼的一笔。

> 高后女主称制，政不出房户，天下晏然。刑罚罕用，罪人是希。民务稼穑，衣食滋殖。①

据太史公披露，吕雉主政下的大汉社稷，士农工商深耕易耨，作

---

① 〔汉〕司马迁撰，韩兆琦译注：《史记》二，中华书局 2010 年版，第 977 页。

奸犯罪防芽遏萌，严刑苛政改过迁善，朝廷内外一丝不紊，国家元气安神定魄，国力人气飞升腾实。"吕雉之为"甚至也为日后呈现的"文景之治"，夯实了丰厚的经济根基。客观而言，是时局与欲望将吕雉逼到了悬崖之上，燕处危巢的她只能顺势而为、乘势而动。庆幸的是，外宽内深的吕后终以不输的霸气、不俗的政绩，在史海烟云中勾勒了一团模糊且又清亮的光晕。

七年的"垂帘听政"，八年的"临朝称制"，即使与中国历史上四百余位男性帝王相比，吕雉的治国雄才也当超群拔类，凤毛麟角，傲视古今。虽未真正披上龙袍，她却以超强的生存能力，为后世无数的皇后、太后、嫔妃，甚而宫中婢女们输出了信心，壮足了精魂……吕雉在当朝暴露的最大问题，并非是在才略、劳绩、帝德上，而是受妇人之见的束缚与管控，将个人的私欲、短视、妄图毫无节制地公之于众了。

放眼一望，刘邦昔日打下的锦绣江山，造就的满"汉"全席，生生被吕雉改写为千篇一"吕"、"吕"见不鲜了。时隔不远的前朝出了个"以吕易赢"的政局，最终吕氏招致杀身之祸。聪明一世、糊涂一时的吕雉本是想为家族谋幸福，孰料却一而再、再而三地拨错和拨乱了算盘珠子。浑然间，在从女娇娥到女汉子直至女魔头的蜕变中，她为吕氏一脉深埋了祸根。

诚然，此等乱弹、乱象、乱局的出现，早已与张良毫无干系了。盖因在吕雉掌权不久，这位人间智者即已驾鹤仙游……

五

大汉基业的创立，除了张良被公推为一等功臣之外，樊哙也是立下奇功的一员猛将。这位昔日的屠狗之徒、斗鸡高手，貌似是位敦敦实实的北方壮汉，实则出生于秀美江南，老家原在浙江武康的上柏水桥。因先父早逝，七岁那年便随母亲投奔苏北丰沛之地。孰料，慈母手牵虎子迈出的这一步，竟会让樊家命运彻底改变。

仗义豪爽的樊哙，很快便与臭味相投的刘季结为八拜之交，喝酒、吃肉、赌钱、吹牛、起哄、打架……陋习无一不沾，正事基本没干。更令人咋舌的是，这一来二去，他居然敢与带头大哥的妻妹吕媭挤眉弄眼，暗生情愫，且同样也被善于相术的吕公一眼相中，妥妥地成了刘季不拐弯的连襟儿。这下好了，兄弟与连襟儿双料加持、双向奔赴。

樊哙顺理成章地成了吕氏家族的重要一员，他不仅时时维护着带头大哥的形象，处处填充着当今圣上的权威，而且还会从维护家庭亲睦的角度，事事修补着吕氏家族的声望。胆大心细的樊哙具有典型的双重性格，既有北方汉子的大马金刀、豪放不羁，亦具南方小生的密针细缕、寻幽入微。他既能唱"红脸"，也敢唱"白脸"，实可谓大事不糊涂、小事装糊涂。故此，汉王曾"赐食邑杜之樊乡"①，特地将位于杜县少陵原与神禾原之间的肥美平川，赐予樊哙作为食邑，"樊川"亦此成名。没承想，岁至隋唐，佛门僧众竟会神往于此，纷沓而来，

---

① 〔汉〕司马迁撰，韩兆琦译注：《史记》七，中华书局 2010 年版，第 5904 页。

攘来熙往。于是乎，兴教寺、华严寺、兴国寺、牛头寺、云栖寺、禅经寺、洪福寺、观音寺异军突起、风兴云蒸、拔地倚天、耸入云霄，世誉"樊川八大寺"。

樊哙虽意想不到自家的这方穰川会在多年后如此历宠，但在其时却能拎得清刘季的心里究竟谁最重，也辨得明紧要关头谁最能靠得住。在随大军入关后，他看到连襟儿醉心于暴秦的六宫粉黛，便心急火燎、火冒三丈，瞬然向刘季狠狠地放了一炮，不顾情面地责劝沛公悬崖勒马、从长计议。孰料他这位戴着乌纱弹棉花的有功（弓）之臣，竟会真的是一拳打在了棉花上，没能得到只字回应。连襟儿也压根没把他的阻劝当回事。情急之下，吕雉的这位妹夫倏然憋出了恭请张良先生救场的大招。最终结果确也如其所料，张良不负重托，响鼓须用重锤敲，一语惊醒梦中人，硬生生地将刘季从脂粉堆里拽了出来。

还有，鸿门宴上危若朝露、刀兵在颈，正是樊哙与张良彼唱此和、桴鼓相应，恰如二仙传道一般，才最终完美地解了套、散了场、安了心。樊哙尤为珍惜与张良的绨袍之义、千载一弹，他对于张良的尊崇与敬畏，也是天地可鉴、日月可表。戎马一生、白首不渝的他，在人生暮年实难料到，反颜相向的连襟儿竟然也会向自己索命。若非陈平丞相多长个心眼、多留了一手，他这条老命差点就在平叛归途湮灭无闻，影灭迹绝。每每回想至此，老将军皆是哀思如潮，心神悲沮，愈发忆及当年他与张良在鸿门宴中舍命救驾，而连襟儿却仓促"尿遁"的窘辱、窘态与窘境。同样，在爱才好士的张良眼中，樊哙从来不是粗野莽夫、等闲之辈，因而张良一直也将他视为知己之遇，推崇备至。

在刘邦与吕雉的王权缓冲期，以及吕雉权倾朝野的女王称霸期，张良与朝野各方若即若离，似隐似现，非冰非火。尤其是与吕雉和吕氏家人的交集，张良深谙做人行事的法则，有接触而互不抵触，善揉团而绝不结团，谋全局而从不出局。正可谓火候拿捏得炉火纯青，分寸掌握得毫厘不差，尺度把握得恰到好处。正是张良的高明远见、高山景行、高举远蹈，吕雉才会对他高看一眼、高抬贵手。盖因双方只有相辅相成、相安相受，汉业方能高枕安寝，吕氏才可高居深拱。归根结底，坐在夫君曾经煜热的帝位上，吕雉的酣梦与痴想必是成为高世之主，这乃是根脉所系、家业所依，触碰不得、冒犯不得。

终汉一朝，风驰云走，风举云摇。试问，星移物换之中，究竟是"吕"遭诟病，还是"刘"芳百世呢？想必历史早已作了结算与解答。

第十八章　良家：唯有白云知高风

一

"张良字子房，其先韩人也。"① 现如今，已成定论。殊不知，"张良"之名不过是当年的姬公子在刺秦失败后，为逃避嬴政的疯狂追杀而应急的化名而已。虽是权宜之计，但因他名价日重，索性就以讹传讹、将错就错了，日后也很少再有人想起、提起和用起他的真名实姓。

乍看、细品且阐究，姬公子头顶的这个终身名号，循古而又循俗，随常而又随和，朴简而又朴远。虽为化名，但化虚为实、化意为象，天生天化、有风有化，化入化出，出神入化。

与刘邦平生最难对付的项羽相近，张良也是系出名门，家世显赫，可谓一落地即富贵显荣。原本，项羽名籍，字羽，实名应为项籍，但鲜有世人直呼其"名"，大多称其项羽，依循"为本故尊"的礼数，

① 〔汉〕班固撰：《汉书》卷四十，中华书局 2007 年版，第 424 页。而〔汉〕司马迁撰、韩兆琦译注《史记》五（中华书局 2010 年版，第 4104 页）则开篇简略，仅言"留侯张良者，其先韩人也"。

足见世人对一代英豪的尊崇。噫吁嚱！这或多或少会让刘邦自惭形秽，感觉矮人一截。只因出身寒门，刘邦从小到大就没起过正经八百的名字。本名刘季不过是弟兄排行中的俗称而已，刘邦之名则是在公元前202年即位后临时点窜，邦即国之意。

《史记》中散碎地透露了张良的一些家事，其有二子，老大张不疑，老二张辟彊。试问，张良之妻又是哪位佼人呢？

或许太史公在宏著中需要阐述的人和事太过繁杂，未能顾及留侯夫人的前世今生。注目张良之侧，她的身影似有似无、时隐时现，犹如轻云笼月；她的芳容云雾迷蒙、飘浮不定，又似回风旋雪。史界与民间为此也曾留下诸多臆测与传说。

无论怎样摹绘，张良皆是眉清目朗，卓越俊逸，一表人物，想必那庸脂俗粉之流，定难靠近子房的心房。

有人依据民间散落的传闻，将留侯夫人定名为淑子，或许也是凿空之论。淑人乃是先民对于女子的统称与雅称，一如世人习惯性地将刘邦的爹娘称为刘公、刘媪，将吕雉的父母称为吕公、吕媪。"公"乃是对年长者的敬辞，昔日亦有公爵之意，而"媪"则专指年迈之妇。

自古迄今，中原腹地仍有赞仰留侯夫人为泰山老母、泰山娘娘、泰山老奶奶、碧霞元君、天仙玉女的俗例。也有不到黄河心不死、不撞南墙不回头的学人，在历经一番史海钩沉后，终在位于嵩山北麓的中原名城巩义，发现了惊喜与惊奇。据《解梁派远张氏宗谱》所载，张良"妻周氏、继姜氏又继苏氏"，意外爆料出张良生前竟有三任夫人相继为伴。

张良和夫人共挽鹿车，故剑情深，宜室宜家，膝下二子便是这对患难夫妻悦目娱心、怡然自得的万里之望。

长子张不疑，柔中蕴刚，刚中柔外，刚柔相济。"子不疑嗣侯"[1]，按照嫡长子继承制的古法，张不疑在家父辞世后顺接了爵位，成为留侯二世，彼时恰是吕雉掌权之际。这位太后虽是雕心雁爪，但她念及张良力佐刘邦收揽山河的功绩，尤其是要答谢张良在太子之位松动时施出的援手，故对留侯一家恩礼有加。

然则，始愿不及此。在吕雉归天后，陈平与周勃断然处置，紧紧联手刘邦的三个孙子，也就是齐王刘肥之子刘襄、刘章、刘兴居，旋风般地翦除了祸乱朝纲的吕氏一族。于是，代王刘恒在一帮老臣的推搡、挂撑和簇拥下，意外地坐上了皇位。早年因吕雉、戚姬等嫔妃佳丽日日环侍于刘邦周围，而生母薄氏却长期深居冷宫，所以这位日后成为汉文帝的刘恒，幼时就鲜有与生父刘邦谋面的机会，故对朝轨御世知之甚少，也与朝中群臣牵扯不多，更与张良无甚交集，充其量是仰其名、闻其善，根本谈不上有何过深的交情。

亲疏的等同，情感的淡漠，致使刘恒在处理朝政时无所忌惮，大展拳脚，尤其是在解决棘手问题时更是删繁就简，手起刀落。孰料，新君打出的重重一拳竟会砸在恬淡幽寂的留侯府。

"留侯不疑，孝文帝五年坐不敬，国除。"[2] 仅仅登基五年，刘恒就将开国元勋张良穷尽一生赢得的功名给废了、俶建的家业给毁了，是否显得过于无情、无赖与无耻？二代留侯张不疑又是因何廷逆落了

---

① 〔汉〕班固撰：《汉书》卷四十，中华书局 2007 年版，第 428 页。
② 〔汉〕司马迁撰，韩兆琦译注：《史记》五，中华书局 2010 年版，第 4154 页。

个"大不敬",而引龙颜大怒,招致天降横祸的呢?

"五年,侯不疑坐与门大夫谋杀故楚内史,当死,赎为城旦,国除。"① 大汉立国后,元老勋臣纷纷以各种式样作古。而那些早年身为诸侯国的豪门贵胄,以为复盘格局渐次成型,便开始蠢蠢欲动、相机而动。对于强制贴上的汉人标签,他们一直持有强烈的排斥心理,只是念及时局所迫未敢质疑抗拒。如今皇帝都换几茬了,朝堂重臣也渐由新生代的青春面孔把持,他们自认为火候已到,复仇的火焰便在胸膛越烧越旺。于是乎,他们一把扯掉了惯常的伪装,挺直了腰板与汉臣斗、与同僚斗、与朝纲斗。刹那间,不明的命案层出不穷,不祥的气息阴霾密布。

张不疑本就承继了贤父年轻时的血性,见不得扰民祸国之事,所以也就抵受不住一些人的煽情聒噪,不明就里地参与了一场针对旧楚贵族的刺杀行动。乱世之秋虽命如草芥,太平之世却人命关天,更何况乃是事关昔日诸侯国王侯的一桩命案。很快,张不疑就被供了出来,尽管他对事件的来龙去脉与前因后果不知所以,却在迷迷糊糊、恍恍惚惚、懵懵懂懂中,被冠以主力、主使、主凶的角色。

这下好了,朝廷内外顿时炸开了锅。堂堂的一国留侯,竟在幕后主导了一场风高放火、月黑杀人的惊天大案,这不仅与高贵的身世、身家、身价不符,也对当下的时局、时事、时势不利。新君上位刚满五年,江山尚未焐热和坐稳,尔乃名门之后怎可领头闹事,而且还杀人如蓺。这不是明摆着给新君撂脸子、使绊子、捅娄子吗?凡是胆敢

① 〔汉〕司马迁撰,韩兆琦译注:《史记》二,中华书局 2010 年版,第 1565 页。

对九五之尊鹰视狼顾的人和事，无论这股力量来自何方、出于何因，必定会遭到沉重的棒击、碾轧与剿洗。

张不疑之所以卷入这场大案要案，起初的动因也是严防旧楚王贵私下作乱，力戒朝野分野。在他的大脑皮层里，旧楚一代没落的王公贵族，始终是一个不安分、不消停、不仁义的群体。秦治时他们便明争暗斗，砥锋挺锷，而后竟如脱缰的野马，畸变为以项氏家族打头的明火执仗，趁火打劫。汉室肇建后，他们又明里暗里地鼓唇摇舌，讹言惑众，处处扬言汉王乃是盗国篡位之徒、汉臣皆为贩夫走卒之辈。每每有流言划过双耳，张不疑总会怒气填胸，怒发冲冠，时常暴露出义无他顾、义不屈节。

对于今上而言，弥天大案既出，就要快刀斩乱麻地以疑决疑，片言折狱。为尽快平定昔日诸侯国的躁动，更是为了屁股下的龙椅不再抖动，刘恒没有时间也没有兴趣详查事件的起因与真相，更无耐心去倾听张不疑的初衷与申辩，他只会在雷霆震怒中，简单粗暴地革去张不疑的爵位，收回留侯的封国，将他一撸到底，贬为守城更夫。

如此严厉的惩戒，这般巨大的落差，竟也是张不疑变卖了所有家产才置换而来，因为依照汉律此罪当斩。庆幸的是，律条中刻意辟有缝隙，重罪者可用巨额财产进行赎罪。正是这条宽恕之策，方使他的脑袋原封不动，苟活于世。自此，张不疑成为一名昼伏夜出、敲锣打梆、播报时辰的京城打更人。每晚，他身披黢黑的夜色，以孱弱之声、木讷之调、麻木之状，提醒着世人"天干物燥，小心火烛"。想一想这般也好，假若大白天出来晃悠，只会使他在百官众生面前失光落彩，只有漫漫长夜才为他腾出了寄颜之所。也算是法外开恩吧，今上给了他一个省思己过的机会，为他这位昔时留侯留了一条命和活路。

在这场风波中，张不疑被巨浪掀翻，且意外失手，将整个家族的爵位打翻于水底，再未见天日，"留侯"因此二代即止。且不论张不疑在事件中的意气用事，仅看他的血气方刚、贤良方正，确与严父神肖酷似。遥想当年，张良散尽家财、远奔他乡，沉潜十年、义勇刺秦，只身报国、以智挺汉，桩桩件件皆是动人心魄。而张不疑的所作所为，虽未能重现其父不惑之年时的感天动地，但他恪守正义的爱国情怀、敢作敢为的护国动机，似与其父形影相随。张不疑虽生逢乱世，但却长于顺境，那种需用战火熏烤而来的曾经沧海、老于世故，是他毕生难以企及的。

细思恐极，萧何、曹参等相国级的后人亦曾触犯刑律，功名利禄数度遭到贬谪废黜，却能屡屡复位，唯独张不疑在贬为庶民后，之后的汉代君主从未考虑将留侯爵位复活传袭。其因何在，引人寻猜。张不疑也生有二子，名为张典和张高。身为长子长孙的张典，仅仅坐到了清河太守的位子，仕途便戛然而止。张典有一曾孙名曰张乘，也只是被汉宣帝刘询赐爵阳陵侯（一说阳陵公、阳平公），虚职一枚，无甚实权。

难道大汉江山的这些主人仍在对张良的文韬武略有所忌惮，担忧有朝一日会掉入他的后人所设计的神谋魔道，从而引致江山易手、社稷变色？

二

张良的次子，名曰张辟彊。以口问心，"彊"作何解？执经问难，"辟彊"何意？

"彊，弓有力也"[1]，此乃《说文解字》的说法，即强劲有力的弓。若引而申之，或有强怀、强德、强韧、强雄、强正、强者、强宗、强加、强最之意。张辟彊自小便有股非同一般的聪明劲儿、机灵劲儿、活泛劲儿，小小年纪便慧觉过人、隽巧可人。相较于兄长张不疑，则更会来事儿。虽刚近舞象之年，就已在仕途混得风行水上，风举云飞，风和日暄。立谈之间，便飞涨腾升为天子近臣。

汉惠帝刘盈对他甚为赏识与恩宠，甚而有点钦慕身边的这位小自己八岁的老弟。且将君臣地位搁置一旁，仅就父往子交的缘分、至戚世交的情分而言，二人心间便有种天然的亲近感。更何况自己当年遭遇太子大位摆荡之时，仰仗的正是张辟彊家父挺身相助、出手匡扶的呢。

孰料，这好不容易搂抱在怀的皇位，刘盈坐于其上，却一丁点儿也不开心、不顺心、不省心，且还严重透支着自身的愉悦感、安全感、幸福感，甚而可言惟日为岁，百爪挠心，惶恐不安。在母后吕雉的幕后操纵下，他每天犹如一具朝堂木偶，挥舞着手中的指挥棒，而那根起牵引作用的雄权丝线，却始终被母后牢牢地紧攥手心。

---

[1] 〔汉〕许慎撰，〔宋〕徐铉校：《说文解字》卷十二下，岳麓书社 2006 年版，第 270 页。

刘盈在倾尽善意佑护御弟刘如意而未果，如意之母戚姬又被自己的母亲大人剥去最后一丝尊严后触目崩心，自此便对权力彻底失去了兴趣。于是乎，他索性选择在声色犬马、昼夜荒淫、纸醉金迷中，排解鸟入樊笼、沁入肝脾、痛入骨髓的郁郁心结。彼时的刘盈更为怀念当初在沛县的孩童时光，现如今实在是千金难买、永不复还呀。

虽说是个扶墙摸壁、碌碌无闻的栎樗之材，但刘盈的本真却璞玉浑金，反本修古。上苍看到他的确是个思不出位、心醇气和、安分守拙的善人义士，便不愿再让他忍受这份窝囊罪，干脆就直接叫停了他的二十三年福命。

汉惠帝的猝然崩逝，对于社稷与吕后的打击同是措手不及，如雷击顶。尽管刘盈在世也不过是枚政治符号而已，但他毕竟血统纯正，是尊成色十足的汉二世，也是上接太祖、下传万代所凭倚的扶梯、滑梯和软梯呀。

彼时的吕雉愁肠百结，长吁短叹，欲哭无泪。七年前失去了分甘共苦、休戚与共的夫君，而今唯一的息子刚过弱冠之年又弃她而去。直视大汉江山，她这位孤家寡人，焉能无依无靠？直面文武百官，她这般女流之辈，又该何去何从？

机敏的张辟彊窥知太后哭而未泣、伤而无泪的诱因，便偷偷与家父的同僚——现已擢升为左丞相的陈平拉了个背场儿。

"太后独有孝惠，今崩，哭不悲，君知其解乎?"[1] 张辟彊未敢向老手宿儒卖关子、耍心眼，不惜冒着兄长张不疑日后犯忌的"大不

---

[1] 〔汉〕司马迁撰，韩兆琦译注：《史记》二，中华书局 2010 年版，第 931 页。

敬"之风险，向左丞相怀诚咨问。而汉廷"老狐狸"陈平犹似懂也不懂、不懂也懂，又将悬疑的问号向侄儿辈的张辟彊婉言抛回。

"帝毋壮子，太后畏君等。君今请拜吕台、吕产为将，将兵居南、北军，及诸吕皆入宫，居中用事，如此则太后心安，君等幸得脱祸矣。"[1] 目睹陈相的满脸不解，张辟彊未及过多思虑，便不遮不掩地敷陈了一己之见：目下惠帝之子尚无一人成年成才，太后尤为虑及尔等老臣功臣、权臣重臣的党坚势盛。为长远计，左丞相不妨召谕众臣，乞请太后速将她的三大舍侄吕台、吕产、吕禄拜将，统领拱卫国都的南北御林军，并让吕家军悉数入宫司掌权柄。如此这般趁势收篷，悬于太后心头的巨石才会软着陆。只有让她老人家无挂无碍、安心落意、高枕无忧了，你们这帮皤皤国老方可规避苦海、度尽苦厄、否极泰来呀。

陈平闻言倒吸了一口凉气，不禁暗自喟叹，这毛头小子不愧为名门之后，果真接续了子房慧智。陈平未敢怠慢，对于张辟彊的直谏善谏言听谋决，迅即与绛侯周勃联袂策动群臣拥立吕后主政，果然博得了吕雉的凤心大悦。随之，她便大放悲声，涕泗滂沱，一恸欲绝。

"吕氏权由此起。乃大赦天下。"[2] 自此之后，刘姓山河渐渐镀烙了吕氏色系，且日益浓重、深重与沉重。

陈平和周勃明里暗里做的手脚，立时招来了朝中圣臣的鄙夷目光。本是沛县豪门出身的右丞相王陵乃为姜桂之性、耿介之士，不仅当堂抵制吕氏为王，而且还痛斥陈周二人戟指嚼舌、以怨报德："始与高

---

① 〔汉〕司马迁撰，韩兆琦译注：《史记》二，中华书局 2010 年版，第 931 页。
② 〔汉〕司马迁撰，韩兆琦译注：《史记》二，中华书局 2010 年版，第 931 页。

帝喋血盟，诸君不在邪？今高帝崩，太后女主，欲王吕氏，诸君从欲阿意背约，何面目见高帝地下？"①

开口见胆的王陵，对于陈平和周勃联手设下的迷魂阵，的确没能看懂，更难悟透。假若站在道德之巅上观望，他的发难与斥责不无道理：当年汉高祖与我等沥血以誓，你们难道这么快就忘得一干二净了吗？而今高祖仙逝，太后不惜败坏朝纲、临朝称制，欲将吕氏一家老小推上王位，你们为了保住头上乌纱，竟敢这般无底线、无下限、无界限，一味纵容太后欺公阁法、欺世盗名、欺君误国。百年之后，尔等在九泉之下又有何颜面觐见先帝呀？

疑虑重重、怒气冲冲、忧心忡忡的王陵，彼时尚不知此计源自何处。否则的话，料想他也会对张良父子的品行大加鞭挞，并对留侯的英名大打折扣。

陈平与周勃看到王陵怒容可掬，且恶语伤人，并未勃然变色、艴然不悦，反倒对这位忠臣良将的正色敢言、忠肝义胆，激增十二万分的敬意。

"于今面折廷争，臣不如君；夫全社稷，定刘氏之后，君亦不如臣。"② 陈、周二人向王陵做出了婉约回应：尊敬的王相呀，你的言论既无比正确，又有失偏颇。敢于公然炮轰太后，我们现今确乎愧不如你，但若骋目未来，站在维护家国之尊严、先帝之君威的长远视角，估摸日后你就会对我们另眼相看了。不妨暂且先把话撂在这儿，还是骑驴看唱本——走着瞧吧。时局当然不允许陈平和周勃心贯白日、赤

---

① 〔汉〕司马迁撰，韩兆琦译注：《史记》二，中华书局 2010 年版，第 933 页。
② 〔汉〕司马迁撰，韩兆琦译注：《史记》二，中华书局 2010 年版，第 934 页。

诚相见，话能说到这个份儿上，已够情分，王陵也只能无言以对。

事件的演进果不出所料，吕雉很快便将王陵从右丞相之位上拽了下来，力推陈平火速补位。左丞相变为了右丞相，虽只是一字之别，但陈平手握的实权、重权、大权可是能量翻倍。尽管王陵存有犯上之嫌，却暂无身家性命之忧。吕雉此番算是动了善念，还赏给他了一顶"太傅"的虚职。昔日处尊居显的王陵，摇身一变竟成了随从少儿皇帝的资深"书童"。

陈平和周勃待吕后物化后，以运甓操戈、韬光晦迹之举，诚实地向名臣硕老王陵兑现了当年暗许的诺言，将吕氏一脉尽数夷灭。遗憾的是，王陵已于一年前在郁怅中辞世。这位安国侯虽未亲睹吕氏族群的凄惨下场和继任者陈平、周勃等一干忠臣的惊天义举，但在天国中也算收到了一份来自同僚的殷切告慰。在这场诛吕之战中，以欲扬先抑为主调的战略功不可没，以灭虢取虞为基调的战术功高不赏。若是论及这一神术妙法的首创者，张辟彊当是受之无愧，名下无虚。看来，他果真是遵承了贤父的功成不居、不矜不伐、言气卑弱之风呀。

三

张良乃宗族之德的圭端臬正。且让热搜眼神放牧于历史长空，留侯族裔确乎无出其右。

东汉有位张纲，刚正不阿，钢浇铁铸，通身热血奔流，传为张良仍孙，即七世孙。这位留侯后人不畏强御，公忠体国，照人肝胆，竟敢以正义之躯直接向佞臣兼政敌梁冀开炮。位居广陵太守的张纲以德政博得拥戴，只可叹情深不寿、慧极必伤，三十六岁便在任上谢世。彼时的他履职不过才短短一年，但在民间竟是哀声一片。看来，张纲虽天不假年，却不枉张良子孙。

又过了三代，三国乱世杀出来一位蜀汉猛将张翼，张纲乃是其曾祖父，故此，张良也就成了张翼当然的十世祖。若是留心《三国志》《华阳国志》等史典，皆可寻见其家族传续的丝丝缕缕。这位张将军在三国兵争中也是位响当当的人物，沙场之上一直传有"前有王、句，后有张、廖"①的美谈。他原是与王平、句扶、廖化并驾齐驱的一员虎将，四位将军也是在关羽、张飞、赵云、黄忠、马超等蜀汉"五虎上将"折翼后崛起的新贵，且一跃成为西蜀江山最坚硬的靠山。跻身"四大都督"之一的"庲降都督"张翼，也成了诸葛亮晚年北伐的厚实底气。虽说五丈原终结了这位鞠躬尽瘁、死而后已的良相雄心，但由他一手培植的爱将姜维，坚定地延续着恩师的北伐野心。久经沙场的张翼先知先觉，他机警地察识，北伐实乃蜀汉的一场噩梦，势必成为亡国的死结，便正谏姜维切勿一错再错，临崖勒马，迷途知返。良史之才陈寿精练记叙了这段思想博弈的危殆时刻："十八年，与卫将军姜维俱还成都。维议复出军，唯翼廷争，以为国小民劳，不宜黩武。维不听，将翼等行，进翼位镇南大将军。"②

很显然，端坐于相位上的姜维，难有孔明先生的雄才伟略、虚怀

① 〔晋〕陈寿撰，〔南朝·宋〕裴松之注：《三国志》卷四十三，中华书局2006年版，第623页，注引〔晋〕常璩《华阳国志》。

② 〔晋〕陈寿撰，〔南朝·宋〕裴松之注：《三国志》卷四十五，中华书局2006年版，第637页。

若谷，他不仅断然拒绝了张翼苦谏，反而不惜押上国运，责令张翼继续出征。当然，他也没忘了给张将军新扣一顶云冕"镇南大将军"。史家陈寿企佩张翼将军的竭忠尽节，啧啧称赞，连连推誉，"张翼亢姜维之锐""咸有可称"①。只可惜英雄迟暮，一场意外的政变让身经百战的张翼躺着中枪。虽死于非命，但张翼已然承袭了张良一脉以身许国、碧血丹心、忠贯日月的遗风余烈。

平心而论，张良后人多为争气不斗气，立功不居功，保身不保守。与张翼同祖同族同时代的人物，还有一位张鲁，亦为三国卓伟之才，传为张良的十世孙。孰料，在政见、政术与政派上，张鲁却与张翼南辕北辙。他坚守"宁为曹公作奴，不为刘备上客"②的一隅之见，死活不肯追随口口声声自称汉室正统的刘备，而是死心塌地地拜在曹操麾下。

咨经诹史，心知其意，张大顺③乃张陵之父，张鲁则为张陵之孙，而张陵便是广为人知的张道陵、张天师，也是他一手创建了五斗米道。《仙传拾遗》有载，张良"其孙道陵得道，朝昆仑之夕，子房往焉"。文意明白晓畅，张良的仙隐与八世孙张陵的修道皆在昆仑山一带。

再说那张鲁，其父张衡也是子承父业，成了五斗米道嗣师。张鲁诚然也不例外，他同样继承了先辈衣钵，成为五斗米道系师。只是，他比祖父和家父多了一重政治智慧，曾以宽惠之法狂揽民心，成为他

---

① 〔晋〕陈寿撰，〔南朝·宋〕裴松之注：《三国志》卷四十五，中华书局2006年版，第647页。

② 〔晋〕常璩撰：《华阳国志》卷二，齐鲁书社2010年版。

③ 一说大顺为表字，名爵，号桐柏真人。

在权力场中左右逢源的从政砝码、游刃有余的官场密码。

张鲁是位地地道道的"汉中王",雄踞此地长达三十年,后归曹营官拜镇南将军,又获封阆中侯,食邑万户。张鲁一家拥有春风风人、夏雨雨人的大家风范,他不仅与曹丞相结为儿女亲家,而且身居乱世还能得以善终,此等镜圆璧合的完满结局与先祖张良倒是如出一辙,难怪《华阳国志》《三国志》《后汉书》《资治通鉴》等史典与道书竞相集藏他的遗风逸尘呢。

尽管在《三国志》《后汉书》等史籍中,难以拿出真凭实据足证张鲁与张良血浓于水,但诸多顶真的史家还是乐此不疲地在九经三史、稗官野史中捕捉着蛛丝马迹,撮举着两人的一脉相承。且不论家谱修续的动机何在,张鲁对于先祖张良久仰山斗的敬意却是真实存在。除却言芳行洁多有留侯余韵之外,他还在秦岭南麓的紫柏山下,以建筑的形制与威仪,将自己的这份敬虔加以凝固。

官方将这座祠庙命名为"汉张留侯祠",民间则固执地俗称"张良庙"。应当说,这是张良精魂的千年庭院,也是张氏后人的信仰基地。它与张良生前念叨的陈仓古道紧紧依偎,怀拥五座山峦,手捧二泓清流。张鲁为先祖检择的这一清幽之地,据说也是张良当年隐世辟谷之所,相传还是他与神人赤松子开怀畅聊之处。

水碧山青,浮岚暖翠,月地云阶。此等景象倒不稀奇,只是山中这片竹林委实令人讶异。这些竹子生来怪诞,长相奇特,自根部拔节至一米左右,长得七拐八弯,形如屈膝。而过了一米之后,则腰杆笔挺,规整得很。民间最具匠思,取名"拐竹"。或许张良精魂与竹林的合体,拐竹才以自有的曲线与直线,勾勒出张良一生以屈求伸、小屈大伸、能屈能伸的完美线条。"天下人间敬张良，地上万竹跪子房。"庙内草亭高悬的这副楹联，似向世人直抒胸臆，原本宁折不弯的青竹，却日日甘愿以屈节之态的最高礼仪，颂扬着斗重山齐的"谋圣"，永为万流景仰。

出凡入胜、六蕴皆空、蝉蜕龙变者，皆拥有一颗强大、强固、强悟的心脏，如同风过竹林一般，风来了则摇出飒飒动静，风去了则复原往常平静。碧波竹海，涌湍竹涛，恰是张良平生极美的综括与凝结。留侯竹清松瘦，穿行青竹丹枫，行事刀过竹解，善聚破竹之势，尤擅成竹在胸，实乃东南竹箭，创立竹帛之功，终为竹杖化龙，着相芒鞋竹笠，幽居柳门竹巷，醉吟竹烟波月，后人曝书见竹，已是竹苞松茂。竹，本就是张良的命宗、福祚和鸿运呀。

深谙道教真谛的张鲁，此番作为可谓不可多得、名不虚得、超然自得，诚然也是一种志满意得。看来，他不仅仅是秀竹的知音，也最能读懂先祖，而且还在竹涧、竹薮、竹光中，拐着弯地表达了弘毅宽厚、求志达道的葵藿之心，步月登云、宏业远图的凌霄之志。

于公于私，于情于义，于民于心，张鲁已然尽数供奉了一位晚辈后生的孝悌忠信。至于是否真的是留侯之世系、直系、嫡系，倒是旁枝末节、无关宏旨、渺不足道的伪命题了。只要张鲁一生慎身修永，抱诚守真，立雪求道，他就已经晋阶为张良谱系中的名公巨人。